西京学院党委党建专项资金资助

陕西省教育科学"十四五"规划 2021 年度课题
"基于新媒体视域的大学生价值观调查及教育对策研究"
（课题批准号：SGH21Y0278）最终成果

新时代思想政治教育丛书

新时代大学生网络空间道德教育研究

王琪 常腾 张震 著

天津出版传媒集团
天津人民出版社

图书在版编目(CIP)数据

新时代大学生网络空间道德教育研究 / 王琪, 常腾, 张震著. -- 天津: 天津人民出版社, 2023.11
(新时代思想政治教育丛书)
ISBN 978-7-201-19625-1

Ⅰ.①新… Ⅱ.①王… ②常… ③张… Ⅲ.①大学生—互联网络—道德规范—研究—中国 Ⅳ.①G641

中国国家版本馆 CIP 数据核字(2023)第 140220 号

新时代大学生网络空间道德教育研究
XINSHIDAI DAXUESHENG WANGLUO KONGJIAN DAODE JIAOYU YANJIU

出　　版	天津人民出版社
出 版 人	刘　庆
地　　址	天津市和平区西康路35号康岳大厦
邮政编码	300051
邮购电话	(022)23332469
电子信箱	reader@tjrmcbs.com
责任编辑	武建臣
装帧设计	汤　磊
印　　刷	天津新华印务有限公司
经　　销	新华书店
开　　本	710毫米×1000毫米 1/16
印　　张	17.25
插　　页	2
字　　数	240千字
版次印次	2023年11月第1版 2023年11月第1次印刷
定　　价	88.00元

版权所有　侵权必究
图书如出现印装质量问题,请致电联系调换(022-23332469)

目录 CONTENTS

绪　论 / 1

第一章　空间演进与道德教育的嬗变 / 23
第一节　道德教育空间的发展变迁 / 24
第二节　现实空间、网络空间道德教育的理论与实践 / 48
第三节　加强网络空间道德教育的必要性 / 63

第二章　网络空间道德教育的理论基础 / 74
第一节　马克思主义经典作家关于道德教育的思想 / 74
第二节　中华优秀传统文化关于道德教育的思想 / 90
第三节　中国化马克思主义理论中关于道德教育的思想 / 108
第四节　西方思想家关于道德教育的思想 / 122

第三章　大学生网络空间道德教育的原则、目标、内容与方法 / 129
第一节　大学生网络空间道德教育的基本原则 / 130
第二节　大学生网络空间道德教育目标 / 146
第三节　大学生网络空间道德教育的内容 / 176
第四节　大学生网络空间道德教育的方法 / 187

第四章　大学生网络空间道德教育的现状分析　/　197

　　第一节　大学生网络空间道德教育的现状　/　197

　　第二节　网络空间道德教育面临的机遇和挑战　/　207

第五章　大学生网络空间道德教育的实现路径　/　224

　　第一节　个人层面:树立向上向好的大学生网络空间道德观念　/　225

　　第二节　学校层面:加强大学生网络空间道德教育引导　/　233

　　第三节　社会层面:营造向上向好的网络空间道德氛围　/　247

结　语　/　256

参考文献　/　264

后　记　/　273

绪　论

一、选题缘由

从动态发展的过程性视角考察,我国互联网事业正处于"爆发期",主要表现为:在硬件层面,互联网基础设施建设不断加强;在规模层面,网民数量持续扩大;在结构层面,青年学生群体所占比例不断上升;在内容层面,呈现出"泛娱乐化"倾向;在时间层面,人均上网时间在逐渐增加。为直观体现上述变化,现进行对比分析,如图 1 所示:

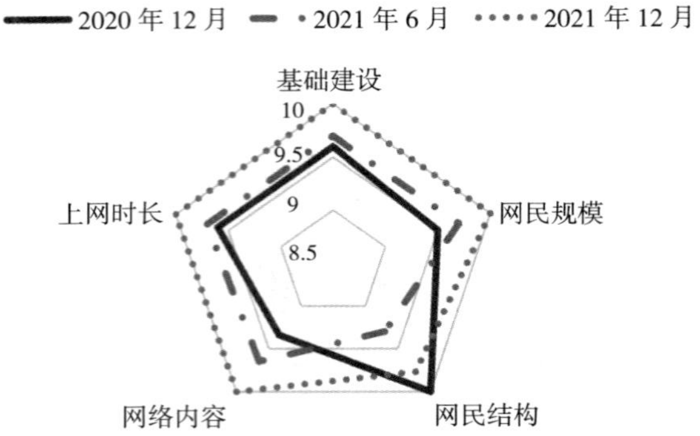

图 1　中国互联网事业发展趋势示意①

根据《中国互联网络发展状况统计报告》(以下简称《报告》),我国互联网事业的发展具有如下特点:

第一,虚拟网络与现实社会不断深度融合。互联网的价值已远超出工具层面,给人际交往、经济形态等带来了颠覆性变革。以网络为载体的人际交往活动不仅形成了一种全面、独立、影响深远的社会力量,形成了别具一格的网络心理、网络文化和网络规则,而且反作用于网络之下的传统社会生活。

第二,互联网社交在内容层面呈现显著的"泛娱乐化"特征。《报告》显示,以网络游戏、网络直播、网络音乐、网络文学为代表的休闲娱乐应用不仅类型繁多、数量惊人、定位精准,而且在用户规模、用户黏性、使用率、使用时长等关键数据均遥遥领先于商务交易、公共服务等类别的应用。可以说,互联网是"眼球经济"的助推器,也是促使"娱乐至上"观念在虚拟空间不断膨胀的发动机。

第三,网络虚拟空间对青年学生健康成长具有一定的消极影响。作为

---

① 关于图 1 的说明:第一,上述数据引自中国互联网络中心(CNNIC)发布的第 47 次(2020 年 12 月)、48 次(2021 年 6 月)、49 次(2021 年 12 月)《中国互联网络发展状况统计报告》,详见 http://www.cnnic.net.cn/hlwfzyj/;第二,为体现动态变化,将获得的数据进行整理、分析,每一年最高值折算为 10,其余年份按比例递减。

"网络原住民"的"00后"几乎与生俱来地接受来自"微传播"(微信、微博、微视频等)的信息轰炸。尽管这些信息不都是负面的,但不可否认的事实是青年学生群体正处在价值观的定型时期,对虚假信息、媚俗信息、暴力信息、破碎信息、欺骗性信息、煽动性信息的判断力、抵抗力不强,致使大学生的健康成长及价值观塑造面临挑战。

面对严峻而复杂的网络空间环境,党和国家陆续颁布《中华人民共和国网络安全法》《网络信息内容生态治理规定》等法律法规,也开展了以净化网络风气为主旨的"净网""护苗"等专项整治行动。需要指出的是,塑造积极、健康的网络环境要以"他律"为基准,治理网络"乱象"不手软;同时也要进一步提升网民自身的道德素养,通过"自律"建设风清气朗的公共生活空间。有鉴于此,中共中央、国务院于2019年印发《新时代公民道德建设实施纲要》提出"网络空间道德建设"这一命题,形成社会主义道德观在网络虚拟空间创新与发展的基本问题域。

有鉴于此,以当代大学生为研究对象,研究互联网语境下道德发展、教育的内在规律不仅十分必要而且至为迫切。

第一,网络空间是虚拟空间,但它既不"虚无",也不"虚假",是需要积极占领的意识形态新阵地。正如习近平总书记指出的那样:"宣传思想阵地,我们不去占领,人家就会去占领。"[①]冷战结束已三十余年,但西方学者对马克思主义的污蔑、诽谤从未停止。他们要么打着学术研究的旗帜"唱衰"马克思主义,要么试图通过借鉴马克思主义经典理论重构现代西方资本主义理论。前者以佛朗西斯·福山(Francis Fukuyama)为代表,他虽然以"马克思主义者"自居,但大肆宣扬资本主义意识形态的优越性,还"预言"了共产主义必将灭亡;后者以雅克·德里达(Jacques Derrida)为代表,他从解构主义哲学出发,认为马克思主义所具有的批判精神能进一步完善资本主义理论体系。可是,即

---

① 《十八大以来重要文献选编》(上),中央文献出版社,2014年,第465页。

便抱着为资本主义服务的良好愿望,雅克·德里达依旧被视为"异类"。因此,网络空间是意识形态斗争的新阵地,必须不遗余力地去占领。

第二,"网域"成为与陆域、海域、空域并驾齐驱的重要公共生活空间,开辟了对大学生进行道德教育的新阵地。《新时代公民道德建设实施纲要》指出:"要深入实施网络内容建设工程,弘扬主旋律,激发正能量,让科学理论、正确舆论、优秀文化充盈网络空间。"①随着党中央构建网络空间道德体系相关举措陆续出台,大学生网络空间道德教育既是大势所趋也是迫在眉睫。因此,建立健全大学生网络空间道德教育体系既是落实立德树人根本任务的必要举措,也是培养能担当民族复兴大任的时代新人的应有之义。

第三,新时代中国特色社会主义教育事业的根本任务是立德树人,网络空间是"培养担当民族复兴大任的时代新人"②的新阵地。部分学者认为大学生群体一定程度上存在"心理过滤,以偏概全""目标模糊,缺乏规划""贪图享乐,责任缺失""盲目冲动,缺乏自制"③等不良倾向。在监管日渐困难的互联网空间内,大量欺骗性信息、煽动性信息被悉心包装成符合青年人思维习惯、认知水平和审美特征的"信息陷阱",涉世未深的青年学生难免被其诓骗,从而产生思想上的"变质"。需要指出的是,尽管上述案例只是个别极端现象,占比也确实不高,但是正如习近平总书记在第十九届中共中央政治局常委同中外记者见面会上讲话中所指出的那样:"全面建成小康社会,一个不能少;共同富裕路上,一个不能掉队。"④按照这个逻辑,在"培养德智体美

---

① 中共中央、国务院:《新时代公民道德建设实施纲要》,新华网,http://www.gov.cn/zhengce/2019-10/27/content_5445556.Html。

② 习近平:《决胜全面建成小康社会 夺取新时代中国特色社会主义伟大胜利——在中国共产党第十九次全国代表大会上的报告》,人民出版社,2017年,第48页。

③ 宫龙江、姜军、徐晓宇、那显婷:《大学生优良心智模式培养的有效途径》,《赤峰学院学报》(自然科学版),2013年第12期。

④ 习近平:《在第十九届中共中央政治局常委同中外记者见面会上讲话》,人民网,http://cpc.people.com.cn/19th/GB/414745/414893/。

全面发展的社会主义建设者和接班人"的征程上,同样"一个不能少""一个不能掉队"。这是一名高校思想政治教育工作者的初心,也是本研究聚焦网络空间大学生道德教育的价值归旨。

因此,在网络空间开展各种形式的思想政治教育活动,是当下高校思想政治教育工作者的必修课。要积极建设良好的网络环境,坚决抵制庸俗、低俗、媚俗信息的传播,培养学生对网络场域信息的评判、鉴别能力;要逐步引导学生把信息关注点从娱乐花边、饮食穿戴、时尚潮流等方面转移到学业规划、事业规划和人生规划上来,着力构建有利于大学生成长、成才的网络环境。

二、研究价值

2019年颁布的《新时代公民道德建设实施纲要》,提出了"网络空间道德建设"这一命题,标志着"网域"成为继陆域、海域、空域之外的另一公共空间,从而提出了"网络空间道德"这一基本问题域。习近平总书记指出:"青年是整个社会力量中最积极、最有生气的力量,国家的希望在青年,民族的未来在青年。"[①]由此可见,以青年大学生为研究对象,探索研究网络空间道德教育不仅重要而且十分必要。

(一)理论价值

网络空间是一个全新的数字化场域,探索网络空间道德教育的逻辑理路和内在规律具有较为重要的理论价值:

第一,有助于进一步丰富网络空间道德教育理论。网络空间是个数字化虚拟空间,为大学生提供了类型丰富、形式多样、内容庞杂、极度便利的人际

---

① 习近平:《在纪念五四运动100周年大会上的讲话》,人民出版社,2019年,第6页。

交往平台。自媒体的低门槛和快速便捷使网络道德问题愈发严重。网络暴力、人肉搜索、恶搞、蓄意诽谤等现象层出不穷,带有侮辱、谩骂、人身攻击性质的语言更是屡见不鲜。研究大学生网络行为背后的心理动因、传播机制、教育和引导原则、实践路径是丰富和发展道德教育理论的应有之义。

第二,有助于推动高校德育工作理论创新。网络空间所拥有的海量信息使教育者和被教育者在知识占有量层面的差距被逐渐消弭,以灌输、说教为主要特征的传统道德教育模式面临强有力的挑战。因此,高校思想政治教育工作队伍要积极进行理论创新,探索符合大学生思维认知规律、网络行为规律的德育工作新模式,切实提升网络空间德育的实效性。

第三,有助于拓展高校德育研究的新视角。网络空间道德既是调整网络人际关系的重要规则,也是规范网络行为的基本守则。如何教育和引导大学生在网络空间恪守社会主义道德观念,增强网络责任意识,提升对虚假信息、错误信息的判断和鉴别能力,是高校德育工作者不可推卸的责任。

(二)实践价值

网络空间所具有的去中心化、身份隐匿化、监管欠缺等特征给高校德育工作带来一定的冲击。在实践中,这组矛盾直接表现为传统教育模式与信息化空间越来越不适应。

第一,有助于创新德育工作方式。在网络空间,教育者和教育对象之间的身份壁垒被弱化,有助于激发受教育者的参与热情,从而增强教育过程的互动性;运用学生喜闻乐见、更加认同的形式开展德育工作,有助于突破时间、空间的桎梏,从而增强教育实效性。

第二,有助于重塑德育工作模式。在传统德育模式下,教育者和教育对象之间的信息流动是单向的,即教育者不可能、也没有技术条件关注受教育者的感受和反馈,后续的改进与提升多流于形式。在网络空间,"平权化"已

绪 论

是基本趋势,学生表达观点的自由度更高;教育者可以运用大数据分析每一位教育对象对内容、过程、方法的意见及建议,也可以便捷、迅速地进行回应。这种双向互动对于构建全新的德育工作模式具有积极推动作用。

因此,有学者指出:"不管高校的思想政治教育工作者们愿意或者不愿意,自媒体正以前所未有的影响力冲击着固有的思想政治教育机制。可以预见,传统思想政治教育工作的方法、理念和模式必将遭到颠覆性的破坏,破旧立新已时不我待。"①

三、重要概念界定

"网络空间"和"道德教育"是本研究的核心概念。不过,本研究立足高校微观层面的思想政治教育实践而非基于宏观层面的教育政策理论探索,故要在特殊的语境下对它们进行重新界定。

(一)网络空间及其特征

"网络空间"(Cyberspace,也被译作"赛博空间""电脑空间"等)最早见于美裔加拿大作家威廉·吉布森(William Ford Gibson)于1981年发表的短篇科幻小说《燃烧的铬带》(Burning Chrome),指的是计算机系统与人脑神经连接而创造的虚拟空间。②随着互联网技术的快速发展,现实和虚拟相融合的逻辑走向愈加清晰,体现出显著的"网络社会化、社会网络化"特征。在这种情

---

① 王琪:《传播学视域下高校思想政治教育的新趋势——基于自媒体的对策性分析》,《新闻知识》,2013年第3期。

② 国内学者一般认为"赛博空间"首先出自威廉·吉布森的《神经漫游者》(Neuromancer,也被译作"数字巫师",出版于1984年)。诚然,《神经漫游者》影响更大(出版次年即创纪录地荣获"雨果奖""星云奖""菲利普·K.迪克奖"三大奖项,引发了"赛博朋克"风潮,建构了美国著名科幻电影《黑客帝国》的逻辑框架),"赛博空间"的内涵也得到了极大地丰富和发展。不过,这的确是文献占有不足导致的误解。

7

况下,国内外诸多学者频繁使用"网络空间"这个概念分析、研究人的虚拟行为及其影响。

目前,学界对网络空间的理解具有显著的多学科维度特征。兰德公司的研究者认为:"为了从整体上了解网络空间,我们可以把网络空间视为一个三层结构:最下层的物理层,中间的语法层,以及最上层的语义层。"①美国学者从技术层面把网络空间解构为硬件、软件及人机交互三部分,是为了在网络战争中取得先发制人的优势。同样是从技术层面分析网络空间,中国学者更为客观和理性,"所谓网络空间就是由四个要素所构成的虚拟物理空间。其中第一个要素是必要物质条件——计算机;第二个要素是用于通讯的基础设施;第三个要素是网络系统;第四个要素是要实现数据通信与资源共享"②。可见,中国学者着眼于网络技术的开发、应用,没有咄咄逼人的进攻性;美国学者则把建立网络霸权、模拟网络战争作为研究的逻辑归宿。

在电子商务领域,依托网络虚拟平台提供现实物理空间服务的商业模式(Online To Offline)空前普及。因此,有学者从经济视角对网络空间进行界定。"网络空间是创造、储存、调整、交换、共享、提取、使用和消除信息与分散的物质资源的全球动态领域。"③以此观之,网络空间则是信息集散地和共享平台。

从社会学视角来看,研究者一般把网络空间视为现实社会的数字化映射,称其为"虚拟现实"(Virtual Reality)。其中,"虚拟"指向技术层面,"现实"则指向网络是现实的拓展。例如,"虚拟性侵""元宇宙强奸"等案例引发了伦理、宗教、法律、文化维度的深入探讨。因此,有学者指出:"网络空间是伴随

---

① [美]马丁·C.利比基:《兰德报告:美国如何打赢网络战争》,薄建禄译,东方出版社,2013年,第11页。

② 房静:《网络空间道德建设视域下小学生诚信教育路径研究》,西南科技大学,2021年硕士学位论文。

③ 王娜娜:《网络空间道德失范研究》,西南大学,2020年硕士学位论文。

互联网技术的发展从社会空间中延伸和分化出来的新的空间形态，社会性是其根本属性。"[1]"社会性是网络空间的根本属性"这一论断有着极其重要的理论和现实意义。尽管网络行为本身具有虚拟性，也与人在精神世界幻想做出某种行为有本质的差异——前者所带来的伤害有了实实在在的物理知觉，并能持久存在，可能更难愈合。

可见，不同领域学者对"网络空间"的界定是千差万别的，这是因为它是处于一个成长期的概念，其内涵尚不稳定，外延正在发展，体系有待完善。不过，学者们大多采用了"白描式"（描绘其源流、功能、特征等）、"对约式"（把与其大体类同的概念进行横向、纵向比较）、"成分式"（分析其构成要素及相互关系）、"类比式"（强调它与现实物理空间的差异）等概括方式。结合研究指向的特定群体，本研究认为网络空间是指以手机、电脑等终端设备为载体，基于互联网技术所形成的数字化场域，既是现实人类社会中人与人关系的虚拟映射，也会衍生出特定环境下的思维观念和行为模式，并进而影响、改变甚或颠覆现实物理空间的人际交往规则。根据这个定义，网络空间具有以下特征：

第一，客观存在性。有学者试图把网络空间界定为概念空间（Conceptual Space），认为其属于理念或主观范畴，从而否定它的客观性。这个观点是经不起推敲的。首先，网络是人类改造客观世界的重要成果，它源自人类改造自然界的生产实践，也是人类生产力发展水平的重要标志之一。其次，网络行为会留下"印记"，它以数据的形式存储在服务器、硬盘及各种终端里，也是一种客观存在。最后，网络空间是互联网技术和"现实的人"的社会性参与和共同作用的产物。因此，尽管网络空间看不见、摸不着，但毫无疑问，它如同电场、力场、磁场一样，都是一种客观存在。

---

[1] 陈宗章：《网络空间：概念、特征及其空间归属》，《重庆邮电大学学报》（社会科学版），2019年第3期。

第二,脱疆界化。作为一种数字化的社会形态,网络空间没有地理学意义上的"四至八到"。在理想状态下,网络信息传播速度可以无限接近于光速,同时它不受现实空间的物理定律约束。尽管在现实中会存在以技术壁垒、权限分割等方式来隔绝信息传播、阻断信息交流的情况,从而形成一个个"信息孤岛",不过,这只是技术或体制的"异化",并不意味着网络空间本身有了边界。"脱疆界化"还意味着网络空间与现实空间正在密切交汇。

第三,去中心化。在网络空间,每个用户既是信息发布者,又是信息接收者,还能完全依从自主意愿对接收信息进行加工后选择性的再次发布。对个体而言,无论现实的社会身份是草根还是精英,在这个平台上所有人都拥有平等话语权。尽管某些网络博主拥有更强大的影响力、号召力,但粉丝们可以拥趸他,同样可以抛弃他。因此,个人媒体权力的不断膨胀必然会带来正反两方面的社会效应:从正能量的角度来看,它打破了传统媒体的资源垄断,对社会公权进行了有效的监督,利于社会透明;从负能量的角度来看,它游离于社会信息框架体系之外,易出现以讹传讹而至群情汹汹的局面,不利于社会稳定。

第四,反传统性。青年学生群体的心理诉求、文化需求不一定能得到中老年人群体的首肯,但迟早会成为社会的主流。如同"70 后"狠批"80 后","80 后"讽刺"90 后"一样,"00 后"大声斥责"10 后"的场面一定是可以预期的。可问题是,"90 后""00 后"相继成了社会的主流,连带着他们所崇尚的文化符号似乎也被中老年群体欣然集体接受了。尽管很多人也许并不承认,但不可否认的事实是青年人一直在解构并且重塑中老年人的心理状态,而且屡屡成功。网络空间既是青年群体主张自我权益的平台,也因其自身所拥有的特点和优点成为滋生新观念、新思想的温床。

以上是从社会学视角对网络空间的分析和界定。可以看出,实现了信息传播方式的根本性变革:从机构性变革为个体性;从被动性变革为自主性;

从单向性变革为交互性。

(二)网络空间道德

西方学者习惯于把中文语境下的道德(Morality)称为"Ethic"(伦理)。为便于研究,以下不对二者进行严格的区分。

互联网技术起源于美国,网络空间道德(伦理)及其教育也肇始于上述国家。在英文语境下,网络空间道德被称为"Cyberspace Ethics",其前身是"计算机伦理学"。"'计算机伦理学'包含了应用伦理学、计算机社会学、技术评估、计算机法律和相关领域的知识,表明了计算机和信息技术对人类价值造成的影响,其含义的丰富性导致了计算机伦理教育也存在不同层次。"[①]这个界定表明在互联网技术发端时期,人类已经预见到相关技术的推广和普及会对固有的道德观念形成一定冲击。彼时,互联网在技术层面尚不成熟,实际应用也不甚广泛,互联网社会初显端倪。因此,以历史的动态视角来考察,对其内涵的界定难免有失肤浅。首先,仅把计算机视为信息处理与传播的工具。例如,凶手持刀伤人,人们往往会归咎于持刀人而非刀。因为后者是工具,不能思考,也不宜用道德标准进行评价。事实上,计算机及互联网技术带来的深刻变革已深刻改变了人类的生产方式、思维方式和行为方式,已远远超出"工具"的范畴。其次,对计算机伦理本身的认识具有片面性。早期的计算机伦理课程主要是为解决层出不穷的网络知识产权纠纷、病毒等问题,主旨是引导大家正确地、合乎道德地使用计算机,教育的对象也仅限于计算机专业的学生。最后,未能深刻阐明计算机伦理存在的必要性。人们在论证道德存在的必要性的时候,通常会认为缺失了人文关怀和道德义务会陷入"拜物教"的泥沼。在计算机领域,则会表现为人被抽象化、数字化地嵌入电子体

---

① 梅英、张卫平:《国外计算机伦理教育及对我国的启示》,《云南电大学报》,2006年第3期。

系中,成为计算机的奴隶。

可以看出,"计算机伦理"这个概念偏向于人如何正确使用计算机及网络资源,并没有触及网络社会化、社会网络化的实质。因此,有学者从社会大系统的"有序化"维度来界定"网络空间道德",比较符合互联网发展的趋势。"网络空间道德秩序实质是网络主体虚拟交往的一种有序化状态,是在增强个体网络行为正当性与合理性的过程中建构起的良性的网络人际关系。"[①]这个界定采取了"类比"的方法,把现实的、物理空间的道德秩序、道德观念、道德标准引入虚拟的数字空间,有一定的合理性。首先,"两个空间"的道德追求具有统一性。从现实物理空间到虚拟数字空间,虽然道德存在和发展的外部环境改变了,但对人"真""善""美"的追求从未改变。人类在现实空间颂扬的,也是虚拟空间提倡的;人类在现实空间禁止的,也是虚拟空间摒弃的。其次,"两个空间"的道德功能具有同质性。在现实空间,人类通过抽象思辨创造出"仁""义""礼""智""信"等基本道德范畴,把其作为人际交往的"应然"状态,并以此构建社会化的伦理关系;在虚拟空间,同样要依靠类似的道德观念克服主体行为的无序状态。最后,"两个空间"的道德主体具有一致性。抛开不假思索、下意识本能反应等特殊情况,现实的人做出或不做出某种行为或多或少都要受道德标准的牵绊和羁縻;在虚拟空间,网络行为也是受人主导的,必然也会经历对道德标准的坚守或舍弃。因此,"网络空间道德"是"现实空间道德"在网络这一特殊场域的映射,二者或许会有一定误差,但其本质与内核是高度重叠的。

同时,由于二者所处场域不同、运行规则不同、约束效用不同,教育和引导方式自然也会大相径庭。比如,于社会成员而言,骂人或讲脏话都是有违道德准则的行为。在现实空间,人们大多会有这样的顾虑:会不会破坏长久

---

① 崔聪:《论网络空间道德秩序构建的法治保障》,《思想理论教育》,2021年第1期。

以来维持的良好形象,会不会因此招致不可预见的激烈冲突,会不会导致切身利益的损失。网络行为的隐匿性、隔离性、虚拟性使得上述担忧统统化为虚有,正如那句网络名言所示——在互联网上,没人知道你是一条狗。换言之,在网络空间,违反道德准则的成本大大降低了。因此,网络空间的形象可能更接近真实的自己:更少伪装,更少瞻前顾后,更显自然。线上、线下两个世界,或许会滋生出截然不同的两幅面孔、两种形象甚或两类人格,从而引发"虚拟的自我"与"现实的自我"之间的矛盾冲突。这是当代高校思想政治教育工作者亟待关注的新领域。

四、文献综述

如前所述,本研究主要聚焦于高校执行层面,从理论维度探索以"网络空间"为场域的大学生道德教育范式。为厘清研究的逻辑起点,现对已有研究成果进行学术史层面的梳理。

(一)国外研究成果综述

计算机及网络出现不久,国外学者就关注到它可能引发的道德问题。正如马克思、恩格斯所说,技术的胜利,似乎是以道德的败坏为代价换来的。[①]随着计算机和网络的日益普及,网络行为、网络伦理逐渐成为学术焦点。

1.网络空间伦理

对网络伦理、网络行为及对其进行引导和教育的相关研究的滥觞于20世纪50年代。迄今为止,相关研究可分为三个阶段:

第一,20世纪50至80年代,主要特征是学科归属逐渐清晰化。作为计

---

① 《马克思恩格斯选集》(第二卷),人民出版社,2012年,第776页。

算机伦理学的奠基人物,W.迈纳不仅是"计算机伦理学"这个学科名称的创造者,还初步界定了它的内涵,认为计算机伦理学是应用伦理学的分支,开辟了相关研究的基本问题域。至20世纪80年代中期,泰雷尔·贝奈姆(Terrell Ward Bynum)和詹姆斯·摩尔(James Moor)相继发表《计算机与伦理学》《什么是计算机伦理学》,对计算机伦理学学科发展、理论框架形成发挥了重要作用。

第二,20世纪90年代至21世纪初,主要特征是计算机伦理在网络时代的新进化。面对网络社交、网络贸易带来的纷繁复杂局面,当时设定的研究视域已不能满足现实的需求。发表于1996年的《信息伦理学:第二代》认为由计算机技术应用引发的伦理问题存在范围狭窄、深度不够诸如此类的问题,建议以"信息伦理学"取而代之。曼纽尔·卡斯特(Manuel Castells)在20世纪90年代相继出版《网络社会的崛起》《认同的力量》和《千年终结》,被统称为"信息时代三部曲"。尽管相关研究硕果累累,但"信息论理学"依旧是一个动态发展的概念,其知识体系、理论框架仍在持续丰富中。

第三,21世纪至今,主要特征是现实社会和虚拟社会融合推动相关研究走向深化。社会网络化、网络社会化及二者逐渐交融所引发的一系列道德和法律问题已超出计算机伦理学、信息伦理学的框架、范畴。因此,以西斯·J.哈姆林克(Cees J.Hamelink)为代表的学者认为计算机伦理学应进入第三个发展阶段——赛博空间伦理学。他们把网络空间视为与现实空间相并列的另一个特殊场域,进而探索基于网络空间运行规则的道德标准、道德选择,以及风险与挑战、权利与义务等命题。

2.网络行为失范及其治理

国外学者对网络行为失范现象归纳为如下六类:一是侵犯隐私权,表现为公民的背景资料或财产账户等关键性信息被用于非法牟利;二是侵犯知识产权,表现为文化产品被无序使用、蓄意恶搞等;三是垃圾信息泛滥成灾,

绪　论

表现为各种虚假信息、煽动性信息、暴力信息、黄赌毒有害信息造成了全网域污染；四是黑客哲学泛溢，表现为打着信息自由的幌子破坏既有网络秩序；五是网络沉迷，表现为过度或不加节制地使用网络；六是诚信危机，表现为网络欺诈带来的信用体系崩塌。

根据对网络行为的深入分析，国外学者制定出了"禁止的网络行为"。如美国计算机协会制定的《网络伦理道德和职业行为规范》、美国计算机伦理研究所的《计算机伦理十戒》等。需要指出的是，网络行为失范治理既要依靠道德"自律"，也离不开法律"他律"。约万·库尔巴里贾（Jovan Kurbalija）所著《互联网治理》是相关研究的集大成之作。

3.网络空间道德教育

西方国家网络伦理教育起步早、进展大，在内容和方式两大维度均有可借鉴之处。其中，美国的网络伦理教育、英国的媒介伦理教育较为著名。

（1）美国网络伦理教育

早在20世纪70年代，一些美国顶尖大学就探索开设跨学科的"计算机伦理"课程[①]，随着计算机、互联网的不断普及，教学对象也从计算机专业的学生向大众化扩展。经过数十年的发展，美国已经建立起较为完善的网络伦理教育体系。首先，教育思想。秉承个人主义的价值取向，美国政府在进行网络伦理教育的宏观规划时把主体能动性、独立自主性、利益驱动性等原则奉为圭臬，站在受教育者角度规划顶层设计。其次，教育目标。确立了三个层次的教育目标：一是最低层次也是最普遍的教育目标，使社会成员认识到网络伦理的价值和影响；二是客观评价网络伦理典型事件，并规范自我网络行为；三是精通网络伦理相关理论，能够进行创造性发展。再次，教育组织。按照联邦制政体，美国政府负责制定宏观原则，各州自主决定教育标准与要

---

① 课程名称不尽相同，如"Computer and Information Ethics""Computer Ethics""Ethics and Internet"等，但核心内容大同小异。

求,并构建起大中小学相衔接的教育体系。最后,教育内容。当代美国,比较有代表性的教育内容包括:美国计算机协会制定的网络伦理道德和职业行为规范、美国计算机伦理协会制定的十条计算机伦理戒律、斯皮内洛在《信息技术的伦理方面》一书中提出的计算机网络道德是非判断的三条原则:自主原则、无害原则、知情同意原则。整体来看,美国网络伦理教育具有以下特征:

第一,连贯性、立体式的教育范式。美国学者认为网络伦理教育是面向全体人的教育,在横向上对应全部学生,在纵向上贯穿整个人的一生,并注重构建与学校教育相贯通的学校外和后学校时期教育机制。

第二,现代与传统相平衡的教育内容。现代科学技术的每一次飞跃都会对传统的价值体系形成冲击,但绝大多数美国学校均能在变革中恪守传统,并持续推进其现代化创新。

第三,本土化创新的发展思路。作为一个多元文化汇聚的国家,美国对待外来文化的做法更具指导意义:坚持积极开放的文化心态,所谓"不排外";坚持本土化创新的理性态度,所谓"不盲从"。

(2)英国媒介伦理教育

英国是全世界最早开展媒介伦理教育理论研究的国家,也是最早进行媒介伦理教育实践的国家。经过80多年的发展,英国在媒介伦理理论研究、课程标准与内容设计、教材研发、教育实践、测评体系、效果评估等诸方面皆可圈可点。

"全面渗透式"的教育方法是英国伦理教育最显著的特色。以媒介伦理教育为例。英国媒介伦理教育的重点在中学阶段,其课程设置相当灵活,连贯性很强。既穿插在英语、艺术、地理、历史、健康等课程之中,14~16岁的学生还可以选修单独的 GCSE 媒介研究课程。中学阶段的学习结束后,无论是选择 A-Level(大学前教育)还是职业教育都能延续下去。

当然,作为一个基督教国家,宗教信仰教育和宗教道德教育也是伦理教育的重要组成部分。高校中的宗教信仰教育是宗教信仰、社会信仰和民族精神合一的,宗教教育课程的教师会将生活经验与宗教课程相结合,对学生进行教义性、深化性、仪式性、伦理性、经验性和社会性六个方面的教育。[1]英国高校还通过宗教道德教育对学生进行道德熏染,目的在于树立国家和社会所倡导的世界观、人生观和道德观,从而培养学生形成统治阶级所需要的政治观念和立场。基督教倡导的是一种爱的精神,希望通过这种爱把人们联系在一起,同时还强调群体生活的重要性,倡导人与人之间要彼此关心、爱护对方,基督教中其他的道德教育内容还包括奉献精神、诚实、谦虚、宽容、慷慨、勇敢、忍耐等。[2]

英国媒介伦理教育的经验包括:

第一,坚持"意识形态正确"的基本方略。世界上主要发达国家均高度重视意识形态安全,基于国家核心精神和资产阶级根本利益的核心价值观念教育不仅必须,而且强制;哪怕围绕这些问题进行学术争鸣也会被认为是"大逆不道"。

第二,一以贯之的开放教育体系。包括英国在内的西方发达国家在伦理教育层面的一个成功经验就是注重层次性、针对性、整体性,即实现了各教育阶段教育内容化的一体化衔接、学校教育与社会教育的深度融合、所有课程对伦理教育的渗透。

第三,多学科研究促进教育内容、方法持续创新。西方发达国家均有组织精干队伍深入挖掘国史及其他课程中的伦理教育元素的案例,并通过持续不断的专题研究形成了体系完整、内容充实、服务国家战略、符合青少年

---

[1] 倪愫襄:《高校思想政治理论课程的国际视野》,中国社会科学出版社,2013年,第75页。
[2] 吴金花:《英国高校大学生思想政治教育的经验与启示》,江西理工大学,2016年硕士学位论文。

认知规律、具有时代特色的培养体系。

第四，注重全社会参与，构建立体化教育机制。家庭、社会、学校三位一体的教育范式是发达国家另一个成功经验。在具体执行过程中，不仅重视"输出端"（教师、渠道、内容、媒介等）的品质，同时也注重提升受众在"输入端"和"反馈端"的参与度、体验感，并建立了相应的分析模型和判断标准。

综上所述，西方国家对网络伦理及其教育的研究起步早、投入大，在构建理论体系、推进教育实践等方面有一定的学术贡献。

（二）国内研究成果综述

国内学者对网络道德及其教育的研究与我国互联网事业的发展进程基本一致：从翻译、介绍、评论西方学者著述起步，逐步探索符合我国互联网发展实际的网络道德理论和网络道德教育体系。

1.网络道德理论

自严耕等学者出版《网络伦理》以来，这一命题逐渐成为学术热点。李伦《鼠标下的德性》、钟瑛《网络传播伦理》等著作从不同维度、不同视角对网络行为应恪守的道德原则进行探讨，为加强网络空间治理奠定了理论基础。

近年来，大学生成为网络社会的积极参与者和手机 App 的主要用户。研究传播学、伦理学及思想政治教育学的学者们以与互联网共同成长起来的大学生群体为研究对象，通过分析其网络行为现象、调研其网络思维逻辑等方法，着重分析网络行为失范及矫治思路。

2.网络空间治理

网络空间治理是国家治理的一个分支。2015 年，习近平总书记在第二届世界互联网大会提出"网络空间命运共同体"这一重要论断后，相关研究成果大量涌现。如黄蕊的《网络空间法治化治理研究》、阙天舒的《网络空间治理的中国图景：变革与规制》、赵志云的《网络空间治理：全球进展与中国实践》等。

相关研究的基本研究范式是以存在的问题为逻辑起点、以全球网络空间治理趋势为参照系、以推进国家网络空间治理体系现代化为价值归宿。需要指出的是,网络空间治理以法律手段为主、道德约束为辅。由此可见,网络空间治理是基于国家宏观层面的研究命题,主要目标包括维护网络安全(含意识形态安全)、构建良好的网络环境、打击网络犯罪等。

3.网络道德失范及教育对策

大学生网络行为失范的表现、原因分析及其纠治是学界热点之一。王贤卿的《道德是否可以虚拟——大学生网络行为的道德研究》以大学生典型网络行为(游戏和校园 BBS)为切入点,把网络行为失范的原因概括为"SPSS"——主体(Subject)、心理(Psychology)、社会(Society)、制度(System),并在此基础上提出了相应的治理方案。这是网络发展早期(彼时网络社交方兴未艾,网络媒介尚不甚普及)较有影响力的著作,对加强大学生网络空间道德教育具有积极的借鉴价值。潘红霞、江志明的《青年学生网络道德失范行为及纠偏》在分析网络社会特征的基础上,把网络道德失范细分为网络暴力、网络色情、网络诽谤等类别,提出"网络道德动机、情感、能力三大训练体系",以及"学校、家庭、社会三位一体的网络道德养成路径"等观点。[①]

近十年来,青年学者围绕这一问题域完成了一千余篇硕、博士学位论文。不过,除数篇博士论文外,相当数量的硕士论文存在同质化现象,研究结论也偏于宏观,不具有太大的学术价值。

4.网络道德教育比较研究

此类研究是从比较教育学视角出发,横向探索中国和西方发达国家在

---

① 潘红霞、江志明:《青年学生网络道德失范行为及纠偏》,中国社会科学出版社,2020年,第79~87页。

网络道德教育理念、内容、方法等方面的异同，旨在借鉴其他国家经验，推动网络空间道德高水平发展。早期的研究成果，如蔡连玉的《中美信息伦理教育比较研究》从"地位与目标""内容""实施"三个维度进行比较分析，主张开设独立的信息伦理课程。此外，也有一些青年学者以此命题完成硕士学位论文，如刘彦尊的《美日两国中小学信息伦理道德教育比较研究》、仇冰洁的《中美中小学信息伦理教育比较研究》等。

整体来看，网络道德教育比较研究是当前研究中较为薄弱的环节，表现在研究成果以论文居多，反映出研究具有零散性特征。研究成果没有关注近十年来我国网络空间道德建设的最新成果，反映出研究未能与时俱进。缺乏有重大影响的力作、巨作，反映出这一领域的研究未得到应有的重视。

五、研究框架

本研究从"虚拟化数字空间"这一特殊场域出发，采取理论分析与实证研究相结合的方法，旨在探索大学生群体网络空间道德教育的现状及规律，主要包括七部分。

绪论主要包括选题缘由（我国互联网事业的发展及基本问题域的提出和发展）、研究价值（理论和实践两个维度）、概念界定（重点是网络空间及其特征、网络空间道德）、文献综述及评价等。

第一章是空间演进与道德教育的嬗变，主要包括空间变化会对道德教育实践产生重大影响、现实空间和网络空间道德教育的对比分析、加强网络空间道德教育的必要性等。

第二章是网络空间道德教育的理论基础，分别是马克思主义经典作家关于道德教育的思想、中华优秀传统文化关于道德教育的思想、中国化马克思主义理论中关于道德教育的思想、西方思想家关于道德教育的思想。

第三章是大学生网络空间道德教育的原则、目标、内容与方法，主要包括对大学生进行网络空间道德教育要达成的目标、应遵循的原则，以及在具体执行层面的教育与内容和方法。

第四章是大学生网络空间道德教育的现状分析，以陕西省大学生为对象、运用问卷调查、座谈、访谈等形式开展调研，获取第一手研究数据。在此基础上分析网络空间道德教育面临的机遇和挑战，并对网络行为失范进行现象归纳和深层次原因分析。

第五章是大学生网络空间道德教育的实现路径，主要从个人、学校、社会三个维度就如何培养大学生网络行为自律、如何加强网络空间道德教育引导、如何在全社会营造良好的网络道德环境进行探讨。

结束语，主要从文化、伦理等维度探究网络空间本身所具有的特殊性，并从主体间性视角对如何加强大学生网络空间道德教育具体论证。

第一章　空间演进与道德教育的嬗变

中国传统书院的道德教育在理念、形式及内容、成效诸方面均可圈可点。其可供参鉴的重要经验之一是书院教育的生活空间、教育空间是融为一体的,这就为梅贻琦先生赞誉有加的"从游"[①]传统奠定了空间前提。我国现代高校在事实上造成了生活空间、教育空间的割裂:教师无法深度介入学生的生活,学生也不能在日常生活中经常性地接受来自教师的品格感染和道德熏陶。由此可见,空间的变化会对道德教育产生至关重要的影响:若空间环境割裂,往往会事倍功半;若空间基础迁移,原有的道德教育模式大概率会被重塑。

---

① 梅贻琦云:"学校犹水也,师生犹鱼也,其行动犹游泳也,大鱼前导,小鱼尾随,是从游也,从游既久,其濡染观摩之效,自不求而至,不为而成。"见《大学一解》,刊载于《清华学报》(自然科学版),1941年第1期。

第一节　道德教育空间的发展变迁

以中国传统书院为参照系，能够清楚地看到优秀道德教育机制的共性是教育空间、生活空间一体化。正如学者指出的那样："问题的症结在于古代传统书院的生活空间和教育空间是融合的，而制度化的现代学校教育却使二者分离，现代大学书院制只是继承了传统书院的空间形式。"[①]可见，现代大学书院制改革的初衷之一就是试图以制度性外力弥合被割裂的教育空间和生活空间。

一、中国传统书院的道德教育空间

中国传统书院肇始于唐代中叶，大兴于两宋时期，明清时期空前普及。清光绪二十四年（1898年），光绪皇帝于戊戌变法期间颁布诏令：将各省府厅州县现有之大小书院，一律改为兼习中学西学之学校。[②]此后数年间，新式西学逐渐取代了传统书院，绵延千余年的书院制度至此终结。同其他制度一样，书院也经历了从草创、繁盛到消亡，从青涩、成熟到终结的历程。为深入阐明空间对道德教育的重要价值，以江西吉安白鹭洲书院[③]为例进行个案

[①] 张应强、方华梁：《从生活空间到文化空间：现代大学书院制如何可能》，《高等教育研究》，2016年第3期。

[②] 中国第一历史档案馆：《光绪宣统两朝上谕档》，广西师范大学出版社，1996年，第241~242页。

[③] 之所以以白鹭洲书院为研究对象，主要原因有四：一是赵所生、薛正兴等学者主编的《中国历代书院志》影印了大量原始文献，可以作为研究的参考依据；二是白鹭洲书院培养了以文天祥为代表的民族英雄，在人才培养方面也是硕果累累；三是白鹭洲书院的创建者江万里身处家国破灭之时，以身殉国，是著名的抗元斗士；四是白鹭洲书院是保存比较完好的古代书院之一，现存泮池（宋代）、复古亭（元代）、云章阁（明代）、风月楼（清代）等大量古代遗迹。

分析。

(一)白鹭洲书院的基本情况

白鹭洲书院创建于宋淳祐元年（1241年），创建者是宋末名臣江万里。《宋史》其传云："江万里,字子远,都昌人……知吉州,创白鹭洲书院,兼提举江西常平茶盐……万里器望清峻,论议风采倾动一时,帝眷注尤厚。"[①]江万里于宝庆二年(1226年)金榜题名,其性格耿直、为政清廉、劝课农桑、教化乡里,官至丞相,并在德祐元年(1275年)以身殉国,被视为忠君爱国的典范。

白鹭洲书院位于吉安府城东南赣江之中的一小块突出地(面积仅约1.2平方千米),呈梭形,因常有白鹭栖息,故名"白鹭洲";相传李白之诗"三山半落青天外,二水中分白鹭洲"即是指此。[②]自建成以来,白鹭洲书院名儒辈出,在科考方面成绩尤为显著。创建仅15年之后,宝祐四年(1256年)丙辰科进士及第者凡601人,其中籍贯吉州者达39人,庐陵人文天祥高中魁首,宋理宗亲书匾额"白鹭洲书院"以赐,书院遂名震天下。

宋代以后,受自然灾害(洪水)、战乱(红巾军起义)、朝廷文教政策(明代张居正、魏忠贤等权臣秉政时,数度禁毁书院)等外力影响,书院长时间关闭。据学者统计,从"宋淳祐元年(1241年)至清同治十年(1871年)的630年间,(白鹭洲)书院迁址3次,大规模重修14次,局部修葺2次,因天灾、战乱毁坏6次,有近300年处于完全荒废状态"[③]。可见,白鹭洲书院时兴时废,虽然依旧是江西的文教重镇,但宋代繁盛的景象已无法重现。

---

① (元)脱脱等：《宋史》,中华书局,1977年,第12523页。
② 李白笔下的"白鹭洲"究竟在不在江西吉安,尚有争议。按：李白曾多次到过江西,有《望庐山瀑布》《望庐山五老峰》《庐山谣寄卢侍御虚舟》等名篇传世；但庐山距离吉安300余千米,就唐代的交通条件来看,这是一段比较远的路程,目前尚无确凿证据能支持这个观点。因此,此说应存疑。
③ 王琪、刘鹏：《现代大学书院建设的理论与实践》,陕西人民教育出版社,2017年,第48页。

(二)白鹭洲书院的空间布局

中国古代学者崇尚天人合一,他们认为:"山水自然之奇秀,与文章自然之奇秀,一而已矣。山水之体骨形势不一,求其畅适人情而止;文章之体骨形势不一,求其恰肖题神而止,两者理相同而机亦助。"[①]亦是说,大自然的清奇俊秀与读书人的品格修养具有内在一致性,且二者能够相辅相成。因此,中国传统书院不仅选址考究(与风景宜人的名山大川比邻而居),空间设计也极尽巧思(书院建筑布局错落有致,经过了系统规划),人文气息浓厚(学者大家曾讲学或暂居,有文化传承),形成了有利于道德养成的空间环境。

1.空间环境

于江水中的小洲之上创建书院,虽非绝无仅有,但也屈指可数。这是因为滔滔大江奔流而下,易造成书院毁、生员伤亡的惨剧。不过,江万里依然选择在白鹭洲建书院,自然有别出心裁的考量。无他,这里风景秀丽、幽静雅致,极富诗情画意,是读书治学的不二之所。乾隆年间,知府沈作朋下车伊始便赴白鹭洲书院视察,其云:"庚午(乾隆十五年)七月,来守是邦,下车即抵其地。见章、贡之水自南下,中衍一洲,蜿蜒若长蛇。诸峰环拱,二水分流。神岗峙其前,螺川汇其后。所谓风帆、沙鸟、烟云、竹树,靡不竞献于讲堂、学舍间。"[②]由是可见,此地景致幽雅至极,与儒家精神追求不谋而合,是古代读书人治学、修身的理想场所。

白鹭洲也是一个承载着先民对美好生活热切期盼的传说之地。相传,古时白鹭仙子为追求爱情化为村妇并嫁给一位诚实、勤劳的渔夫,但天神震

[①] (明)郑之珧:《重修高州笔山书院记》,《中国历代书院志》(第6册),江苏教育出版社,1995年,第379页。

[②] 《白鹭洲书院志·原序一》,赵所生、薛正兴主编:《中国历代书院志》(二册),江苏教育出版社,1995年,第560页。

怒,降下无尽洪水致使生灵涂炭。为拯救黎民百姓,白鹭仙子身潜水底、奋力托举此洲,使其不被淹没;渔夫思妻成疾,怏怏而终,死后化为白鹭在小洲之上昼夜哀啼,情比金坚。这是民间传说中,"白鹭洲"之名的缘由。尽管类似的故事全国各地都有,比它影响大的也不甚罕见,但传说反映的是普通民众孜孜不倦的追求,也为白鹭洲增添了浪漫、凄美的色彩。

从更广阔的空间来看,江西省人文荟萃、学蕴悠远。早在唐代,王勃就曾以"物华天宝,龙光射牛斗之墟;人杰地灵,徐孺下陈蕃之榻"之语对江西赞誉有加。在宋代尤其是南宋时期,江西是全国最为璀璨的文教圣地,文坛翘楚、理学大儒、名臣显宦、思想巨擘纷纷横空出世。理学大宗师朱熹的足迹遍及江西,鹅湖之会、复兴白鹿洞书院等文化盛事皆发生于江西;被称为"道学宗主"的周敦颐仕途几乎全在江西,晚年隐居于庐山莲花峰,"筑书堂于其麓,堂前有溪洁清甘寒,下合于溢江,遂以'濂溪'名其堂,后世亦称其学为'濂学'"[①];被后世尊崇为"理学五子"之二的程颢、程颐兄弟曾随其父在庐陵县生活过[②],乃父任江西南安军通判时与周敦颐相交甚厚,"二程"遂就学与周氏门下,及其年长更以"洛学"(程氏父子系河南洛阳人,故以名之)名震天下。

由此可见,无论是从自然空间还是人文空间来看,白鹭洲书院具有得天独厚的先天优势,在这样的环境熏陶、感染之下,焉能不蕴发出"见贤思齐"的宏阔志向。

2.空间营造

《周礼·考工记》所云"前朝后市,左祖右社,中央宫阙,左右民廛"[③]的营建规制是中国先民们对建筑群落进行空间规划的思想之源。诚然,随着中国文化的不断发展,古人的营建思想亦在不断推陈出新,不过,"坐北朝南,中

---

① 吴长庚:《朱熹与江西理学》,江西高校出版社,2007年,第3页。
② "二程"的父亲名为程珦,宋仁宗在位时曾担任庐陵县尉,任期约三年。
③ 姜伯勤:《唐代城市史与唐礼唐令》,刊载于《唐研究》(第十卷),北京大学出版社,2004年,第266页。

轴对称"的空间审美延续了数千年。南宋时期，书院是程朱理学的传播阵地和发展平台，书院的空间规划不可避免地会接受来自儒家伦理的影响。第一，建筑布局严格体现尊卑有序。在儒家知识分子看来，区分主次、尊卑、上下是人际交往伦理的核心，在空间规划上必须予以重点强调。第二，在空间方位层面以"中"为尊。"中庸"是儒家最为推崇的道德标准，反映在书院建筑的空间布局上，最重要的建筑往往都位于书院的中轴线上，且全部朝南。第三，祠祀之所寄寓着书院的学术追求和精神向往。尽管不同地域、不同学术流派的书院祠祀的先贤不尽相同，但儒家鼻祖孔丘是绝大多数书院的首选祭祀对象，同时也会祭祀其他前辈学者。可以看出，白鹭洲书院在营建之初就对空间布局进行了整体性规划，使书院建筑群与儒家教育思想彼此呼应。

据清代学者刘绎(时任白鹭洲书院山长)领衔所撰《白鹭洲书院志》[①]擘画的"白鹭洲书院图"，白鹭洲书院是一个由多进院落组成、呈中轴线对称、东西环列的中式建筑群，布局规整、层次分明，形成了一个闭合式空间。以棂星门为空间起点，过泮池(宋代初建时，池上有桥；至清代，池被小径一分为二)，经书院正门、道心堂、逢源堂至山长厅、云章阁，以浴沂亭、风月楼为空间终点，构成了白鹭洲书院的中轴线，土地祠与院斗宅、景贤祠与古心祠及五十间号舍[②]分列东西，功能齐全、设施完善，是中国传统建筑文化先进、发达的一个例证。需要特别指出的是，白鹭洲书院诸建筑并不是经过整体设计、一气呵成建设完成的——时间跨度长达500余年[③]，部分建筑甚至被多次重建，但其建筑风格高度一致，在视觉上几乎无法区分时代的差异。这大

---

① 《白鹭洲书院志·原序一》，赵所生、薛正兴主编：《中国历代书院志》(二册)，江苏教育出版社，1995年，第566页。

② 对上述建筑进行简要说明：第一，清代时期泮池在棂星门后，21世纪初重建时将它移至棂星门前，形成一个小广场；第二，道心堂、逢源堂是讲堂，功能类似于教室，是讲学的地方；第三，山长厅是书院最高管理者办公的地方，云章阁是图书馆，第四，"院斗"一词不通，查阅诸多古籍也未见同样提法，疑原图所配文字有误；第四，景贤祠、古心祠是祭祀往圣先贤的地方；第六，号舍是生员宿舍。

③ 经实地考察，白鹭洲书院现存遗迹自宋至清，历朝皆有。

概是由于世易时移,儒家知识分子的核心精神追求传承有序所致。

白鹭洲书院以大量楹联、匾额营造浓郁的文化氛围。如前所述,文天祥等39名江西籍士子高中丙辰科进士以后,震动朝野。宋理宗赵昀亲书"白鹭洲书院"匾额高悬棂星门,还为其门左右廊柱题写楹联——"智水仁山,日日当前呈道体;礼门义路,人人于此见天心"。即便是在文治大兴的宋代,由皇帝亲赐匾额、楹联的书院也寥寥无几,这既是书院文化空间最重要的组成部分,也是书院师生莫大之荣耀,能够激发全体师生的凝聚力。道光十五年(1835年)乙未科状元刘绎曾担任白鹭洲书院山长达三十余年,他留下了大量墨宝——"千万间广厦重开,看杰阁层楼,势凌霄汉;五百里德星长聚,合南金东箭,辉映江山。"且不论这些作品所蕴含的深刻哲理和丰富内涵,仅"名人效应"就能激发书院师生求学问道的内驱力。

3.空间使用

在南宋时期,书院祭祀、教学、藏书三大功能已基本完善。有人不分青红皂白,把祭祀视为封建余毒;事实上,它是书院开展道德教育的重要途径之一。据《白鹭洲书院志》卷一"崇祀"条[①],书院建有"六君子祠",崇祀周敦颐、张载、邵雍等宋代理学宗师以及王守仁、聂豹等明代心学巨擘;书院建有"江公祠",崇祀书院的创始者江万里;书院建有"四公祠",崇祀为重建、修复书院做出卓越贡献的李珏、达鲁花赤·纳速儿丁等贤者。还区分出理学坊、忠节坊、名臣坊等空间,镌刻了大量书院杰出师生的名讳。需要指出的是,祭祀是古代书院道德实践的重要形式——通过追思圣贤,强化学生继承儒家道统的宏阔志向;通过典礼仪式增强学生的感性认识,使"礼"的外在要求转变为个体的内在自觉。可见,祭祀场所庄严肃穆、祭祀程序严肃恭敬能充分发挥感染、熏陶作用。

---

① 《白鹭洲书院志·原序一》,赵所生、薛正兴主编:《中国历代书院志》(二册),江苏教育出版社,1995年,第570~571页。

《白鹭洲书院志》卷二"设教"条,以启贴、馆例、馆规为名目的教学管理制度完整齐备。据《罗太守馆规十三则》[①],"书院为肄业地,即古之党(古代的乡里组织)庠(学校)也",开宗明义地指出书院是学习的地方;"书院必有山长,宋代江(万里)公推庐陵人欧阳守道为山长",表明山长是书院的最高管理者;"供给长住房舍,朝夕不离者,本府量助供给各人每月钱三百文、米一斛",这是关于给予生员经济补助的相关规定;"每月初二、十六日本府亲临课会书经二、艺经一,间试论、表策各一篇",详细规定了学习水平测试的相关制度;"各宜自立日课簿,每日或看经书若干,或读时文若干……不时抽签稽查以见勤惰",这是关于过程性考核的规定。由此可见,白鹭洲书院教学管理制度整齐完备,堪称传统书院教育的典范。

书院自然不能无书。藏书既能彰显书院的文化氛围,也能体现书院的学术倾向。据《白鹭洲书院志》卷二"书籍"条[②],书院藏书以数量众多、种类齐全著称。既包括"十三经""孔颖达正义"等先秦儒家经典及后代学者注解,也包括"二十一史""资治通鉴"及其续编、唐代帝王实录等史学名著,韩愈、柳宗元文集、李杜诗集等文学作品亦囊括在内。藏书丰富是书院具有较强办学实力的前提性条件,也是培养可造之才的基础性条件。

(三)白鹭洲书院的道德教育

白鹭洲书院坚持德育为先的教育宗旨,以理学为主要内容,采用显性教育与隐性教育相结合的方式,注重师生之间、生生之间的多维互动,实现了教育理念与教育制度的高度融合,至今仍有一定的镜鉴价值。

[①] 《白鹭洲书院志·原序一》,赵所生、薛正兴主编:《中国历代书院志》(二册),江苏教育出版社,1995年,第581~583页。

[②] 《白鹭洲书院志·原序一》,赵所生、薛正兴主编:《中国历代书院志》(二册),江苏教育出版社,1995年,第593~594页。

1.教学组织形式

白鹭洲书院的教学形式主要有三种。第一,诵读经典。这是最基础的学习形式,类似于自学,因为书院教学空间、生活空间合二为一,有疑难或不解之处,可以随时和同窗研讨或求教于老师,极为便利。"诵"字表明,读书不是默念而是要大声朗读出来。可惜的是,"诵读"在现代大学已经近乎绝迹。第二,质疑问难。类似于辩论,但书院师生的辩论不拘泥于形式,也不在乎地点,真正做到了随时可辩、随地可辩。若双方一时难分高下,还能通过撰写文章把理论思辨继续下去,直至分出轩轾。第三,集体会讲。[①]类似于著名学者的学术讲座,是书院难得的文化盛事。是时,书院师生齐聚道心堂或逢源堂,聆听前辈学者就特定问题的精妙论述,可以提问、辩论,生员参与度极高。

2.日常教学实践

道德教育既仰赖于知何可为、何不可为,也必须通过严格的规章制度约束日常行止,促进道德养成。据《王太守学规八则》[②],"敦行典礼释奠,为敬学之始",明确指出书院是礼仪教化之所,祭祀活动是教学的重要组成部分(祭祀之后开展集体教学活动在明清时期几乎成为定例);"立品为学人第一义,苟负奇才而品列卑污,其余不足观也",这既是对人才培养目标的规划,也是对全体师生的谆谆告诫;"崇尚虚谦,虚则受益,谦则弥光,学问之道",这是关于学生品格培养的具体要求;"学者勤惰各殊,斯教者赏罚互用",这是甄别学员优劣的具体规定。

白鹭洲书院不仅通过宣讲、灌输强化生员的道德认知,还通过发挥隐性教育因素的影响作用,促进道德观念的养成。第一,充分发挥环境育人的感

---

① 南宋时期,书院集体教学有两种形式:讲会、会讲,二者的关系至今仍有较大争议。有学者认为会讲即是讲会,也有学者认为二者差异极大。因文献中所载宋代书院"讲会"数量极少,其细节已很难考证,且《白鹭洲书院志》只出现了会讲,故不做严格的区分。

② 《白鹭洲书院志·原序一》,赵所生、薛正兴主编:《中国历代书院志》(二册),江苏教育出版社,1995年,第585~587页。

染、熏陶功能。如前所述，白鹭洲书院优美的自然环境、浓郁的人文环境和经过精心设计的空间环境构成了道德养成的外部大环境。第二，通过规章制度强化品格养成。白鹭洲书院的创始者江万里曾求教于白鹿洞书院，他把朱熹所创《白鹿洞书院揭示》带到白鹭洲，以培养品格高尚、修身正己的儒家后继者为目标，并把人才培养目标细化到书院的管理制度中。第三，通过树立道德楷模为生员提供参照。以儒家至圣为道德追求，引导生员在"修身"的道路上永不停歇，以身边的师长为表率，引导生员以师为范，砥砺品格。第四，通过实践促进道德养成。迎宾、扫洒、餐寝、祭祀等行为均规之以礼，和同窗、长者、师长相处必须符合道德规范。可见，在日常生活的细微处严格贯彻才能把儒家的道德追求转化为个体本能。

总而言之，白鹭洲书院的道德教育目标是通过四个具体措施来实现的：一是道德观念灌输，在学理上阐明必要性；二是制度约束惩戒，在实践中体现重要性；三是师长以身作则，在现实中提供可供临摹的榜样；四是环境感染熏陶，在特定空间行"不言之教"。

二、现代大学制度下生活空间、教育空间的割裂

清代晚期，传统书院被一体改制为新式学堂。毫无疑问，兴西学、改书院是中国教育走向现代化的重要环节。不过，这种完全抛弃、另起炉灶的改制方式并不值得称道。胡适指出："要知我国书院的程度，足可比外国的大学研究院。譬如南菁书院，他所出版的书籍等于外国博士所做的论文。书院之废，实在是吾中国一大不幸事。"[①]胡适既曾就读于梅溪书院，也在哥伦比亚大学追随约翰·杜威研习西方哲学，他对书院教育的推崇足以证明传统书院并非

---

① 胡适：《书院制史略》，《东方杂志》，1924年第3期。

一无是处。相较之下,毛泽东对传统书院的态度更为客观、理性,他认为:"(传统书院、西方学校)各有其可毁,也各有其可誉。"[①]彼时之中国,"西学东渐"是不可阻挡的趋势,贬斥中国传统、逢迎西方文明是主流。在这种情况下,依然保持冷静思考,甚是难能可贵。

新中国成立以后,"1952年院系大调整"使中国高等教育实现了转向:把民国时期英式、美式教育体制转化为苏联模式。应当指出,这种以高度计划性和深度专业化为特征的人才培养体制为我国培养了大量专业技术人才,自有其显著的历史贡献。不过,随着改革开放事业的不断发展,原有的高等教育模式与经济、社会发展现状的适应性愈来愈差。钱学森在九十余岁高龄发出振聋发聩的疑问——"为什么我们的学校总是培养不出杰出人才";钱学森已经辞世十余年了,当代学者的普遍疑惑是——"为什么大学生的整体素质在不断下滑"。实事求是地说,这并不是一个创造性的问题,已有大量著述进行了回答。不过,基于教育空间割裂这一现实进行理论和实践探索的成果并不多见。

(一)现代大学的空间

现代大学空间规划的指导思想是功能主义理论——通过物理方式把校园空间区隔为既相互联系又彼此独立的不同场域,如教学区、办公区、生活区、商业区、休闲区等。在这种情况下,除教学区之外的其他空间失去了社会学上意义的教化价值,只具有物理空间的实用功能。这就是安东尼·吉登斯(Anthony Giddens)所说的"脱域"现象。"在这样的空间中,不但时间被悬置了起来,空间也进一步和场所脱离,学生学习的是无情境化的抽象符号,当下发生的实践并没在文字符号系统中产生多少共鸣。"[②]由此可见,制度化的现

[①] 毛泽东:《湖南自修大学创立宣言》,《新时代》(第1卷第1号),1923年4月15日。
[②] 石艳:《区隔与脱域——学校空间管理的社会学分析》,《教育科学》,2006年第4期。

代大学未能创造一种有利于学生全面发展的空间情境,使道德教育变得空泛且抽象。

1.我国大学校园的空间特征

首先,现代大学的校园空间特征是"大"。据华中科技大学官方网站披露的数据,该校占地总面积为7000余亩,保守估计超过460万平方米,拥有30余个食堂。需要指出的是,这并不是个案。调研显示,在我国2700多所全日制普通高校(含本科、专科、独立学院及民办高校,不含成人高校、广播电视大学)中,占地面积超过1000亩以上的占比约为9成。因此,学生之间相互调侃,"同学4年,没见过面"。与庞大校园面积相适应的是,学生数量在急剧增长。仅10余年前,"万人高校"还是可以拿来宣传的新闻看点;时至今日,在校学生两三万人已是常态。据吉林大学官方网站披露的数据(截至2023年3月31日),该校有在籍学生74036人(全日制70862人,非全日制3174人),难怪网友戏言"长春是建在吉大校园里的城市"。

其次,校园空间从闭合走向开放。早期大学校园空间具有显著的闭合式特征:校门(空间起点)厚重庄严,成为天然的分水岭;围墙(空间分界线)隔绝了校内、校外,在空间上赋予了校园"卓然于世外"的气质。再辅之以严格的门禁制度,使校园更显静谧、幽美。改革开放以来,尤其是高等教育从大众化走向普及化以来,虽然有形的空间界限依然存在,但存在于人们心中的"无形"界限被打破了。大学的围墙再也挡不住一浪高似一浪的市场经济热潮:在学校内部催生了以牟利为目标的"校园经济",在学校外部形成了以学生为主要客户群的"学生经济"。当然,任何试图重构理想中的、田园牧歌式象牙塔的念头都是不合时宜的,它已经被时代所抛弃。不过,打破校园空间的闭合性,也意味着校园文化失去了它的空间载体。

最后,对构建校园人文空间重视不够。无论是规划新校区,抑或是改善老校区,对构建校园人文空间不够重视几成通病。主要表现为:第一,重自然

第一章　空间演进与道德教育的嬗变

景观建造,轻人文氛围营造;第二,重单体建筑实用性,轻整体环境协调性;第三,重视觉效果,轻文化内涵;第四,重模仿抄袭,轻本土特色。当下,大学校园愈建愈美——这是无法否认的事实,令人惋惜的是,相当数量的校园具有显著的同质化倾向。一样的高楼大厦,一样的小桥流水,一样的青松绿树,一样的湖光山色。不是说这样不好,但缺乏个性的确会带来审美疲劳。这当然不是单一因素所导致,但市场经济所追求的快节奏、高频率、功利化是导致上述现象的重要原因。试想一下,如果北大红楼在现代建筑璀璨的灯光照耀之下,会不会显得分外幽暗;如果未名湖畔游人如织、小贩熙熙攘攘,那它与市井何异。

因此,现代大学校园的空间布局无论是采用线性结构、中心式结构,还是组团式空间结构、网格式空间结构,均不必分出孰优孰劣,重要的是大学必须抵挡功利主义带来的消极影响,在校园空间规划层面就要彰显"独立自由的学术理想、批判精神与人文传统,形成自我的价值追求"[1]。

2.校园道德教化空间的缺失

空间具有社会性,这是社会学领域公认的观点。道德伦理并不是社会空间的附属物,而是它不可或缺的组成部分。对大学校园来说,基于功能性的空间区分在事实上造成了道德教化空间的缺位——道德教育仅被限定于教学区。学生经常性活动的其他空间,如生活区、休闲区、商业区等,均没有也不必附着道德教化功能。不过,一个显而易见的事实是学生在其他区域滞留的时间要远远超过教学区,这就造成了空间与时间的错位。"伦理的空间性意味着统一性,因而它不是某时某地的个别言行和特定区域或场景的个别性特点,而是将各个场景与个别性事物统一在一起的结构化整体图示。"[2]正是由于道德教育的要素在大学校园空间结构中缺乏整体性统筹,使道德教

---

[1] 刘万里:《大学校园空间的文化性研究》,哈尔滨工业大学,2009年博士学位论文。
[2] 孙彩萍:《道德教育的空间思维——伦理空间视角下的道德教育》,《教育研究》,2018年第6期。

化的伦理空间得不到延伸。其弊端有三:一是缺乏增强道德观念感性认识的外部环境;二是缺乏养成良好道德行为的整体氛围;三是缺乏熏染高尚道德需求的外部机制。

即便是在教学区,道德的空间教化功能也发挥的并不充分。第一,以成器成才为主的教育目标。作为社会的一个组成部分,大学难免有它自身的利益追求,在开展道德教育时,难免会衡量利益与效率——那些在校庆时如众星捧月一般突出的优秀校友往往都是各领域的成功人士。第二,以灌输说教为主的教育方式。道德教育课程往往是从价值理性出发,强调道德伦理之于人类的"应然"性,但学生大都认为功利主义也没什么不对,毕竟生存是大多数人发展的第一需求。第三,以考试考核为主的教育评价。在几乎所有高校的毕业条件中,对道德的要求极低——不违法、不违纪即可。在类似的政策影响下,学生也会不自觉地形成自己的应对模式:平时上课时可以打打酱油,考试前突击背书就可以了。第四,以专业为主的学习过程。当下,许多高校采取大量开设通识教育课程的方法来平稳过渡"专业主义""工具主义"带来的弊端。实事求是地说,收效甚微。"2006 年,上海一家媒体有过这样的描述:有院系为了防止'专业人才'流失,'白天学生们在复旦学院上通识教育课,晚上一些院系主任召集本专业的学生开会宣扬专业教育精神'。"[①]由此可见,尽管教育学家们在反复倡导"回归教育的本质""培养完整的人"等现代大学理念,但"专业至上"仍大行其道,何时能够贯彻落实尚未可知。

(二)空间割裂及其对道德教育的影响

大量研究表明,教学空间与生活空间的割裂使学生道德发展四要素(知、情、意、行)处于离散状态,也丧失了时间与空间两个维度的整体协调

[①] 陈薇:《复旦学院:迂回七年》,《中国新闻周刊》,2012 年第 44 期。

性。这种现象,我们姑且称之为"师生交往空间的异化"。从更大范围来看,现代化的英国大学也曾面临这种窘状,不同的是,英国教育家更珍视传统,较完整地保留了住宿学院系统(Collegiate System)。仅就学生道德发展而言,为我们提供了可供借鉴的另一个参照系。

1.师生交往空间"异化"及纠治

20世纪30年代,费孝通在研究中国传统社会结构时提出了"差序格局"这一概念。他指出:"一个差序格局的社会,是由无数私人关系搭成的网络。这网络的每一个结都附着着一种道德要素。"[1]需要指出的是,在当代社会,宗法关系早已泯灭,现代大学的组成结构也迥然有异于彼时的中国乡村。不过,其中蕴含的空间伦理思维,仍具有重要的方法论意义。如果把校园内的所有大学人(含教师、学生及其他工作人员)都视为伦理道德主体,那么他(她)们就如同平面内随机移动的一个个"点",把这些彼此分散的"点"串联成纵横交错的"线",就构成了校园空间的道德主体运动、发展网络。这个网络同样适用费先生"差序格局"理论——这个网络是由私人关系搭建起来的,这网络的每一个结都附着着一种道德要素。不过,令人遗憾的是教师和学生之间的道德实践[2]极度匮乏,具体表现为教师与学生在这个网络空间中的交集寥寥可数。这就是师生交往空间"异化"。

为有效矫治这种"异化"带来的教育实效性弱化等现状,国家从宏观战略层面作出积极应对。2016年12月,习近平在全国高校思想政治工作会议上要求高校思想政治工作要把"立德树人"作为中心环节,把思想政治工作

---

[1] 费孝通:《乡土中国:生育制度》,北京大学出版社,1998年,第27页。
[2] 即道德伦理在纯粹观念形态与现实实践形态间相互建构的过程,也可以称为伦理的空间化过程,详见孙彩平:《道德教育的空间思维——伦理空间视角下的道德教育》,《教育研究》,2018年第6期。

贯穿教育教学的全过程，实现全程育人，全方位育人。这是"大思政"[①]工作格局全面落地的肇始。[②]嗣后，各级、各类高校按照党中央的统一部署，积极行动、不断进取，"课程思政""协同育人"等理论与实践创新相继涌现。一般来讲，"大思政"指的是一种基于系统论的、从全局层面加强和改进思想政治教育工作的教育观，主旨是打破思想政治教育各领域、各要素、各环节之间的壁垒，以期通过构建"三全育人"工作体系来满足学生健康成长和全面发展的现实需要。可以看出，"大思政"工作格局不仅要整合"三支队伍"（思政课教师队伍、辅导员队伍、党团工作者队伍），而且要融合"思政课程"与"课程思政"，还要结合"显性教育"与"隐性教育"，是对高校思想政治教育工作体系、工作流程的全面改造。

在高校微观层面，各地、各类高校均结合自身情况相继出台了具有时代烙印、符合校本特色、体现地域特征的实施方案和细则，"大思政"育人格局正在有序形成。整体来看，这种育人模式有效破解了师生和谐相处的空间壁垒，与现代大学教育理念高度契合，强调隐性教育、突出外部环境潜移默化的育人功能，可以多样化地满足不同家庭环境、不同心智发育程度、不同专业背景、不同发展需求学生的个性化成长需要。

2.住宿学院制度的启示

住宿学院（Residential College）兴起于12世纪的巴黎大学，13世纪晚期传至英国，在牛津和剑桥这两所具有卓著声望的大学发展、成熟，在15世纪

[①] "思想政治教育"与"道德教育"这两个概念的辩证关系争议较大：有学者主张"德育"即"道德教育"，同时"德育"即政治、思想、道德教育；也有学者认为既有联系也有区别，不能混为一谈。虽然要对二者进行严格区分，但思想政治教育中必定包含道德教育。为方便研究，本书不在学理层面作过多的抽象思辨，把假定二者教育目标和教育内容基本一致作为理论前提。

[②] "大思政"格局的理论渊源可以上溯到新中国成立初期。1950年，中国教育工会（系中华全国总工会下属的产业工会之一；成立于1950年8月，首任主席是著名教育家吴玉章）第一次全国代表大会提出了"三育人"主张，即"教书育人""管理育人""服务育人"；创造性地把课程教学、行政管理、生活服务统一纳入"育人体系"。

第一章　空间演进与道德教育的嬗变

已经成为英国大学的主要组织形式。

　　寄宿制度诞生于巴黎大学的艺学院。当时,在巴黎大学的四个二级教学机构中①,"只有艺学院是一个属于非专业教育的单位,没有特定的既有利益,所履行的功能类似于我们今天的中学。"②基于艺学院的办学定位,通常招收年龄在13岁以下的学生,为了照顾学生的饮食起居,家长通常把孩子托付给一位他们信任的教师一起生活。"孩子们又以同乡为基础组成一个集体与老师共同生活在一起,同甘共苦,这就是所谓的'会馆'(hospitium)。"③12世纪晚期以后,慈善家们以"会馆"为蓝本捐建了专为贫寒家庭学生提供食宿的寄宿制学院。在这些学院里,教师既照顾学生的生活,也辅导他们的学业,具有教学空间、生活空间高度融合的特征。爱弥儿·涂尔干(Émile Durkheim)对寄宿学院的日常生活进行了细致描述,"孩子们不得不从同时开课的几百位老师当中为自己挑一位,跟到他门下。……他们会租下一处可以共同生活的地方,就像某种会社那样生活在那里,而他们的老师也经常和他们生活在一起,同桌供餐,同甘共苦。"④可以看出,早期的寄宿制学院具有如下特征:一是和谐平等的师生关系(在英国,这种关系被发展为导师制,即"Tutor");二是师生同桌就餐(在英国,逐渐演变为"高桌晚宴",即"High table dinner")。

　　从沃尔特·德·默顿(Walter de Merton)为牛津大学捐建第一所住宿学院(默顿学院)算起,学院制度已经走过七百余年。在这数百年里,学院教育不可避免地会受到工业革命、文艺复兴等外力的冲击,但其精神内核——即注重发挥隐藏课程(Hidden Curriculum)潜移默化的感染作用⑤——被完整保留

---

　　① 其余三个分别是神学院、医学院、法学院。
　　② [法]爱弥儿·涂尔干:《教育思想的演进》,李康译,上海人民出版社,2006年,第112页。
　　③ 李振峰:《巴黎大学的创建过程及其启示》,《现代大学教育》,2004年第4期。
　　④ [法]爱弥儿·涂尔干:《教育思想的演进》,李康译,上海人民出版社,2006年,第118~119页。
　　⑤ 事实上,导师制、高桌晚宴、下午茶、学院间的体育比赛等教育形式遵循的理论逻辑都是显性教育与隐性教育齐头并进。

并传承下来。"譬如一个基督书院的学生看到弥尔顿(Milton)手植的桑树,能否无动于衷?一个三一书院的学生住在牛顿的房间里,焉能没有一丝见贤思齐的激奋?而一个圣约翰书院的学生听到伍尔华滋描写他母院礼拜堂的'一声是男的,一声是女的'钟声,又怎能不生一丁儿诗人的遐思?"[1]这是金耀基访问剑桥大学卡莱尔学院的切身感悟。的确,剑桥三十余个学院均有悠久的历史底蕴和丰富的人文传承,也分别形成了各自不同的气质和性格,它们组合起来就把剑桥转变成为一个"文化大熔炉"。

综上,中国传统书院与英式住宿学院在具体制度层面或有差别,但就精神内核而言,不同文明的基本经验大致类同。中国传统书院以培养"君子""士"为价值取向,英式学院教育则把理想人格具化为"绅士""完人",均表达了以德育为先的教育宗旨。由此可见,优秀的教育制度在精神追求上具有一致性,在具体教育方式上也具有一定共性。

三、大学书院制改革:弥合校园空间的尝试

2005 年以来,复旦大学、西安交通大学相继开展住宿书院制改革。经过 10 余年的发展,高校尤其是"双一流"高校成为主力,书院制改革呈蓬勃发展之势。截至 2020 年 6 月,全国(不含港、澳、台地区)已有 97 所高校进行书院制改革,共建成书院 304 个。其中,42 所"一流大学"建设高校中的 24 所共计成立书院 103 个;95 所"一流学科"建设高校中的 36 所共计成立书院 186 个。[2]尤其是 2014 年之后,高校书院联盟成立,标志着高校书院建设进入协同发展的团队化阶段。由此,"书院制"成为高等教育改革的高频词汇,引起广泛关注。

---

[1] 金耀基:《大学之理念》(增订版),生活·读书·新知三联书店,2008 年,第 121 页。
[2] 以上数据引自宫辉、苏玉波、周远主编的《高校书院发展报告(2020)》,西安交通大学出版社,2020 年,第 5 页。

第一章　空间演进与道德教育的嬗变

(一)复旦大学书院制改革及其评述

复旦大学书院制改革经历了两个发展阶段:2012年8月以前,把本科一年级新生一体纳入书院(一年制书院);2012年8月以后,开始构建四年一贯制书院。

1.书院制改革的初衷

书院制改革是复旦大学践行通识教育理念、推动人才培养模式改革的四大支柱之一。[①]20世纪80年代,时任校长谢希德就认为复旦大学应培养"通才"而非"专才";2002年,"宽口径专业教育"的思想被付诸实践;2005年,新成立的"复旦学院"(本科生院)被赋予"学校全面系统实施通识教育的学术研究和管理机构"的功能,作为它的配套措施之一,书院制改革也在当年9月正式实施。

2.书院制改革的措施

由于复旦大学书院制改革的措施在2012年进行了重大调整,因此主要介绍第二阶段,也就是现行的书院制改革措施。

第一,成立复旦学院。在复旦大学,复旦学院被称为"小复旦"。其原因就在于复旦学院整合了与本科生教育密切相关的所有职能,如下设学生工作办公室、招生办公室、教务处、团委、通识教育中心、教育技术中心、导师办公室等机构,几乎无所不包。由此可见,复旦学院"统筹本科招生、通识教育、课程建设、书院建设、导师队伍建设、教务管理等本科教育各方面,打通了人才培养各环节"[②],其践行通识教育理念的举措并不是在原有基础上的小修小补,而是对大学组织机构和管理流程的再造和重塑,可以用"牵一发而动全身"来形容。

---

① 其他三个分别是全方位学业指导体系、通识教育课程体系、通识综合教育计划。
② 宫辉、苏玉波:《高校书院发展报告(2017)》,西安交通大学出版社,2017年,第35页。

第二，成立五大书院。2005年起，复旦大学相继成立五大书院，分别以学校历史上声望卓著的管理者命名。[①]2012年以前，实施"一年制"书院，即所有本科生不分专业均要在书院接受为期一年的通识教育，之后再按专业分流到不同学院。这样做的好处是能够打破"专业至上"思维对通识教育的掣肘，但缺点也显而易见。首先，通识教育课程不能纵向贯穿学生的本科生涯，能发挥的效用也会大打折扣。其次，书院每年都迎来新生，不利于书院文化的传承和发展。2012年以后，书院由"一年制"改为"四年制"，迎新、学籍、党团等职能又回到了专业学院。

3.书院制教育的特色

复旦大学不仅是国内（不含港、澳、台地区）最早探索书院制理论和实践的高校，也代表了书院制改革的"一种模式"。第一，倡导通识教育。按照现行人才培养方案，复旦学院共开设六大类、数百门通识课程，学生须修满12学分（包括自选和必选）的课程方能达到毕业要求。第二，实施学生混住。学生混住不是不分性别，而是不分专业。其理论依据是"学生彼此间相互学习获得的东西比从老师那里学到的东西还要多，作为一个群体，住宿学院给其每个成员的成长提供了无与伦比的机会"[②]。学生来自不同地域，所学专业林林总总，他（她）们之间的交流乃至争执能不断完善彼此的知识结构、思维方式。第三，全面实施导师制。复旦大学各书院为每个学生配备了导师（包括专职和兼职两类，导师本身都是从各学院择优遴选出来的教师），每名导师负责指导一定数量（通常是10人左右）的学生，会定期指导学生。第四，各书院分别组织文化活动。如腾飞书院以腾飞论坛平台的学术交流活动，依托腾飞

---

① 腾飞书院，为纪念复旦大学杰出校长李登辉先生（先生字腾飞）；希德书院，为纪念复旦大学杰出女性校长谢希德先生；任重书院，为纪念新中国成立后首任校长陈望道先生（先生字任重）；志德书院，为纪念复旦大学创始人马相伯先生（先生字志德）；克卿书院，为纪念上海医学院创办者颜福庆先生（先生字克卿）。

② 李海莉：《英美大学住宿学院制度研究》，汕头大学，2007年硕士学位论文。

书院日、腾飞主题月开展的各类文化、体育和纪念活动。

4.评述

复旦大学的书院制以培养高素质人才为宗旨,是对当下工具主义、功利主义思想泛滥作出的积极回应。从书院制改革本身来看,也具有理念先进、方式深刻等特征。不过,对于一些深层次"顽疾"依然未能根治。

第一,书院建设投入不够。首先,书院规模过大。书院学生多则3000余人,少的也有2000余人。在这种情况下,有限的资源投入与过多的学生数量之间的矛盾构成为书院发展的主要矛盾,也很难满足学生个性化成长的需要。其次,制度建设有待加强。导师制是破解现代大学日益疏离的师生关系的重要举措,但导师的评价、奖励机制存在物质激励不足、管理制度不完善等问题,很难激发起教师从事这项工作的内在驱动力。另外,由于宣传、引导不到位,导师制处在"导师很热心,学生不上心"的尴尬境遇。"学校安排,每周二下午,5位老师组成的导师团集中到学院办公楼,接受学生答疑。然而,每次来咨询的学生都不如老师多;物理系一位教授,曾表态要每星期请5位学生吃饭,第一次1个人也没来;第二次,终于来了1个。"[1]再次,整体迁移的学生遴选方式。在理想状态下,学生应对加入某所书院拥有选择权,即书院以各自的特色吸引学生,但这样会增加学生管理部门的工作难度,并带来一定的安全隐患。折中之下,把某一专业大类的学生全部划给某书院最为简便,如克卿书院的学生均来自学校医学大类各专业,与此同时,所谓的"学生混住"就名存实亡了。最后,书院学生的居住环境没有显著改善。复旦大学五大书院都是在学生宿舍楼的门楣上挂了一块牌匾,左右两侧悬挂一副对联,经实地考察,相对比较简陋,更重要的是没有闭合式庭院,无法形成书院的文化场域。

这些现象大都源于给书院投入的资源过少。做个简单比较,20世纪20

---

[1] 陈薇:《复旦学院:迂回七年》,《中国新闻周刊》,2012年第44期。

年代，美国耶鲁大学决心建设住宿学院。校方究竟投入多少资金已很难考证，但仅爱德华·哈克尼斯（Edward S. Harkness，耶鲁校友）就捐赠了超过1500万美元。由于获得了巨额资金支持，耶鲁大学的8所住宿学院（现在已有14所）才能得到持续发展。

第二，通识教育课程在实施中遭遇一系列问题。如果说书院建设、发展的瓶颈在于资金的话，那么通识教育面临的问题主要在于理念之争。从2008—2009学年起，复旦大学把通识教育必修课程从6分提升到12学分，但有42%的学生表达了明确的反对意见。其反对的理由甚至无可指摘：通识教育提倡价值理性，在不违反法律、不有悖于道德的情况下，生存才是第一位的。学生更乐意把精力投入未来能让自己在专业领域出人头地的专业课程上，那些好过的课程、好玩的课程就成为学生的首选。经过对比分析，有学生总结出了选课的一些规律：任课教师名字中有"江河湖海"的要慎选——要求严格、不太好糊弄。从教师方面说，学校也没有为研发、讲授通识教育课程创造良好的制度环境。教师更愿意发文章、出专著、报项目，因为这些都是职称晋升、利益分配的硬条件，也是衡量教师学术水准的必要条件。

可以看出，无论通识教育还是书院制，都面临一系列有待深入研究和克服的深层困难，这是人才培养体制转型升级的必由之路。

(二)西安交通大学书院制改革及其评述

西安交通大学的书院制改革既借鉴了世界一流大学的办学经验，又结合国情、校情进行了一定限度的"本土化创新"，代表了国内书院制改革的另一个方向。

1.书院制改革的初衷

张正明是西安交通大学书院制改革的倡导者和操盘手之一。他对学校进行书院制改革的初衷有如下描述：

在2005年的时候,我认为当时的制度与中国培养目标不衔接,在管理上是严进严出的,不像国外的制度那么有弹性,因此我想改变旧的学生管理制度,因而书院制诞生了。在当时,我们学校的学生事故频繁发生,管理和培养目标的协调性引起了公众的质疑,学校的文化和思想政治面临很大的压力,种种事件都显示出学生管理是十分落后的,需要革新。①

由此可见,西安交通大学进行书院制改革是为达成以下目标:第一,改革人才培养模式;第二,改革学生管理模式。

2.书院制改革的措施

西安交通大学于2005年开始试点书院制(成立"文治苑"),2006年成立首个书院(彭康书院),2008年建成全员式、四年制书院,2016年成立本科生院,形成了9个书院、23个专业学院并行的格局。其中,成立于2016年12月的钱学森书院比较特殊,创造了学院、书院合署办公、统一管理的新模式,具有一定的实验、探索性质。

西安交通大学称其书院制改革为"学科学院模式"(以发展学生专业技能为导向)、"住宿书院模式"(以提升学生综合能力为导向)。具体来说,把学生管理、党(团)建设等业务剥离出来,由书院独立履职。从而形成了"学院""书院"并行发展,协同育人的新格局。

3.书院制改革的特色

西安交通大学代表了国内书院制改革的另一种"模式"。第一,突出了书院在高校人才培养过程中的独立性。在西安交通大学,书院的定位不是加强或改进某项工作的附带措施,而是具有自主决策权和履行特定职能的独立

---

① 曹洁:《西安交通大学书院制学生管理模式研究》,湖北大学,2014年硕士学位论文。

行政机构。在宏观层面，设立院务委员会为最高决策机构（由负责联系书院的校级领导兼任委员会主席）；在微观层面，由院务主任（通常兼任党总支或分党委书记）负责管理书院的日常事务。

第二，打造"庭院式"学生住宿社区。首先，西安交通大学对学生住宿区重新进行整体规划——把地理位置相邻或相近的宿舍楼串联成一个相对"闭合"的物理空间，并安排同一书院的学生集中住宿。其次，强化书院物理空间的管理、服务、教化功能——在书院的公共空间设置健身房、阅览室、心理咨询室、自修室、导师工作室、书院工作人员办公室等配套设施，通过建设书院人文环境发挥隐性教育功能。最后，探索书院育人的工作体系。西安交通大学南洋书院把其特色育人体系提炼为"6S"[①]，其内在逻辑关系是"以传承大学精神为导向（Spirit），践行学习（Study）、科研（Science）、服务（Service）、运动（Sport）四大规划，提升学生专业技能，重视学生人格养成，使学生全面成长，满载收获（Surprise）。"[②]

第三，就现代大学书院制的科学内涵进行了积极探索。实施书院制以来，西安交通大学的学者们围绕"书院是什么""书院做什么"等核心理论问题进行了深入思考。西安交通大学书院制改革的主要决策者、时任校长郑南宁院士曾说："如果说，学院是父亲，那么书院就是母亲。学院集中精力搞好专业教学和科研，书院则承担起学生全面发展的工作。"[③]这是在"双院并行"的组织架构下，对专业学院、住宿书院定位的形象化描述。

4.评述

可见，西安交通大学的书院制改革也是围绕"人才培养"这个中心任务，

[①] 即 Spirit（理想信念教育）、Study（学风及学习规划教育）、Science（学术理想及态度教育）、Service（奉献及开拓精神教育）、Sport（体育运动教育）、Surprise（收获感教育）。

[②] 刘茹、纪婷、岳娅萍：《实施 6S 育人体系，提升书院大学生综合素质》，引自《现代高校书院制教育研究》，北京航空航天大学出版社，2015 年，第 56 页。

[③] 姜泓冰、杨彦、尹世昌：《书院制 改变了什么？》，《人民日报》，2011 年 9 月 16 日。

不同之处在于其以加强学生管理、教育为导向,推动了更大范围、更大规模和更大力度的组织机构变革。国内诸多高校的书院制改革或多或少地参考了西安交通大学的做法和经验,已经成为一种"范式"。不过,随着书院制改革的持续深入,不可避免地出现了不同的声音。

第一,"二元化"的组织架构带来诸多不便。学院、书院并行的组织架构固然有其存在价值,但这种"二元化"的体系也会带来一系列现实问题,会直接导致"管理主体增多、管理层次增加、利益关系多样、职责划分交叉、治理结构复杂"[①]等新问题。其中,最为显著的是学院和书院在职责分工层面根本无法彻底厘清,双方工作中的交叉部分、重叠部分、合作部分并非没有相互推诿的可能。退一步说,即使双方都能积极履责,那么用于协调、沟通的沉没成本一定会明显增加。

第二,从学理上质疑书院制的合理性。研究教育史的学者发现,书院制的成功案例有一个共性:先有书院,后有大学;大学只是书院的"联合体"。以香港中文大学为例。钱穆于1949年秋创立新亚书院,其办学宗旨为:"本书院创立于1949年秋,旨在上溯宋明书院讲学精神,旁采西欧大学导师制度,以人文主义教育之宗旨,沟通世界中西文化,为人类和平社会幸福谋前途。"[②]1963年,新亚、崇基、联合等书院合并组成了香港中文大学,牛津、剑桥也大抵如此,而现行的书院制改革模式是从学院中"分裂"出书院,难免会缺乏历史依据。

第三,书院的文化空间功能不显著。尽管各书院都有专属主题色、院训、院徽、吉祥物,但这些差异性均停留在较为浅表的视觉识别(VI)层面,更深层次的理念识别(MI)和行为识别(BI)并无显著差异。梅贻琦的"大学之大,

---

① 王靖:《现代大学书院制的多元认识与实践策略——"全国第一届现代大学书院制改革研讨会"综述》,《肇庆学院学报》,2015年第6期。

② 钱穆:《新亚遗铎》,台湾联经出版事业股份有限公司,1998年,第3页。

乃大师也"的观点已是不易之论,但教师归属于学院——书院无法以学术大师及其"掌故"为中心建构文化传承,也很难形成文化底蕴。这是许多学生依旧把书院视为"生活空间"而非"文化空间"的根本原因。

总之,现代大学书院制是一个尚处于发展阶段的新生事物,或许它在理论和实践两个维度皆有不尽如人意之处,而其出现至今不过十余年,些许争议或质疑均出于改善、提高的良好愿望。无论如何,也不能否定它是现代大学制度化创新的大胆尝试这一基本判断。

第二节 现实空间、网络空间道德教育的理论与实践

现实空间、网络空间道德教育有一定的内在联系,但二者的差异性更为显著。从现实物理空间到虚拟网络空间,不仅意味着空间的转移和情境的迁移,也是它们代表了两种迥然有异的道德教育范式。

一、现实空间道德教育存在的问题及其对策

一般来讲,"道德教育是指生活于现实社会关系中的、有道德知识和经验的人们,依据特定的道德准则,对他人有组织、有计划地施加系统影响的一种活动。"[①]以此类推,在现实物理空间开展的道德教育活动即可称为现实空间道德教育。从本研究的主旨出发,以下将从理论和现实两个维度对高校道德教育现状进行整体性评价。

---

① 杨明:《当前高校道德教育面临的挑战与创新》,《高等教育研究》,2000年第5期。

第一章　空间演进与道德教育的嬗变

(一)道德教育理论的发展沿革

作为教育学领域的基本概念和重要术语,"道德教育"源自英国学者斯宾塞(Herbert Spencer)所著《教育论》。[①]在这本著作中,"他把教育划分为'智育(intellectual educationg)'、'德育(moral education)'、'体育(physical education)'"[②]。20世纪初,王国维等学者把西方德育理论体系传入中国。中华民国时期,践行欧美高等教育模式的中国近代大学在此基础上进行构建本土道德教育理论的初步尝试。新中国成立以后,党和国家以苏联为蓝本重塑高等教育体系,道德教育理论亦在借鉴的基础上进行了有中国特色的创新,并不可避免地被打上了时代的烙印。改革开放以后,伴随着中国特色社会主义建设的持续发展,道德教育理论在传承、借鉴的基础上持续发展。

1.反思与溯源

1977年,邓小平做出"恢复高考"的决策,实现了在教育领域的拨乱反正。在"文化大革命"期间,各种形式的极端政治宣传取代了道德教育活动,"越有知识越反动""打倒臭老九"等错误观念甚嚣尘上;以反省"文化大革命"为起点,关于道德教育理论的研究再回正轨。这一时期的研究,有两个主要特征:

第一,反思"文化大革命"时期极左教育政策对道德教育的破坏。肖光磊、王炳照等学者[③]以毛泽东教育路线为指引,深刻揭露"四人帮"在教育思想层面造成的破坏和混乱,也以"白卷英雄"张铁生等为反面教材,深入批判"四人帮"控制舆论、妄图"夺权"的反动嘴脸。与此同时,大量学者从贯彻

---

① 原著出版于1860年,商务印书馆于1933年出版了任鸿隽译本。
② 韦冬雪:《对"道德教育"、"德育"与"思想政治教育"概念之辨析》,《探索》,2007年第1期。
③ 肖光磊:《"四人帮"要的是什么样的"德育"》,《陕西师范大学学报》(哲学社会科学版),1977年第1期;王炳照:《"四人帮""批智育第一"是对德育智育的全面破坏》,《北京师范大学学报》(哲学社会科学版),1978年第3期。

毛泽东"教育必须为无产阶级政治服务,必须同生产劳动相结合"的总方针出发,对学校道德教育工作进行了卓有成效的思考。

第二,重新界定中国传统道德教育思想的地位。"文化大革命"期间,中国传统文化被视为"毒草",诸多优秀成果在"破四旧""批林批孔"等政治运动中遭到极其严重的破坏。"文化大革命"结束后,一批教育学家开始重新审视中国传统德育思想的价值内蕴,将其视为宝贵的教育资源。需要指出的是,这一时期学者们对古代德育思想的态度极为理性,提出了"批判性继承"的主张,并深入阐发古代德育和现代德育的辩证关系。

2.探索与变革

随着改革开放的不断深入,"下海""经商"等浪潮逐渐席卷全国。在这种情况下,德育理论工作者开始适应新形势:主要任务变化、社会环境变迁会给德育工作带来哪些变化、造成哪些冲击。新的理论动向包括:

第一,在更广阔的空间研究社会环境与道德教育的关系。首先,道德教育作为意识形态上层建筑的组成部分不能不接受来自经济基础的、社会环境的影响。其次,交叉学科的出现为道德教育的发展提供新方法、新视角。再次,以系统论思想统摄道德教育各要素之间的逻辑关联,增强了道德教育理论的整体性、完整性。最后,家庭、学校、社会三位一体的教育模式逐渐成为学界共识。

第二,西方道德教育经典著述陆续传入,为我国道德教育理论发展提供了养料。随着国际交流的持续扩大和深入,中国高等教育也面临和世界"接轨"的问题。约翰·洛克(John Locke)、罗素(Bertrand Russel)等西方教育家的著述被大量翻译,其中蕴含的教育思想为我国道德教育理论的"再创造"提供了参照。

3.深度与广度

党的十四大以后,道德教育理论在向纵深发展的同时,其外部研究边界也在不断拓展。具体表现在：

第一，学科结构不断完善。正如学者指出的那样，"从'德育原理'这一母学科中分化出来的子学科非常之多，子学科的研究领域涉及德育目标、德育内容、德育方法、德育价值、德育过程、德育管理等方面"[①]。探索道德教育过程、方法、目标及管理的分支学科不断涌现，足见道德教育的理论体系在走向成熟。

第二，交叉学科的出现为道德教育理念展提供新方法、新视角。尤其是心理学相关理论的大面积应用，催生出以德育心理学为代表的新生学科，进一步完善了道德教育理论体系。

4.传承与创新

党的十八大以后，以习近平同志为核心的党中央高度重视大学生群体的道德教育工作，明确提出"把立德树人作为教育的根本任务""培养德智体美劳全面发展的社会主义建设者和接班人"等观点，并在不同场合对其深刻内涵进行科学解读。主要理论趋向包括：

第一，传承并发展"德育为先"的教育宗旨。《左传》所云："三不朽"，即包括"立德"，并逐渐演变为儒家知识分子传承数千年的教育理想。新中国成立以后，毛泽东、邓小平等党和国家领导人均把"德育"置于人才培养的首要地位。党的十九大报告进一步指出："要全面贯彻党的教育方针，落实立德树人根本任务，发展素质教育，推进教育公平，培养德智体美全面发展的社会主义建设者和接班人。"[②]在此基础上，大量学者围绕"立德树人"的科学内涵、内在要求、实践路径等进行了目别汇分的研究，涌现出大量优秀成果。

第二，教育理论的创新性发展。首先，理念创新。习近平指出："必须围绕

---

① 叶飞、檀传宝：《改革开放30年德育理论发展脉络探析》，《教育研究》，2009年第1期。
② 习近平：《决胜全面建成小康社会 夺取新时代中国特色社会主义伟大胜利——在中国共产党第十九次全国代表大会上的报告》，人民出版社，2017年，第45页。

学生、关照学生、服务学生,不断提高学生思想水平、政治觉悟、道德品质、文化素养,让学生成为德才兼备、全面发展的人才。"[1]可见,习近平要求高校道德教育要突出学生主体地位、以学生"全面发展"为旨归。其次,内容创新。党的十八大以来,党史和中国传统文化中的优秀素材被深入挖掘、系统性地阐发,进一步丰富了道德教育的内容。最后,方法创新。例如,焦成举提出了"'象征教育法'的概念,并指出象征教育法具有象征性明显、渗透性很强、艺术要求高、教育规模大、高度真实性的特点与优势"[2]。

(二)问题与对策

改革开放以来,高校道德教育实践在纵向继承和横向借鉴的基础上取得了长足进展。不过,道德教育效果不尽如人意、"应然"与"实然"之间存在一定距离是不争的事实。

1.现状与问题

有学者在宏观考察我国道德教育发展特点时指出,"逐渐形成从运动式的道德教育到形成规范的道德教育体系;坚持爱国主义教育为道德教育的主线;从社会道德教育到个人品德教育与社会道德教育相统一;道德教育从精英教育向公民教育转变;利用现代媒体和社会活动开展道德教育"[3]。应该说,上述归纳是比较客观、准确的。不过,从微观来看,存在的问题也不容小觑。主要表现在:

第一,大学生群体道德失范现象屡见不鲜。首先,片面追求个人成功,缺乏远大理想。其次,极端利己主义盛行,缺乏奉献精神。又次,单纯追逐物质

---

[1] 习近平:《把思想政治工作贯穿教育教学全过程 开创我国高等教育事业发展新局面》,《人民日报》,2016年12月9日。
[2] 焦成举:《浅析思想政治象征教育方法》,《思想教育研究》,2016年第8期。
[3] 余玉花、陈正桂、胡丁慧:《改革开放30年来道德教育发展特点概述》,《道德与文明》,2009年第4期。

享受,缺乏劳动观念。再次,过度强调自我中心,缺乏责任意识。最后,盲目追捧娱乐明星,缺乏适当限度。应当指出的是,上述现象并不是大学生群体的"主旋律",也不能代表当代大学生的整体精神风貌。若从整体比例来看,甚至都不具备统计学意义上的分析价值。不过,基于我国高校总在学人数高达4183万[①]的现实,即使比例较小,乘以这个基数也是一个庞大的"失范"群体。由此可见,对于大学生中存在的道德失范现象,决不能听之任之。

第二,高校道德教育实践面临一系列困境。首先,道德教育理念的偏颇性。具体表现为,"德育为先"的教育宗旨在高校层面没有得到很好的贯彻落实、道德教育事实上被边缘化等。其次,道德教育内容的滞后性。"思想道德与法治"是高校道德教育的骨干课程,主要探讨道德的起源、发展、马克思主义道德的科学性及新时代道德规范的内容、价值,偏重于理论体系构建,但一定程度上忽视了学生需要,也缺乏对学生道德困惑的现实关照。再次,道德教育方法的机械性。课堂教学的主要方式是理论灌输,忽视了学生的主体地位;实践教育的主要方式是开展主题教育活动,如"光盘行动""学雷锋活动"等,只具有宣传和舆论引导价值,忽视了学生的主体感受。最后,道德教育目标的绝对性。现实是学生成长环境千差万别、思想素质参差不齐、学习动机也不尽相同,不能都以"无私奉献""先人后己"等道德标准来做硬性要求。因此,高校道德教育在目标层面应区分层次性、加强针对性、提高实效性。

2.原因及对策

有学者把高校道德教育面临的问题总结为"'德育为首'的教育理念与道德教育实际边缘化的矛盾""大学生价值观多元化与传统道德教育目标政治化的矛盾""大学生主体意识增强与传统道德教育方法机械化的矛盾""信

---

① 这个数据引自《2020年全国教育事业发展统计公报》,详见教育部官网。

息网络化的开放性与道德教育内容匮乏滞后的矛盾"[1],具有一定的合理性。那么针对上述矛盾,应如何"突破"呢?

第一,贯彻道德教育理念。教育理念指导教育实践,教育实践反映教育理念。党的十八大以来,"立德树人"成为教育领域的热点之一。所有学校均号称要奉行"德育为先"的教育理念,培养"德智体美"全面发展的社会主义事业建设者和接班人,但在教育实践中,相当数量的学校(尤其是高校)把"道德教育"边缘化了。这是因为抽象的教育理念缺乏具体的教育制度作为支撑,容易形成"说一套,做一套"的局面。再加上市场经济条件下,工具主义、功利主义盛行,升学率、就业率、就业质量等可量化的数据成为评判学校办学水准的客观指标。在这种情况下,学校在对有限的教育资源进行分配时不可避免地会偏向"智育",以期在同类学校之间的"竞争"中获得优势。因此,深入践行党和国家有关文件(如《关于全面加强新时代大中小学劳动教育的意见》《关于新时代加强和改进思想政治工作的意见》等)精神,是进一步改善高校道德教育工作的当务之急。

第二,丰富道德教育内容。作为意识形态上层建筑重要组成部分的道德教育,其内容自然要随着经济基础、社会环境的变迁与之俱进。不过,中华民族5000余年的传承中也留下了诸多宝贵的精神财富。习近平指出:"中华优秀传统文化是中华民族的'根'和'魂',是中华民族的突出优势,也是中国特色社会主义的文化之根、文明之源。"[2]可见,高校道德教育不能离开优秀传统文化的滋养。与此同时,中国共产党在100多年的奋斗征程中涌现出众多英雄模范人物,他们的光辉事迹、不朽精神也是激励一代代中国人奋发图强、实现中华民族伟大复兴的动力源泉。习近平在不同场合多次强调要充分

---

[1] 胡刚:《高校道德教育面临的困境及对策》,《湖北师范学院学报》(哲学社会科学版),2010年第4期。

[2] 中共中央宣传部:《习近平新时代中国特色社会主义思想三十讲》,学习出版社,2018年,第21页。

发挥英雄模范的示范、感召作用。早在浙江工作时期,习近平就曾指出:"一个党员就是群众中的'一面旗',千百万共产党员的先进形象就是我们党的光辉形象。从李大钊、方志敏等革命先驱和革命先烈到社会主义建设和改革时期涌现出来的无数英雄模范人物,都堪称广大党员和群众心目中的'一面旗'。"①因此,从内容维度来看,高校道德教育既要接受中华优秀传统文化的熏陶,又要教育和引导广大青年以中国共产党英雄模范人物自励自勉,把党的光辉传统延续下去。

第三,创新道德教育方法。"道德教育方法的科学性、适切性直接影响到道德教育的有效性,决定着道德教育的成效。"②从现状来看,高校道德教育方法体现出显著的"灌输式""强制性""学理化"特征,即重视知识框架的构建和理论逻辑的推演,但不能有效应对学生面临的现实困惑。对于社会中客观存在的典型现象和观点,如"扶不扶""道德绑架""老实人吃亏"等,缺乏多维度的全面分析,更不能引导学生做出正确的道德选择。这是导致许多学生认为道德教育"假""大""空"的根本原因之一。事实上,道德矛盾在大学生群体中是普遍存在的。一方面,学生肯定崇高道德品质不可或缺的价值,也有见贤思齐的主观愿望;另一方面,教育过程忽视了学生的现实需求,片面强调必须遵守的道德义务和责任,几乎完全规避了学生的正当权益。再加上社会中"好人没有好报"的负面案例,使学生难免在理想的道德规范与可能的复杂纠纷之间举棋不定。需要指出的是,以"灌输"为代表的显性教育对道德教育并非一无是处,在培养学生理论分析能力、辩证思维能力等方面发挥着难以替代作用。不过,由于缺乏必要的隐性教育、实践教育与之配合,从而造成"理论的归理论,现实的归现实"这种不合理现状。

第四,完善道德教育评价。道德教育评价是道德教育实践的最后一环,

---

① 习近平:《之江新语》,浙江人民出版社,2013年,第136页。
② 陈飞:《高校道德教育的实践困惑与文化自省》,《现代教育论丛》,2018年第6期。

也是对道德教育全过程的理性审视,主要由教师教育过程评价、学生学习效果评价两部分组成。前者主要考查教育教学质量,大多数情况下由校、院两级教学督导通过听、评课的方式开展;后者主要考查学习效果是否到达预期,主要通过考试和日常表现来体现。诚如学者所言,学生学习效果评价是薄弱环节,且较普遍地存在"道德教育评价标准不合理""道德教育评价主体较为单一""道德教育评价方式不科学"[1]等问题。另外,道德教育评价的目标绝不是对学生行为进行甄别和判定,而是为改进和提升道德教育水平提供可供参鉴的依据。大量研究表明,道德教育是"知""情""意""行"的统一体。因此,进一步改善和提升道德教育评价体系也应兼顾这四个要素,不能有所偏废。

二、网络空间道德教育现状及其对策

相较于我国蓬勃发展的互联网事业,网络空间道德教育存在明显滞后。就客观现象而言,网络空间是道德失范的"高发区";就本质属性而言,网络空间道德及其教育必须遵循特定发展规律;就教育现状而言,基于互联网空间的道德教育刚刚起步,尚处在"拓荒"阶段;就具体方法而言,现实社会的道德教育经验未必能够适应网络空间这一全新环境。在这种情况下,就必须探索符合网络社会发展规律的道德教育理论体系和实践模式。

(一)网络空间道德教育的现状与问题

以互联网为载体开展思想政治教育工作始于20世纪90年代末,具体做法是开辟思想政治教育的网络阵地、加强网络舆论管理等。之后,网络道

---

[1] 赵志勇、张蕾:《高等学校道德教育评价研究》,《黑龙江高教研究》,2012年第4期。

德教育成为相对独立的问题域,与之相关的教育理论不断涌现,网站、BBS(论坛)等成为信息传播、网络社交主要平台和载体。近十余年以来,"社会网络化、网络社会化"成为常态,以微博、微信、微视频等为代表的"微传播"成为网络社交主流,网络空间道德及其教育问题引发更多讨论,更受关注。

1.网络空间道德教育的现状

就现状而言,网络空间道德教育并未形成系统化的、可供推广的范式。全国各地、各类高校对网络空间道德教育的重视程度不尽相同,投入的资源(含顶层规划、制度构建、人力、物力等)有较大差异,基本上处于各行其是的状态。有鉴于此,将根据调研获得的第一手资料对高校网络空间道德教育的具体实践进行整体性概括:

第一,网络空间道德教育的目标。高校通常把提升大学生网络空间道德修养作为整体性目标。由于这个目标过于抽象,无法为具体的教育活动明确指示前进方向,因此又把它细化为网络空间道德认知、网络空间道德情感、网络空间道德意志、网络空间道德行为。可以看出,它是现实物理空间道德教育目标的整体性移植。这种理解虽然没有明显的瑕疵和漏洞,但的确未能体现数字化虚拟空间的特征,用"因陋就简"来评价它是比较准确的。

第二,网络空间道德教育的内容。具体来说,其教育内容主要包括网络空间的基本道德规范、沉迷网络世界的危害、遵守网络社交礼仪、维护国家网络主权及意识形态安全、"网贷"及网络诈骗预防、正确对待"网恋"、文明使用网络资源、鉴别和抵制不良信息传播等。在特定的时间节点,如国际互联网安全日、首都网络安全日[1]、九一八等,也会举行主题教育活动。

第三,网络空间道德教育的途径。首先,创建主流意识形态宣传、教育的网络平台。主要包括高校官方网站(含官方微博、官方微信公众号等)的主题

---

[1] 国际互联网安全日是由欧洲非营利机构 INSAFE 于 2004 年发起,时间是每年 2 月的第二个星期二;首都网络安全日由北京市政府于 2014 年发起,时间为每年 4 月 29 日。

展示区及专题教育网页、校园虚拟交流社区、各种功能性 App 等。其次,开设网络空间道德教育课程。主要包括三类:一是依托"思想道德与法治",讲授网络空间道德培养的相关知识;二是依托"计算机科学导论""计算机网络"等专业课程,讲授互联网伦理的相关知识;三是依托一门或几门公共选修课,培养学生的网络道德修养。[①] 又次,聚焦典型网络暴力事件,分析、反省网络不道德行为的危害。再次,依托学生社团开展网络技术、网络作品竞赛,引导大学生运用聪明才智提升自身素质和能力。最后,通过加强校园网络文化建设,为大学生增强网络道德修养营造良好的外部环境。

第四,网络空间道德教育的方法。尽管一些理论家们就如何开展网络空间道德教育思辨性地罗列了一些宏观原则,如政治性与生活化相统一、主导性与主体性相统一、虚拟性与现实性相统一、显性教育与隐性教育相统一等[②],但其实践指导意义着实有限。相较之下,一些起步较早、基础较好的高校把教育过程中的实践经验进行归纳,更显得弥足珍贵。调研显示,高校开展网络空间道德教育的具体方法大致可以归为两类:一是课堂教学环节,主要包括嵌入式教学法(把教学内容嵌入到其他课程)、代入式教学法(作典型事例分析时,让学生扮演某个人物原型)、启发式教学法(就某个热点问题引导学生思考和讨论)等;二是课外实践环节,主要包括舆情监控、主流引导、心理疏导以及主题辩论、演讲、网络技术竞赛等。

2.网络空间道德教育存在的问题

从以上论述可以看出,高校网络空间道德教育处于起步阶段,表现出重视程度不够、教育观念因循守旧、针对性不强、教育方式机械化等特点,处于

[①] 几点说明:第一,高校《思想道德与法治》(2021 版)教材中并没有网络空间道德的内容,但基于其重要性,个别教师会在讲授"道德"这一部分时对教学内容进行扩展,属于自发的偶然现象;第二,"计算机科学导论""计算机网络"只对特定专业的学生开设,故计算机伦理教育不会惠及所有学生;第三,计算机伦理或网络空间道德修养的选修课只有一部分学校开设,且不是经常性课程。

[②] 孟佳琳:《大学生网络空间道德教育研究》,辽宁大学,2020 年博士学位论文。

第一章 空间演进与道德教育的嬗变

无序发展状态。具体来说,存在的问题包括:

第一,理论研究踟蹰不前。首先,研究的深度、广度不足。例如,有学者在界定"网络道德教育"这个概念时指出:"大学生网络道德教育以马克思主义道德观为指导,遵循教育基本规律,向大学生系统地介绍网络德规范,并使其逐渐规范内化为自身网络道德需求,从而自觉指导和约束自己网络行为的一种教育活动。"[1]如果把引文中的"网络"全部去掉,事实上就是在对现实空间道德教育进行概念界定。这种简单"移植""照搬"的做法既无视了网络空间的特殊性,又背离了求真、务实的科研准则。研究成果严重同质化、缺乏多学科视角的交叉研究是研究不深入的另一表现。以"网络道德教育"为关键词在 CNKI 检索,已公开发表的研究成果(不含书评、新闻报道)多达 1000 余篇,其中充斥着大量重复研究、低质量研究。

其次,理论创新严重匮乏。《晏子春秋》云:"橘生淮南则为橘,生于淮北则为枳",亦是说,流淌着西方文明血脉、在资本主义文化滋养下发展起来的网络空间道德教育理论只能作为参照,不能即学即用。从学术史维度来看,关于网络道德教育的研究自 20 世纪 90 年代末在我国兴起之后,先后经历了翻译国外学者著述、介绍西方国家做法和启示这两个阶段,也涌现出一批优秀的研究成果,但并没有结合我国实际进行"本土化"创新。于是,围绕教育对象的成长规律、道德养成的发展规律等核心命题存在大量理论空白。已公开发表或出版的研究成果存在的另一个明显不足是重定性研究、轻定量研究。一般情况下,开展类似研究的思维逻辑是先描述网络道德失范现象[2],接着分析其产生的原因,最后提出解决问题的思路,几乎已成定式。

第二,教育实践存在诸多难点。首先,顶层设计难。网络空间道德教育体

---

[1] 杨立敏:《高校网络道德教育的开拓性思考》,《教育与职业》,2015 年第 13 期。

[2] 例如我国学者曾把网络伦理现象归纳为"7P",即 Privacy(隐私)、Piracy(非法复制及其引用)、Pornography(淫秽作品)、Pricing(价格)、Policing(政策及监督)、Psychology(心理)、Protection of the Network(网络保护);也有学者把其总结为黄、赌、假、诈、黑五类。

制同样要进行整体性设计,要认识其重要性、要明确教育目标、要构建制度体系、要调拨资源、要规划实施方略。凡此种种,不一而足。这一切都仰赖于学校主要领导的重视、支持。《新时代公民道德建设实施纲要》(2019 年)提出了"网络空间道德建设"这一命题,对理论研究确有促进,不过,《新时代公民道德建设实施纲要》立足社会大环境建设,并未对高校提出具体要求,自然无法从根本上改变现状。

其次,责任划分难。在高等学校,哪支队伍、哪个部门应对网络空间道德教育承担主责,没有明确的归属。从理论上讲,它属于德育范畴,似乎应该由思政课教师负责,不过,由教育部组织编写的五门思政课教材中,均不涉及此内容。辅导员队伍也承担一定的德育责任,但辅导员的首要责任是维护安全稳定,可谓是任重责巨,不宜承担更多的压力。在这种情况下,网络空间道德教育难免沦为旁枝末节,有硬性要求的时候就临时性地组织一些活动,常态下就听之任之。

最后,队伍建设难。习近平指出:"人才培养,关键在教师。教师队伍素质直接决定着大学办学能力和水平。"[①]这当然是不易之论。不过,思想观念陈旧、教学方式落后、业务能力不强、职业态度倦怠的教师也不在少数。尤其是网络空间道德教育对教师要求更高,既要具有一定道德教育理论功底,又要精通互联网信息技术,还要能够熟练运用学生喜闻乐见的话语体系进行互动。客观来讲,这样的全能教师无论在哪所学校都是"香饽饽",培养和造就这样一支教师队伍需要不菲的投入,绝非一蹴而就。

(二)进一步加强网络空间道德教育的思考

加强网络空间道德教育是高校落实"立德树人"根本任务的重要一环,

---

① 习近平:《在北京大学师生座谈会上的讲话》,人民出版社,2018 年,第 7~8 页。

也是积极回应"培养什么样的人""怎样培养人""为谁培养人"这些根本性问题的应有之义。

1.美国网络伦理教育的启示

第一,多层次目标和多样化方式。以美国为代表的西方国家高度重视人的个体差异性,在执行过程中密切关注教育对象的现实需求。首先,全员意义上的网络伦理教育。这是网络伦理教育的最底层,目标在于使社会成员意识到信息技术对自身利益的潜在威胁。其主要实现方式是新闻报道,报纸、杂志及电视会大量刊载、播放通过信息技术手段侵害他人正当权益的案例,从而引导社会成员谨慎对待技术进步。其次,局部意义上的网络伦理教育。这是网络伦理教育的中间层,目标在于使具有一定计算机技术基础或有这方面兴趣的"发烧友"能够建立技术运用逻辑。其主要实现方式是报纸、杂志专栏及专题电视节目会不间断地分析、评价典型网络伦理事件,从而引发更广泛、更深入的比较分析。最后,特定群体的网络伦理教育。这是网络伦理教育的最高层,目标在于使未来的计算机行业从业人士具有理性判断、理论思辨的能力。其主要实现方式是社会学、法学、哲学等领域的学者提供系统的计算机伦理学课程,从而明确计算机职业的责任。

第二,虚实结合与多元联动。网络空间道德教育的重要性自不待言,但不能把它与现实空间道德教育相割裂。相反,只有二者相互促进才能有效提升社会整体道德修养。在美国,许多大学均制定了详细、完善的网络管理制度,并要求所有学生必须接受网络道德教育。"特拉华州立大学在新生入学后,就规定必须接受一次网络道德方面的教育。学校不仅制定了计算机网络的使用守则,而且规定学生必须参加一次以网络道德守则为主要内容的网上考试,成绩合格的学生才有资格使用校园网。"[①]此外,美国还较早地构建

---

① 江文英:《中美高校网络道德教育比较研究》,《九江职业技术学院学报》,2014年第1期。

了家庭、社区、学校、教会四位一体的道德教育机制。可以说,从"摇篮"通向"坟墓",贯穿了公民的一生。不管是新教、天主教还是犹太教,均承担了一部分道德教化功能,也寄托着公民的道德信仰。

2.基于中美道德教育比较的思考

美国的道德教育确有值得称道之处。不过,由于中、美两国存在显著的文化差异,我们必须探索符合中国国情的道德教育模式。以下将从道德教育的目标、模式、内容三个方面作对比分析。

第一,目标的比较。美国道德教育具有强烈的问题意识——以解决学生中存在的具体道德问题为落脚点。例如,把诚信教育与作弊、撒谎等现实问题进行结合。美国学校道德教育的总目标是以"美国精神"为载体,培养全球化视野下的合格公民。此外,还根据不同年龄段学生的智力发展水平、认识规律在不同教育阶段设置了连贯,而区分层次的教育目标。在儿童(小学)阶段,注重培养参与意识;在青少年(中学)阶段,注重培养独立思考和判断能力;在成年(大学)阶段,注重培养跨文化交流能力。

第二,模式的比较。美国道德教育的模式是开放的——以学校为中心向家庭、社区、社会辐射,媒体及教会均承担道德教化功能。在当今美国,主流道德规范均源自基督教教义,相当数量的美国儿童从小就受宗教影响,学校也会为学生参加宗教仪式提供便利(一些教堂就在校园里),"以至美国人把德育等同于宗教"[①]。此外,电影、电视工业会批量塑造寄寓着美国人价值观的"美国英雄",新闻媒体会连篇累牍地分析、讨论道德危机,这些因素叠加起来构成了多元一体的教育模式。

第三,内容的比较。中、美两国大学均重视通过课堂教学对学生进行价值观教育。不同之处在于:美国大学向学生宣扬的是自由主义、民粹主义、个

---

① 朱银端:《网络道德教育》,社会科学文献出版社,2007年,第380页。

人主义,同时会在"政治正确"的指导下丑化、妖魔化其他国家的意识形态;中国大学向学生系统讲授马克思主义世界观,立足培养学生坚定的理想信念、崇高的家国情怀。另外,美国大学奉行通识教育理念,并没有开设专门的思想品德课程,但会引导学生读伦理学、社会学、政治学的经典著作,如《尼各马可伦理学》《社会契约论》《新教伦理与资本主义精神》等;中国大学强调思想政治理论课的重要性,有统一的教材、教学大纲和细致入微的管理规定,带有一定的程式化倾向。

总之,进一步加强道德教育正面临"三个转变":第一,教育目标由单一向多元转变;第二,教育模式从封闭向开放转变;第三,教育内容从精神世界向现实生活转变。

第三节 加强网络空间道德教育的必要性

互联网技术快速发展与网络空间道德教育相对滞后之间的矛盾已经成为制约我国互联网事业良性、可持续发展的重要因素之一。鉴于网络空间对现实生活的影响越来越大,把网络空间道德仅仅视为伦理、教育或法律问题的看法是有失偏颇的,必须从全局高度深刻认识加强网络空间道德教育对社会主义建设的重要价值。

一、维护国家意识形态安全的必然举措

综观百余年来马克思主义在我国的传播历史,西方及本土敌对势力从未放弃对马克思主义的扼杀与污蔑,斗争激烈但日趋隐蔽。尤其是在监管日渐困难的网络环境下,大量欺骗性信息、煽动性信息被悉心包装成符合青年

人思维习惯、认知水平和审美特征的"信息陷阱",若没有坚实的马克思主义理论基础,难免被其诓骗,从而产生思想上的"变质"。

(一)占领意识形态新阵地的应有之义

随着党对意识形态工作的不断加强,敌对势力的意识形态渗透在现实空间已无处容身。不过,这并不意味着我们已经可以高枕无忧——网络空间已经成为意识形态交锋的新阵地。尤其是在西方国家拥有技术优势、操纵国际舆论的情况下,如果我们不能做出积极、有效的应对,那么意识形态阵地就有可能被西方敌对势力逐渐蚕食、吞噬。习近平关于思想舆论领域的论述可谓一针见血。他指出:"当前,思想舆论领域大致有红色、黑色、灰色'三个地带'。红色地带是我们的主阵地,一定要守住;黑色地带主要是负面的东西,要敢抓敢管、敢于亮剑,大大压缩其地盘;灰色地带要大张旗鼓争取,使其转化为红色地带。"[1]鉴于党对意识形态工作的高度重视,敌对势力"分化""西化""丑化"的种种举措在现实空间已无处容身,那么黑色、灰色地带只能存在于网络空间。对于黑色地带,当然应该运用法律武器予以毫不留情的打击,直至彻底消灭。对于灰色地带,为什么要"争取"而不是"消灭"呢?这是因为灰色地带活跃着一批不明真相的普通群众,他们或被蛊惑,或处于盲目的从众心理,或只是单纯地宣泄情绪,若不分良莠一体重拳出击,很有可能会伤及无辜。

在网络空间,充斥着大量无限接近但不触碰法律底线的行为,例如炫富拜金、出口成"脏"、庸俗低俗、渲染悲观情绪、宣扬封建迷信、猎奇恶搞等。对于类似情况,如果不适用法律,只能通过培养网络自律意识,从道德层面加以引导。此外,网络空间本身所具有的"反传统"特质会影响青年群体价值取

---

[1] 《习近平总书记系列重要讲话读本》(2016年版),人民出版社,2016年,第196页。

向和价值判断。从现实和虚拟的相互转化来看,我国正处于社会转型期,一些深层次、发展中的矛盾会在网络空间宽松的话语环境下被"无限放大"。再加上敌对势力的刻意渗透,一些意志不坚定、自律意识不强、"三观"尚未定型的大学生难免会陷入"外国的月亮比中国的圆""资本主义的空气都是自由的"等类似的思维陷阱中,难以自拔。从这个意义上来讲,对广大网民进行媒介素养、道德修养的引导、教育,不仅重要而且十分迫切。

(二)加强高校意识形态建设的应有之义

高校是意识形态的前沿阵地,"00 后"大学生的成长轨迹与我国互联网事业的发展轨迹高度吻合,有学者甚至称他们为"网络原住民"。在这种情况下,高校意识形态建设不可避免地会以网络空间为主。当前,高校意识形态建设面临的主要挑战包括:

第一,打着学术研究的幌子,大肆诋毁马克思主义理论。最典型的代表人物是日裔美籍政治学学者弗朗西斯·福山。他先把自己包装成一个"马克思主义者",然后再以"学术自由"为借口大肆诋毁马克思主义。事实上,他本人没有深入阅读过马克思主义著作,更没有系统研究过马克思主义理论,只是趁着 20 世纪 90 年代"东欧剧变""苏联解体"的契机大放厥词地宣告"社会主义失败论""马克思主义过时论"。就是这样的反马克思主义者,居然拥有不少拥趸者,且大部分拥趸者在高校。

第二,利用网络舆论,丑化中国形象。随着中国国际影响力不断增强,西方国家利用网络平台宣扬"中国威胁论""中国崩溃论"等观点。近年来,"中国威胁论"已从传统的意识形态、军事扩展到食品安全、环境、黑客等经济和社会生活领域,并出现在世界范围内散播的趋势。

第三,意识形态渗透的方式更加隐蔽,危害更大。美国许多具有官方背景的基金会组织长期以科学研究的名义为反动宣传提供资金支持。例如,法国作家马克西姆·维瓦斯在2022年6月出版的《法国反华势力的谎语》一书中,深刻揭露了美国民主基金会用金钱收买无良学者、炮制"涉疆"言论的幕后秘辛。

有鉴于此,高校意识形态建设要坚持"两手抓"的方针:既要从源头堵塞不良信心的扩散渠道,也要提高广大师生的网络修养,引导他们独立思考、科学判断,自觉、自发抵制不良信息的传播。

(三)增强大学生意识形态认同的应有之义

随着信息技术的不断普及,网络空间的意识形态斗争更加白热化,已经成为大国博弈的新形态。西方国家凭借自己的技术优势、话语霸权不断开展价值观输入和意识形态渗透,企图动摇大学生的理想信念、瓦解他们对社会主义意识形态的认同。

从内容来看,网络空间信息传播存在严重的"泛娱乐化"倾向。每年都有民间机构根据点击量、评论数、影响力、热度等因素自发评选网络舆情热点事件,绯闻花边、明星八卦总是最受瞩目的。或许有人会说,类似的评选没有科学依据,更不具有权威性。事实上,这些评选与我们在日常生活中观察到的现象大体是吻合的。在高校,个别大学生沉迷于综艺、游戏不可自拔,课堂上总有一批"低头族""瞌睡族"。大学生如此浪费大好年华、辜负大好青春,又如何奢望他们能在祖国需要的时候去牺牲、奉献。

治理这些"乱象"一方面要依靠纪律、制度、法律、等"硬手段"赋予的强制性来纠正"错位""失衡";另一方面也要加强道德层面的教育、引导,帮助他们树立正确的人生态度,不要在该努力的年纪,轻易放弃。

二、加强网络空间治理的必然举措

网络空间治理是社会综合治理的重要组成部分，也是国家治理体系现代化的重要内容。就网络空间治理而言，道德和法律都是很重要的方式。"在市场经济条件下，强烈的经济冲动往往会冲垮道德的防线，要解决道德领域中的突出问题，必须将正式制度与非正式制度结合起来，将道德治理与法律治理结合起来。"①由此可见，网络空间治理固然离不开法治，但德治同样不可或缺。

（一）一个典型案例引发的思考

2013年12月2日上午10时左右，一名中国女子与一名骑电动车的外籍男子在北京市朝阳区某路口发生交通事故。这本是一场很普通的交通事故，但当二人发生纠纷时，一名路人（其身份是某网站摄影记者）将拍下的照片上传至网站并冠以"中国大妈讹诈外国小伙"的标题，瞬间引爆网络。各大网站、自媒体博主相继转发、评论，千篇一律指责大妈"碰瓷"，进而信口开河，言之凿凿地称"中国人道德素质亟待提升"。随后，警方公布现场视频，并裁定外籍男子存在"闯红灯""无证驾驶""违规载人"等违法事实之后，这场舆论风波才渐渐平息。在后续新闻报道中，事件的始作俑者辩解称"他本人的初衷是贬斥丑恶，也未想到图片会被误解、误读"。总归一句话——他很无辜。这件事情以还中国大妈清白、肇事者受到应有的惩罚而结束，看似很圆满，但果真如此吗？

事件本身也许具有偶然性，但关键在于我们缺少对类似事件的深度反

---

① 周中之：《道德治理与法律治理关系新论》，《上海师范大学学报》（哲学社会科学版），2014年第2期。

思和拷问。始作俑者除了喋喋不休的狡辩,没有道歉,没有忏悔,更没有承担任何责任。那些推波助澜的"帮凶"们更是一言不发,很默契地集体保持缄默,如何挽回事件对中国人集体形象造成的恶劣影响,更是无人问津。难怪有学者评论道:"假新闻粉墨登场时,自媒体平台'暴风骤雨';事件真相披露后,自媒体平台'这里的黎明静悄悄'。反差,何其大也?"[①]由此可见,在人人都是信息源的时代,全员式地开展媒介素养、新闻伦理已时不我待。

这个事件已经过去近十年了,现在的网络环境无疑要好于当时。不过,由于我们缺乏深刻反思与自省,与之同类型的事件仍时有发生。"6·10唐山烧烤店打人事件"之后的2天,网传四川射洪市又发生夜宵店打人事件。不过,根据当地警情通报,此事系当地一家跆拳道馆为了蹭"热度"而在"摆拍"。互联网没有记忆(此语是指网络空间信息更迭速率频繁,无法停留在人们的记忆中),但人不能老在同一个地方跌倒。

(二)加强网络空间道德治理的重要性

2019年颁布的《新时代公民道德建设实施纲要》提出了"网络空间道德建设"这一基本问题域,2020年颁布的《关于加强网络文明建设的意见》则是国家层面对加强网络空间建设的具体部署。这两个纲领性的文件共同特征之一就是强调以个人品德作为道德治理的第四维[②],具有重要的指导意义。

第一,道德治理是网络空间综合治理的重要组成部分。首先,重大技术创新带来的伦理道德问题不容忽视。网络信息技术的确为人类带来了极大便利,但数据隐私、环境、虚拟财产安全等关乎人类整体利益的问题不容忽视。可见,必须在技术与道德之间寻求平衡,技术是为人服务的,不能凌驾于

---

① 李婷婷、王琪:《高校自媒体发挥思想政治教育功能的对策探析》,《新闻知识》,2014年第6期。

② 其他三个维度分别是职业道德、家庭美德、社会公德。

第一章　空间演进与道德教育的嬗变

人类整体利益之上。其次,网络空间、现实空间道德建设的价值追求具有一致性。作为一个特殊的数字化虚拟场域,网络空间道德治理的形式、内容和方法必然有别于现实社会,但其价值旨归高度统一,即坚持一切为了人民,满足人民群众对美好生活的向往和实现人的全面发展。

第二,网络空间道德治理是维护公序良俗的应然之义。在追求个人经济利益最大化的驱动下,大量"网红"通过不断突破道德底线、挑战公序良俗的方式"带节奏""吸流量",从而达到名利双收的目的。主要表现为通过"卖丑扮惨"引发关注,通过表情语、姿态语、肢体语营造"软色情"环境误导大众审美,通过"摆拍""恶搞""三俗"成为众人瞩目的焦点,通过"炫富""虚构人生经历"打造虚假"人设"扩大粉丝队伍。值得注意的是,上述行为均不断突破道德底线,但大多游走在法律的边缘,成本低廉而收益颇丰。诸如此类的行为既有悖于传统公序良俗的起码要求,也是对国家道德建设相关规范的公然践踏。

第三,网络空间道德治理具有重要的现实意义。首先,破碎信息大量存在,影响大学生的价值选择。信息爆炸的时代,学生在接受真实信息、虚假信息的同时,大量破碎信息夹杂其中。虚假信息自然经不起时间的检验,但对于世界观、人生观、价值观还未定型的青年学生群体而言,如何引导他们从光怪陆离的海量信息中区分、辨别和还原破碎信息,而不至于形成管中窥豹的局面,则是一个崭新的课题。其次,媒介素养培养滞后,影响意识形态安全。网络媒体的迅速发展和其使用者媒介素养相对滞后之间的矛盾日渐突出,这使得网络意识形态的安全将面临严重挑战。因此,有文章指出:"2011年2月,'美国之音'停止对华广播的真相表明,自媒体等新媒体将替代传统媒体成为美国对华意识形态战的主要平台。"[①]最后,道德规范意识淡漠,影

---

① 李敏:《自媒体环境下的高校思想政治教育创新探析》,《吉林省教育学院学报》,2012年第3期。

响大学生道德教育。网络媒体的低门槛和快速便捷使网络空间道德问题愈发严重。人肉搜索、恶搞、蓄意诽谤等现象层出不穷,网络表达中带有侮辱、谩骂、人身攻击性质的语言更是司空见惯。

三、培养社会主义合格建设者和接班人的必然举措

党的十九大报告对新时代的人才培养目标有统揽全局的论述,即"要全面贯彻党的教育方针,落实立德树人根本任务,发展素质教育,推进教育公平,培养德智体美全面发展的社会主义建设者和接班人"[①]。上文明确指出,新时代中国特色社会主义教育事业的根本任务是立德树人,终极目标是培养德智体美全面发展的社会主义建设者和接班人。

(一)网络空间的道德失范现象

网络社交所具有互动性、平权性、直率性等特征几乎丝丝入扣地契合了大学生的人际交往需求。因此,大学生是网络社交的主力军,其网络行为失范可归纳为以下四类:

第一,出口成"脏","逆主流化"蔚然成风。主要表现为网络表达虚假浮夸,语言粗俗,情绪起伏大,缺乏责任意识,以叛逆、反传统为荣,严重污染网络环境。

第二,安营扎"宅","脱现实化"屡见不鲜。主要表现为非必要不参加现实生活中的交往活动,沉溺于网络虚拟世界并视之为快乐源泉,影响身心健康成长。

第三,盲目追"星","泛娱乐化"倾向明显。主要表现为非理性的狂热追

---

① 习近平:《决胜全面建成小康社会 夺取新时代中国特色社会主义伟大胜利——在中国共产党第十九次全国代表大会上的报告》,人民出版社,2017年,第45页。

第一章　空间演进与道德教育的嬗变

逐娱乐明星,不计后果地投入大量精力、金钱,并互相攀比,易形成偏执人格——不允许别人以任何理由否定自己的偶像。

第四,阿时趋"俗","再群体化"趋势显著。主要表现为对一切能给自己带来感官刺激的庸俗、低俗、媚俗作品趋之若鹜,并结成游离于现实之外的小群体,造成与外部环境割裂的局面。

可以看出,这些道德失范现象是道德认知过程浅表化、道德判断过程模糊化、道德选择过程多元化、道德实践过程利己化带来的必然结果。需要指出的是,尽管网络空间的"乱象"并不代表我国互联网事业发展的主流,但是正如习近平在第十九届中共中央政治局常委同中外记者见面会上讲话中所指出的那样:"全面建成小康社会,一个不能少;共同富裕路上,一个不能掉队。"[1]那么在"培养德智体美全面发展的社会主义建设者和接班人"的征程上,同样"一个不能少""一个不能掉队"。这是一名高校思想政治教育工作者的"初心",也是本研究聚焦大学生群体中"关键少数"的根本价值取向。

(二)培养担当民族复兴大任的时代新人的现实需要

党的十九大报告指出:"培育和践行社会主义核心价值观,要以培养担当民族复兴大任的时代新人为着眼点。"[2]这段论述既阐明了"时代新人"应当具备的道德素质,也揭示了培育和践行社会主义核心价值观的基本方略。

高校是培养时代新人的主阵地,高校要积极主动地承担起培养时代新人的历史使命。思想政治教育工作者队伍是培养时代新人的主体。习近平高度重视高校思想政治教育工作,并深刻回答了"培养什么人、怎样培养人、为谁培养人"这一根本性问题。中共中央、国务院、教育部先后下发一系列政策性文件,进一步规范和明确了"三支队伍"(党团工作者队伍、思想政治理论

---

[1] 《新时代 新理论 新征程》,人民出版社,2018年,第5页。
[2] 《〈党的十九大报告〉辅导读本》,人民出版社,2017年,第325页。

课教师队伍、辅导员队伍)建设的具体要求。就培养时代新人的主体而言,已经完全做到了有章可依、有据可循、有规可守、有序可循。

大学生群体是培养时代新人的客体。求知欲强、对新鲜事物拥有无穷兴趣的大学生群体是网络媒介的天生拥趸者,信息传播终端设备(手机等)的低廉化和普及化则解决了新媒体走向大众的技术瓶颈。以微博、微信、微视频等为代表的 App 是大学校园最普及、最常见的信息传播平台。因此,深刻了解并全面把握这一特点关系着教育形式及内容能否得到教育客体的接受和认可,也关系着培养时代新人的举措能否取得实效。

形式和内容是培养时代新人的介体,是连接主体与客体的纽带,也是主体、客体互相反馈的渠道。如果介体不通畅,那么主体对客体的输出成效就会大打折扣。所以,在网络空间开展各种形式的思想政治教育活动是当下高校思想政治教育工作者的必修课。要积极建设良好的网络环境,坚决抵制庸俗、低俗、媚俗信息的传播,提升学生对信息的评判、鉴别能力;要逐步引导学生把信息关注点从娱乐花边、绯闻八卦等方面转移到学业规划、事业规划和人生规划上来,着力构建有利于大学生成长、成才的网络环境。

外部环境是培养时代新人的环体。外部环境是对学生开展"隐性教育"的主要途径,主要由三个层次构成,分别是宏观层面的社会环境、中观层面的校园文化环境和微观层面的教育工作者自身素质环境。其中,微观环境与学生联系最紧密,也最重要。梅贻琦所主张的"从游"即是对人才培养微观环境的深刻诠释——通过师生间耳濡目染的互动行"不言之教"。这也是习近平高度重视教师队伍建设,多次强调要造就一支"四有"教师队伍的原因所在。

总之,尽管网络空间是一个与现实空间迥然不同的数字化场域,但二者有交叉、有重叠,也在走向融合,彼此影响、相互渗透的广度和深度也在不断增强。"两个空间"道德也存在不可分割的联系:现实空间道德是网络空间道德的来源和基础,网络空间道德是现实空间道德的折射和发展。在网络空间,道德教育过程要遵循特定的认知规律、道德养成过程要遵循特定的发展规律,不能与现实空间混为一谈。这也是我们研究"网络空间道德教育"这一命题的意义所在。

第二章　网络空间道德教育的理论基础

网络空间道德教育在形式、内容、方法等层面固然有其特殊性,但相关教育理论依旧源自人类文明发展进程中的各种道德教育学说。宏观来看,主要包括马克思主义道德观、中国传统德育思想、中国化马克思主义理论中关于道德教育的思想、西方教育哲学家关于道德教育的论述。

第一节　马克思主义经典作家关于道德教育的思想

马克思、恩格斯没有专门的道德著作。因此,关于马克思主义是否具有道德思想一直存在争论。有学者认为,马克思没有专门研究过道德问题,根本不存在道德思想和道德观点。艾伦·伍德(Allen W.Wood)在《马克思对正义的批判》一文中声称,马克思主义坚持的是唯物史观的基本原则,把道德看作一种意识形态,在其批判资本主义的著作中几乎没有公平、正义、权利等抽象的道德范畴和字眼,从而得出马克思的思想是一种与道德无关的非道德论的结论。对于这些论述,马克思主义道德观的拥护者给予了坚定的反击。他们认为马克思主义理论宝库中蕴含着丰富的道德资源,不能断章取义,割裂马克思主义对旧道德、伪道德批判的整体性,不应忽视马克思对人的自由而全面发展的道德吁求。类似的分析给了我们很好的启示,那些认为"马克思主义非道德论"的论述,不论研究过程如何严谨,都是对马克思主义理论的误读和曲解。

一、历史唯物主义立场

在马克思主义道德观诞生之前,人们基于唯心史观探讨道德的起源和本质,得出了种种不同的见解和理论。其中,比较典型的有"天意神启论""先天人性论""情感欲望论"和"动物本能论"等。这些观点虽然从不同角度揭示了道德是一种他律的行为规范的共同基点,但对于规范的来源问题则出现较大分野,或求诸外在世界或在人的主观欲求和抽象的人性中上下求索,然而都未能跳出社会意识范畴本身,因此必然陷入唯心史观的窠臼,成为唯心主义或旧唯物主义的分析和注解。

1845年秋季至1846年夏季,马克思、恩格斯共同撰写了《德意志意识形态》(以下简称《形态》),系统地阐述了唯物史观基本原理,标志唯物史观的创立和马克思主义哲学成熟。同时,也意味着基于唯物主义历史观的马克思主义道德观的正式诞生,从此,在马克思以后的论著中,就一直坚持了这一原则并用以分析、讨论具体的道德问题。

马克思、恩格斯在《形态》中指出:"思想、观念、意识的生产最初是直接与人们的物质活动,与人们的物质交往,与现实生活的语言交织在一起的。人们的想象、思维、精神交往在这里还是人们物质行动的直接产物。表现在某一民族的政治、法律、道德、宗教、形而上学等的语言中的精神生产也是这样。"①显然,他们认为,探讨道德的起源问题,必须从人类社会的实际情况出发,而观念和思维不过是人们在现实生活中的物质关系的直接产物。道德属于意识形态范畴,自然不能独立发生与发展,必然依赖于社会的经济基础和人们在现实生活中的交往实践,并受到经济生活和社会关系的制约。基于此,马克思鲜明地提出了劳动是道德起源的首要前提,社会关系是道德赖以产生的客观条件和人的自我意识是道德产生的主观条件等思想。

恩格斯在《劳动在从猿到人转变过程中的作用》一文中系统地论述了劳动创造了人本身,劳动是人区别于动物的本质特征,社会革命是推动生产发展的强大动力的思想。自此之前,曾出现过一些朴素的唯物主义的解释。不过,这些朴素的唯物主义见解因为缺少科学而有力的例证,明显地包含着天才的设想和主观臆测的成分。直到19世纪中叶,英国生物学家达尔文在搜集了大量生物演化发展的事实和资料之后,提出了科学的进化论,把人猿同类的认识进一步发展为人猿同祖的认识,为辩证唯物主义提供了自然历史的基础,给唯心主义的"神创论"和形而上学的物种不变的机械观敲响了丧钟。但是达尔文只是从生物进化的角度来解释人类起源,并没有阐明人与动物的本质区别。社会达尔文主义更是进一步抹杀了人的社会属性,把人降低到一般动物水平,把动物间的丛林法则、弱肉强食作为一般规律,用来分析和解释人类社会的问题。道德属于社会意识形态范畴,道德是人的道德,是人类的特有属性。因此,对人类起源的探究,必然同时是对道德起源物质基础的探究。马克思主义道德观认为,劳动不仅将人与动物分开,也创造了人和社会的关系,创造了道德。伴随人类社会的发展,劳动的进展体现为不同的分工协作方式。人类在不同样态的分工与协作中,扮演着不同的角色,承担着不同的责任与义务,遵循着不同的法律、规则与契约,蕴含其间的自由、

---

① 《马克思恩格斯选集》(第一卷),人民出版社,2012年,第151~152页。

责任等道德内容逐步得到确认和遵循。可见,劳动创造了人和人类社会,劳动是道德起源的第一个历史前提。

社会关系(Social Relation)是道德赖以生成的客观条件。所谓社会关系,是指在一定社会中,个体与个体、个体与群体、群体与群体之间由于共同的社会实践活动而形成的各方面联系的总和。[①]社会关系覆盖了社会生活的各个领域。社会关系可以进一步划分为物质社会关系和思想的社会关系两大类。其中,生产关系是最基本、最主要的物质社会关系,构成一定社会的经济基础。生产关系是人们在物质生产过程中形成的不以人的意志为转移的经济关系。思想关系是由一定生产关系所决定的政治、法律、道德、艺术、宗教等其他社会关系,它们构成一定社会的上层建筑。在一定的社会发展阶段,人类的人际交往和社会关系相对稳定,相应地各种利益关系也相对稳定。但随着经济生产生活的变迁,特别是社会分工的调整变化,人们所从事的工作不同、承担的责任不同,相互间的利益冲突、道德困境与境遇自然也不同。

以三次社会大分工为例。第一次社会大分工出现于原始社会。原始人在长期的狩猎实践中,逐渐熟悉了自然环境,特别是生物的习性,形成专门从事驯养动物、植物的部落,于是便发生了畜牧业和农业的分离。分工促进劳动生产率的提高,使不同部落间的交换成为日常,人们之间的交往更加频繁和密切。第二次社会大分工是手工业和农业分离,金属工具的改良、铁制工具的使用使纺织和金属冶炼等行业开始独立发展。之后,随着劳动生产率的不断提高、私有制的确立和发展、商品生产的发展和市场的扩大,在奴隶社会初期出现了不从事生产、专门经营商品买卖的商人阶级,导致第三次社会大分工。之后,又出现体力劳动和脑力劳动的分工。社会分工影响社会关系,道德正是适应社会关系尤其是利益关系调节的需要而产生的。

---

① 夏征农:《大辞海》(心理学卷),上海辞书出版社,2015年,第1099页。

人的自我意识是道德产生的主观条件。意识是人脑的机能和属性,是客观世界的主观映像。正如马克思指出:"观念的东西不外是移入人的头脑并在人的头脑中改造过的物质的东西而已。"[①]道德作为典型的观念的东西,属于社会意识形态范畴,不是人脑中的无中生有,而是在实实在在的生产生活中、在人类的广泛交往中所形成的千丝万缕的社会关系中生长生成的。这种道德的客观的生长生成还需要主观的接收、确认、遵守和传承,即必须有一个从客观到主观联系的过程,这一过程就离不开人的自我意识。自我意识是人对自己进行认识时所产生的反省意识,它是人对自我、对自我的独特性、对人与人、人与社会之间的联系,以及与周围环境之间外在联系的一种主观确认。人之为人,人从动物中提升出来,突出地体现在人的自我意识的强大,人不仅能被动地适应环境,还可以能动地认识和改造环境。人类在认识和改造客观世界过程中完成了主体身份和主体自觉的确立。伴随主体自觉的确立,使个体意识到自己的社会本质、社会特性,为主体意识的觉醒提供了心理基础。主体意识的萌发,激发出个体内在的道德潜能,由此进入了具有主体意义的全新的世界,使道德自我在个体生命意志中产生。因此,道德总是一种社会历史现象,受制于社会存在和经济基础,是一种变化发展的意识。

二、以"现实的人"为逻辑起点

恩格斯指出唯物史观就是"现实的人及其历史发展的科学"[②]。基于历史唯物主义立场的马克思主义道德观正是以"现实的人"作为逻辑起点的。马克思、恩格斯指出:"这里所说的个人不是他们自己或别人想象中的那种个人,而是现实中的个人,也就是说,这些个人是从事活动的,进行物质生产

---

① 《马克思恩格斯选集》(第二卷),人民出版社,2012年,第93页。
② 《马克思恩格斯选集》(第四卷),人民出版社,2012年,第247页。

的,因而是在一定的物质的、不受他们任意支配的界限、前提和条件下活动着的。"[1]如何理解什么是"现实的人"呢？对照《形态》,可以从以下方面把握"现实的人"的内涵。

第一,"现实的人"是自然中存在的、活生生的人。这一角度是从有别于宗教意义上的"原人"或"神人"出发,回归到人的日常生活本身、不证自明的朴素道理进行的理论叙事。《形态》一书中概括性地指出,从施特劳斯到施蒂纳的整个德国哲学批判都局限于对宗教观念的批判,他们把一切都归结为宗教观念或者把一切东西都宣布为神学上的东西,基于此来批判一切。因此,他们眼中的"人"被理解为宗教意义上的人。"总而言之,'人',则被宣布为宗教的人。宗教的统治被当成了前提。一切占统治地位的关系逐渐地都被宣布为宗教的关系,继而被化为迷信——对法的迷信,对国家的迷信等等。到处涉及的都只是教义和对教义的信仰。"[2]基于此判断,青年黑格尔派眼中的人、人们之间的关系和一切举止行为都是受到观念、思想、概念等意识束缚和限制的人。他们认为,消除束缚人们的限制的方式是选择另一种意识来代替宗教意识。"那么青年黑格尔派完全合乎逻辑地向人们提出一种道德要求,要用人的、批判的或利己的意识来代替他们现在的意识,从而消除束缚他们的限制。"[3]必须指出,青年黑格尔派所谓的"人的、批判的或利己的意识"仍然是在宗教意识领域,不过是用另一种方式、借助另外的解释来解释现存的状况。因此,虽然他们觉察到了意识对人的束缚,但仍未看清人的本质,只是在解释世界上有所前进,但根本无法真正地改变世界。

第二,"现实的人"既是自然的存在,又是实践的存在,还是自然存在与实践存在的统一。这一视角,主要强调了劳动实践是人与动物的本质区别。

---

[1] 《马克思恩格斯选集》(第一卷),人民出版社,2012年,第151页。
[2] 《马克思恩格斯选集》(第一卷),人民出版社,2012年,第144页。
[3] 《马克思恩格斯选集》(第一卷),人民出版社,2012年,第145页。

自然存在无疑是"现实的人"存在的前提。"全部人类历史的第一个前提无疑是有生命的个人的存在。"[①]而这一点是无须展开论述的。马克思、恩格斯认为,区别人和动物可以从多种角度,可以根据意识、宗教或随便什么别的东西,但是最基本的是劳动实践。他们认为:"可以根据意识、宗教或随便别的什么来区别人和动物。一当人开始生产自己的生活资料,即迈出由他们的肉体组织所决定的这一步的时候,人本身就开始把自己和动物区别开来。人们生产自己的生活资料,同时间接地生产着自己的物质生活本身。"[②]这一认识,就与费尔巴哈的人本主义历史观有了本质的区别。费尔巴哈同他的理论先驱们一样,把"抽象的人"作为其历史观的核心,阐发的是"人—非人—人"的抽象公式,即从抽象的人出发,最后归结为抽象的人。正如《形态》指出:"费尔巴哈设定的是'人',而不是'现实的历史的人'。"[③]这种设定,把人看作是感性对象,而不是感性活动,仍然沿袭了形而上学的孤立、片面、静止地看待人,没有注意到人的社会联系,从而陷入了历史唯心主义的人本主义历史观。

第三,"现实的人"是处在社会关系中的存在物。马克思、恩格斯对费尔巴哈的抽象的人的概念进行了彻底批判,深刻地指出:"当费尔巴哈是一个唯物主义者的时候,历史在他的视野之外;当他去探讨历史的时候,他不是一个唯物主义者。"[④]在费尔巴哈那里,唯物主义和历史是彼此完全脱离的,而对"现实的人"进行考察,恰恰需要把人放在历史的视野之中,才可能发现人的社会性本质。马克思、恩格斯正是从历史的视野,考察了原初的历史关系的四个因素、四个方面,得出了凡是现实的人都不是孤立的、与世隔绝的

---

① 《马克思恩格斯选集》(第一卷),人民出版社,2012年,第146页。
② 《马克思恩格斯选集》(第一卷),人民出版社,2012年,第147页。
③ 《马克思恩格斯选集》(第一卷),人民出版社,2012年,第155页。
④ 《马克思恩格斯选集》(第一卷),人民出版社,2012年,第158页。

个体,而是处在一定社会关系中的人的重要结论。其中,第一个前提是:人们为了能够"创造历史",必须能够生活。而为了生活,必须从事生产劳动,即生产物质生活本身。第二个事实是:当满足了衣食住行以及其他一些东西的需要,即生存的需要后,又会自然地滋生出新的需要,而这种新的需要的产生是第一个历史活动。在历史发展的过程中,同时存在第三种关系:生产另外一些人,即繁殖。这一过程中家庭作为当时的唯一社会关系得到确认。由此即引出第四个方面,就是在人的生命生产中所表现出的自然关系和社会关系。因此,可以看出,"现实的人"正是处在这种由生产生活所决定的自然关系和社会关系之中实实在在存在的人。

第四,"现实的人"是"意识代替了本能"的人。在考察了原初的历史关系的四个因素、四个方面之后,马克思、恩格斯着重论述了意识,认为意识源于实践,并具有能动性。起初,在人与自然的相互关系中,自然界表现出一种完全异己的、有限威力的力量。人们受到自然的压迫,在与自然界发生联系和互动中,完全像牲畜一样慑服于自然界。因此,此时人的意识是一种纯粹的动物式的意识,具体表现为不同的自然宗教。同时,人类在处理社会关系、在社会交往中却不再停留在动物性意识。马克思指出:"人和绵羊不同的地方只是在于:他的意识代替了他的本能,或者说他的本能是被意识到了的本能。"[①]可见,从意识的起源和原初状态更能够清醒地看出,意识是人类特有的机能,意识源于实践,又在实践中发挥着能动作用。作为意识的道德,源于人们在处理人与自然、特别是人与人相互交往的实践过程中,同时具有自身的特点和规律。

第五,"现实的人"是受到分工局限的人。人处在一定的社会历史进程之中,随着生产生活的发展,人的社会性需要发生变化,为了满足人类不断发

---

① 《马克思恩格斯选集》(第一卷),人民出版社,2012年,第161~162页。

展的社会性需要,分工日益细化,相应地人与人的关系也在不断调整变化。其中起着关键作用的分工,一方面对物质生产做出了突出的贡献,有效克服了单个人、简单协作的局限;另一方面,也将人固化在某一特定的岗位、职业和地理区域中。因此,某种程度上,分工异化了人,限制了人的发展。因此,"现实的人"是具有自然性、实践性、社会性、个体性与局限性等特征的人。这种分工带来的局限,只有在未来生产力高度发达,私有制得以打破,分工自然消失,实现人的普遍交往的共产主义社会,才可能得以彻底消除。

综上,《形态》从多个侧面对"现实的人"进行了论述,这些因素并非单独在发生作用,而是辩证统一的,彼此不可分割,相互发生联系,共同为"现实的人"提供条件和现实基础。由此可以得出结论:"现实的人就是在一定的前提、条件下处在一定社会关系中从事生产劳动的人,也就是自然存在与实践存在、个体存在与社会存在、现实存在与历史存在相统一的人。"[①]

三、以每个人的自由全面发展为旨归

恩格斯在《反杜林论》中鲜明地强调了道德的阶级属性和共产主义道德的未来属性和科学属性。恩格斯认为,在当时有三种道德论在同时、并列地发挥着作用,即封建的道德、现代的资产阶级道德和未来的无产阶级道德。那么在三种道德论中哪一种更合乎真理呢?他认为:"如果就绝对的终极性来说,哪一种也不是;但是,现在代表着现状的变革、代表着未来的那种道德,即无产阶级道德,肯定拥有最多的能够长久保持的因素。"[②]由此可以看出,无产阶级道德是反映无产阶级和全人类利益的思想意识,是在无产阶级

---

① 叶汝贤:《现实的人及其历史发展的科学——深入解读〈德意志意识形态〉所阐发的唯物史观》,《哲学研究》,2008年第2期。

② 《马克思恩格斯选集》(第三卷),人民出版社,2012年,第470页。

运动过程中产生和发展的,将在无产阶级取得政权时被确立为社会主流的道德意识,在共产主义社会成为共识。

任何道德都具有鲜明的阶级属性,这一特点直到阶级社会消亡为止。恩格斯指出三种道德论分属于封建贵族、资产阶级和无产阶级三个特定阶级。并由此得出重要结论:"人们自觉地或不自觉地,归根到底总是从他们阶级地位所依据的实际关系中——从他们进行生产和交换的经济关系中,获得自己的伦理观念。"[①]道德的阶级属性的揭示,至少有三个方面的含义:任何社会的主流道德,必然是统治阶级持有的伦理观念;道德是历史的、发展变化的,随着阶级社会的变化而变化,并随着阶级对立的消灭而超越;未来社会的、真正人的道德是每个人自由而全面发展的共产主义道德。

历史地看,从解放和发展生产力推动经济发展的角度来考察,相对于封建社会而言,资本主义社会无疑是巨大的进步。对此,马克思、恩格斯盛赞:"资产阶级在它的不到一百年的阶级统治中所创造的生产力,比过去一切世代创造的全部生产力还要多,还要大。"[②]但是资本主义仍然没有脱离私有制的窠臼,并且,在科技飞速发展的配合之下,生产资料私有制的所有制形式愈发膨胀,演化为对物质利益的无限追逐。从道德建设的角度看,一方面,资本主义生产方式下分工更加细致,而且对人的强迫性的社会分工的限制更加强化,难以摆脱,导致原有生产关系条件下的道德关系的瓦解;另一方面,资本的、无限制的逐利性,导致一少部分人(资本家)对绝大多数人(无产阶级)的无休止的剥削与压榨,导致资本主义制度下的道德关系的虚伪性和非人性,即非道德性。对此,马克思指出,资产阶级虽然在历史上曾起过非常革命的作用,但"它无情地斩断了把人们束缚于天然尊长的形形色色的封建羁绊,它使人和人之间除了赤裸裸的利害关系,除了冷酷无情的'现金交易',

---

① 《马克思恩格斯选集》(第三卷),人民出版社,2012年,第470页。
② 《马克思恩格斯选集》(第一卷),人民出版社,2012年,第405页。

就再也没有任何别的联系了"①。在资本主义社会,人与人之间的关系被资本主义生产方式所异化,人们失去了人之为人的高贵品质,劳动异化为求生的本能,人与人之间的关系完全为利益关系所左右,由此道德让位于物质利益。对此,马克思在《资本论》中,详细批判和揭露了剩余价值的秘密,进一步揭示了资本家的财富源自对工人劳动时间的偷盗,是对他人财富的侵占和掠夺。由此,资本主义的非道德性跃然纸上。

共产主义道德正是在对资本主义道德批判的基础上出场,而共产主义道德伴随资本主义社会的消亡、共产主义社会的建立得以真正实现,每个人的自由而全面发展是共产主义道德的旨归。马克思、恩格斯指出:"代替那存在着阶级和阶级对立的资产阶级旧社会的,将是这样一个联合体,在那里,每个人的自由发展是一切人的自由发展的条件。"②显然,共产主义道德因素存在于当下社会,但总体来说,它是代表未来的道德,是真正回归人本身的、真正的人的道德,是每个人自由而全面发展的道德。

"每个人"从人与社会关系的范畴揭示了共产主义道德的人的属性的真正回归,一方面,强调既不能单向夸大集体道德而遮蔽个体向度;另一方面,强调不能漠视集体,降低为纯粹的个人主义。事实上,人首先是"每个人",即人首先以个体存在物出场,个人与社会不是对立的,离开了个人无所谓社会的存在,自然不能以社会遮蔽个人。对此,马克思多次指出:"社会,即联合起来的单个人。"③强调单个人、每个人、个人,是对个体的唯一的、个别的,不可重复、不可替代的独特存在的尊重。每个人都处于特定的时空之中,拥有独特的个性特征和精神世界。既然"每个人"以个体的形式存在,那么个人的利益自然应受到尊重,不能以集体的利益代替、遮蔽,甚至消解。强调"每个人"

---

① 《马克思恩格斯选集》(第一卷),人民出版社,2012年,第403页。
② 《马克思恩格斯选集》(第一卷),人民出版社,2012年,第422页。
③ 《马克思恩格斯全集》(第46卷下),人民出版社,1980年,第20页。

第二章 网络空间道德教育的理论基础

的存在、个人之外没有人,只是问题的一个方面;问题的另外一个方面是,社会之外没有人,"每个人"绝不能走向另一个极端,降低为个人主义。马克思强调:"个体生活的存在方式是——必然是——类生活的较为特殊的……或者较为普遍的个体生活……特定的个体不过是一个特定的类存在物。"[1]在现实关系上,人的本质是一切社会关系的总和。因此,人不可能脱离社会而存在,个人一旦离开社会,是很难意识到自己作为人的存在。因此,片面地强调个体权力而忽视社会利益,无疑是对"每个人"的曲解。

"每个人的自由"是"全面发展"的前提。马克思主义强调的人的自由,不是抽象的,而是具体的、历史的。根据马克思的观点,人的自由必须有相应的物质基础和社会条件,即"人的依赖关系":"人的依赖关系(起初完全是自然发生的),是最初的社会形式……以物的依赖性为基础的人的独立性,是第二大形式,在这种形式下,才形成普遍的社会物质变换、全面的关系、多方面的需要以及全面的能力的体系。建立在个人全面发展和他们共同的、社会的生产能力成为从属他们的社会财富这一基础上的自由个性,是第三个阶段。"[2]在这里,马克思从人的依赖关系方面进行考查,将人类社会的发展区分为人对人的依赖、人对物的依赖和人的自由而全面发展三个历史阶段。不难看出,在第一、第二阶段,是人受到人役和物役的阶段,在第一阶段,多数人在少数人的奴役下毫无自由之说。在第二阶段,无产者表面上实现了自由,但在物质方面是自由得一无所有,因此不得不靠出卖劳动力为生。而作为生产资料的私人占有者的资本家,虽然相对无产者有更广泛的自由,但仍然受役于商品交换背后的资本逻辑。可见,在第二阶段,总体上处于人受物役的局面,丧失了"自由"。只有在第一、第二阶段的积累下,为第三个阶段创造条件,既消除了人役又消除了物役,"每个人的自由"才有保障,才能得以

---

[1] 《马克思恩格斯全集》(第3卷),人民出版社,2002年,第302页。
[2] 《马克思恩格斯全集》(第30卷),人民出版社,1995年,第107~108页。

实现。

　　"全面发展"内涵是具体而丰富的。马克思认为,资本主义社会中流行的公正合理的道德标准是相对的,是只适用于资本主义制度的。他希望建立一种更为和谐的社会关系,在未来共产主义社会中,每个人都能最大限度地实现个人的全面发展、发挥自身的全部力量。在马克思主义经典著作中,对"人的自由而全面的发展"有着清晰的演变轨迹:马克思在《1844年经济学哲学手稿》中提出"完整的人"和"片面的人"的概念,提出了人的自由而全面发展的思想;马克思、恩格斯在《德意志意识形态》中又提出了"全面发展的人"的概念;在《共产党宣言》中,马克思、恩格斯揭示了人类自由发展和个人自由发展的关系;在《资本论》中,马克思又提出"全面发展的个人"和"局部的个人"对立的两个概念。结合这一系列论述,在马克思看来,人的全面发展是相对于片面发展而言的,旧式分工导致人们交往的局限和能力的局限,人们在特定的生存空间,承担着被迫的分工角色,以至于人们只熟悉生产的一个方面和环节,发展了自己的一个方面的能力,而至废了其他方面。同时,从个体而言,全面发展还包括人的多方面的因素和能力得到普遍性提高和协调发展。人的全面发展包括人的个性、素质、关系和能力的全面发展。

四、实践是道德形成的前提

　　关于道德的起源和本质,人们基于不同立场和背景提出种种见解或理论。"天意神启论"把道德的起源归结为上天的命令或者神的旨意;"先天人性论"把道德的起源归结为先天存在或与生俱来的善性、良心、理念或精神;"情感欲望论"认为道德源于人的情感和欲望对行为提出的要求;"动物本能论"认为其是动物本能的延续,进而把人的自觉能动活动降低为动物的本能活动。诸如此类,可以看出,在马克思道德观之前,人们普遍将道德的起源划

第二章　网络空间道德教育的理论基础

归为唯心主义范畴,所不同的是,或用主观唯心主义的思想来阐释,或用客观唯心主义的道理来说明,最终导致将道德的起源神秘化,无法真正理解道德的本质。

马克思、恩格斯认为实践是道德形成的前提。他们从人类社会的实际情况考察道德的起源和本质,指出:"物质生活的生产方式制约着整个社会生活、政治生活和精神生活的过程。"①因此,分析道德应该从人的物质生活的生产方式着手。在《关于费尔巴哈的提纲》中马克思进一步指出:"全部社会生活在本质上是实践的。凡是把理论引向神秘主义的神秘东西,都能在人的实践中以及对这种实践的理解中得到合理的解决。"②人类的社会生活丰富多彩,实践活动在形式上自然多种多样,且随着人与世界关系的发展,人类实践的具体形式也日益多样化。总体来看,实践的形式可以分为物质生产实践、社会政治实践和科学文化实践,它们既各具不同的社会功能,又保持着紧密的联系。其中,物质生产实践是最基本的实践活动。在人类生活实现的漫长进程中,正是物质生产实践(劳动)作为一切人类生活的第一个基本条件,促进了人与动物的分化。由此,基于实践视角、从社会属性把握人、把握道德的起源和本质,自然就将人与动物相区别,道德成为人类社会的特有现象,成为人的特殊属性。

在不同类型的实践过程中,起初是在物质生产实践的过程中,人类彼此之间必然要产生各种各样的分工与合作,既而发生各种各样的人际交往和社会关系。在彼此交往中利益关系自然发生,随着社会分工的不断发展,"你—我—他"的关系网络逐步建立,利益关系衍化为个人利益、他人利益和社会利益等。而道德正是基于社会关系的基础上得以建立和发展。

实践具有社会历史性,即实践既是社会性的,也是历史性的。从实践的

---

① 《马克思恩格斯文集》(第二卷),人民出版社,2009年,第591页。
② 《马克思恩格斯选集》(第一卷),人民出版社,2012年,第135~136页。

结构看，主要包括实践的主体、客体和中介三项基本要素。作为实践主体的人是社会性的，始终处于一定的社会关系之中，任何活动都不能脱离社会联系。这一特性决定了实践的社会性。同时，实践也是历史性的活动，任何实践活动都处于特定的时间和空间之中，受到一定的社会历史条件的制约。一方面，实践推动着社会历史的发展；另一方面，实践也随着社会历史的变化而发生变化。

因为实践是道德的前提，所以实践的社会历史性决定了道德的社会历史性。也就是说，社会是道德存在的时空基础，不同的社会形态将产生不同的道德形式和道德内容。"道德同其他社会意识形态一样，不是亘古不变的。迄今为止，人类社会先后经历了五种基本社会形态，与此相适应，出现了原始社会的道德、奴隶社会的道德、封建社会的道德、资本主义社会的道德、社会主义社会的道德。"[①]共产主义道德是人类道德历史进步的合乎规律的产物和结果，包括无产阶级道德、社会主义道德和未来共产主义社会全人类的道德在内的科学体系。在无产阶级夺取政权之前，主要表现为无产阶级道德，服从并服务于无产阶级反对资产阶级的阶级斗争；在无产阶级夺取政权以后，主要表现为社会主义道德，在社会主义建设过程中调节着国家、集体、个人三者之间的利益关系。而以"人的自由而全面发展"为旨归的共产主义道德是指向未来的，将随着共产主义的实现而全面展现。

共产主义道德在当下有着特定的社会展现和时代特征。在社会主义中以社会主义道德形态在场。社会主义道德坚持以为人民服务为核心，显著地区别和优越于其他社会形态的道德意识。社会主义道德坚持以集体主义为原则。道德原则是道德规范体系的总纲，最直接最集中地反映着一定社会经济关系和利益关系的根本要求。在中国，长期以来，集体主义成为调节国家

---

① 《思想道德与法治》(2021年版)，高等教育出版社，2021年，第137页。

利益、社会整体利益和个人利益关系的基本原则,最主要的原因是在以公有制为主体的中国特色社会主义制度下,国家利益、社会整体利益和个人利益是根本一致的,也因此,集体主义原则能够在全社会的范围内贯彻实施。

既然共产主义道德是面向未来的意识形态,社会主义道德是超越历史的、崭新类型的意识形态,那么当下如何面向群众进行先进的道德教育呢?列宁在《怎么办?》中提出了"灌输"的原则和方法。当时,俄罗斯联邦共产党内"经济派"热情地赞扬和崇拜工人运动的"自发性"。而列宁却振聋发聩地提出"没有革命的理论,就不会有革命的运动"[1]。哪里有压迫,哪里就有反抗。在备受压迫的苦难生活下,工人自发地团结起来开展革命运动是历史和社会的必然,但如果没有先进的理论武装,没有外在理论"灌输",单靠工人阶级自身的联合和自我教育,只能形成工联主义的意识,工人运动的前途也必然走向毫无目的的、松散的失败。当时,工人在恶劣的生存条件下温饱尚无保障,是没有办法接受教育和从事理论研究的。一方面,工人运动需要科学理论武装,另一方面,单凭工人自身不能解决理论武装的矛盾就十分突出地体现出来。对这一矛盾,列宁将之概括为"自觉性同自发性的关系"问题,即工人运动自发性和对工人进行理论武装的自觉性的关系。因此,列宁鲜明地指出,应把对工人进行社会主义意识的灌输、增强科学理论武装工人的自觉性作为党内的首要任务。由此,"灌输论"不仅停留在一般意义上讨论马克思主义理论、共产主义道德观教育的方法,同时上升为对广大群众进行科学理论灌输和思想武装的重要政治原则。

---

[1] 《列宁选集》(第一卷),人民出版社,2012年,第311页。

第二节 中华优秀传统文化关于道德教育的思想

在我国五千多年的悠久历史中,传统文化源远流长,其中蕴含着丰富的德育思想,值得高校的思想政治教育工作者继承和发扬,也可为新时代大学生网络空间道德教育提供思想借鉴。

一、先秦时期德育思想[①]

先秦时期诸学派均重视德育。以家庭责任、职业道德和社会使命等内容为中心,虽然儒、道、墨、法等先秦学派在教育方式和教育内容上有重大分歧,但在教育目标、教育追求上又殊途同归。各学派在批判中互相取长补短,在责难中互相融会交流,形成了多元一体的传统德育体系。仅就德育层面而言,儒家学派体系完备、影响深远,道、墨、法等学派均难望其项背。把以完美人格为内容的理想教育和以知行合一为内容的实践教育作为主体的儒家德育实践,对后世产生了极其深远的影响。

(一)先秦儒家德育思想述要

先秦时期"礼崩乐坏",旧有的价值观念和道德体系轰然倒塌,重塑主流意识形态逐渐形成为一种强烈的社会诉求。那是一个战乱频仍、哀鸿遍野、民不聊生的时代,充满着所有无序时代都具有的基本特征:经济利益的重新

[①] 本部分内容为本书作者王琪老师的研究成果。文章发表于《兰台世界》,2011 年第 3 期。

划定、政治新贵对权力赤裸裸的渴望、社会主导意识的青黄不接和人民群众对不确定未来的彷徨苦闷。

1.孔子的德育思想

孔子是我国古代兴办"私学"的先行者,先后从事教育工作达四十余年。在教学过程中,把他毕生追求的完美人格教育贯穿于教育活动始终。在孔子看来,社会糜烂,必须要重建道德体系,而"仁"正是孔子开出的一剂妙药良方。《论语·颜渊》(以下引《论语》只注篇名)曰:"颜渊问仁。子曰:'克己复礼曰仁。一日克己复礼,天下归仁焉!为仁由己,而由人乎哉?'"

首先是"克己"。孔子强调人要有高层次的精神追求,要有理想,要着力提高自己的精神格局,而在物质享受方面,只要维持基本的生存条件就可以了。孔子非常欣赏颜回,非常重要的一个原因就是颜回"一箪食,一瓢饮,在陋巷,人不堪其忧,回也不改其乐"(《雍也》)。

其次是"礼"。在孔子看来,"礼"是社会大众都应遵守的既定道德秩序,"非礼勿视,非礼勿听,非礼勿言,非礼勿动",即是指此。在这里,孔子着重强调的是人须谨守等级名分,不越名分行事。在名实论上,孔子是主张"必也正名乎",可见他是主张先名后实的。

最后是道德评价的标准问题。"君子喻于义,小人喻于利"(《里仁》),说明孔子认为君子和小人的区别就在于利、义之别。同时,"仁"和"义"这一对道德标准并不是割裂的,二者追求的教化效果高度一致,即"仁之所至,义所当然"。

2.孟子的德育思想

孟子将孔子德育思想进一步深化和细化,他系统论证了"善政"和"善教"、"独善"和"兼济"的关系。孟子认为,"善政不如善教之得民""穷则独善其身,达则兼济天下"。孟子发展孔子德育思想的一大功绩就在于他使那些抽象空洞的概念变得更加具体,更能指导人的具体行为。

陈兴安认为："学为圣贤是孟子提出的德育目标。孟子的"性善论"为其学为圣贤的德育目标奠定了理论基础。作为一种理想主义的人性论,它有助于激发人的尊严感和责任感。"[①]此确为中允之论。比如,孟子主张将弘扬仁义之道的人伦教育具体化为学为圣贤的教育。因为在孟子看来,圣人乃"人伦之圣也"。他们"居天下之广居,立天下之正位,行天下之大道,得志与民由之,不得志独行其道"[②]。这样说来,圣贤既是人伦教育的主体,也是人伦教育的理想目标。孔子的德育体系回避了人之本性是善还是恶的问题,孟子明显察觉了这个逻辑漏洞。他旗帜鲜明地倡导"性善论"。随之衍生出来的问题是:既然人性本善,为什么社会中充斥了种种丑陋行径？孟子认为是社会环境影响的结果,所以孟子特别强调人要加强自身修养,修回善性。

3. 荀子的德育思想

"人之性恶,其善者伪也",说明荀子支持"性恶论"。主张性善的孟子是理想主义者,坚持性恶的荀子是现实主义者。性善抑或性恶的分别并没有导致荀、孟二人德育观截然相悖,他们的差异在于视角的差异。荀子将他心目中的完美人格具体描述为圣人。《荀子·儒效》认为："圣人者,道之管也。"也就是说,圣人能够得道,所以,应以圣人为万世典范。明代王守仁发挥了荀子的学说,认为圣人的标准是："唯天下至圣,为能聪明睿智,足以有临也；宽裕温柔,足以有容也；发强刚毅,足以有执也；齐庄中正,足以有敬也；文理密察,足以有别也；溥博渊泉,而时出之,溥博如天,渊泉如渊。见而民莫不敬,言而民莫不信,行而民莫不说。是以声名洋溢乎中国,施及蛮貊,……凡有血气者,莫不尊亲。"[③]在荀子看来,圣人从来都不是高不可攀的,"涂之百姓积善而全尽,谓之圣人"(《荀子·儒效》),使得圣人既神圣又可趋近。

---

① 陈兴安:《孟子德育思想及其现代启示》,《湖南师范大学教育科学学报》,2006年第1期。
② 陈兴安:《孟子德育思想及其现代启示》,《湖南师范大学教育科学学报》,2006年第1期。
③ 王守仁:《传习录》(卷上),广州出版社,2001年,第5页。

(二)先秦儒家德育教育方法刍议

第一,知行合一。儒家德育思想在知行观上总的思想倾向是强调知行合一,认为从道德学习的全过程来看"知"和"行"成为人们认识客观道德原则和礼仪规范的两个主要环节,知而不行不可,行而不知也不可。知行不仅相须而且相互为用。

第二,以内为根本。儒家德育思想要求把履行社会责任与完善自我道德统一起来,主张以修身的精神而齐家、治国、平天下,实现内圣与外王的有机统一。既主张有独立自由的自我,同时又肯定个人是属于社会群体的,特别突出了个人对家和国的责任,认为只有把作为独立个体的自然人和国家有机地联系起来才能实现个人人格的升华。

第三,以善为核心。在中国德育思想史上,大多数思想家均主张真善合一,强调"仁且智"。孔子提出"仁且智"的命题,孟子继承并发挥了孔子的思想,不仅在《公孙丑上》篇中主张"仁且智",而且在《离娄上》篇把"智之实"解释为明白侍奉父母和顺从兄长的道理并能坚持下去。荀子在《君道》篇中说:"故知而不仁不可,仁而不知不可,既智且仁,是人主之宝也。"在真善合一的基础上,中国思想家大多强调善高于真、优于真。

(三)先秦儒家德育思想对当代思想政治教育工作的启示

在价值多元化背景下,我国思想政治教育工作正面临巨大困境:理论与实践相脱节,灌输与体悟不均衡,投入与实效不相称。也就是说,现行的思想政治教育工作存在理论教育和社会实践各行其是互不相交、偏重于教师的理论灌输忽视学生的个人感悟等问题。国家对思想政治教育工作的巨大投入(包括政策引导、资金倾斜、行政干预等)并没有得到与之相称的回报也就成了一种合乎逻辑的结果。

相较之下，我们不得不承认先秦时期儒家先贤对其门生弟子的德育教化是卓有成效的。它的德育内容孕育了中华民族优秀的道德传统，教育方式符合个体认知的基本规律，对当前高校的思想政治教育工作具有重大的借鉴意义。不厚今，但也不能薄古，应当本着扬弃的观点去粗取精，对优秀的德育资源进行系统梳理，做到古为今用。

客观来看，孔孟先贤的德育工作体系至少在以下几个方面具有重要的借鉴意义：第一，重灌输，更重体悟。灌输是高校思想政治教育不可缺失的重要环节，这只是第一步。更重要的是通过恰当的引导使被教育者能迅速形成生活体验，再进一步固化为人生经验，从而达到知行合一的目的。第二，突出范导作用。德育的内容是人文性的，人文性的内容显然是不能够单纯地运用现代科学化的方法来传授。它既不需要严谨的科学实证，也不需要精确的量化分析，更主要的是要通过老师自身的修养来潜移默化地感染学生，润物于无声。第三，拓展思想政治教育内涵。思想政治教育工作不能仅局限于课堂，思想政治教育也不只是政治教师或者德育工作者的职责，应着力建设学校、家庭、社会三位一体的思想教育体系，形成良好的育人氛围。

综上，我们认为尽管时移世易，但人类追求高尚道德情操、完美人格的脚步永远不会停歇。往圣先哲们所主张的道德教育不是单纯的说教或者知识传授，而重在榜样示范和人格感染，这无疑具有很强的现实意义。

二、唐宋时期德育思想

唐宋文明承前启后，这一时期是中国社会大幅度转型时期。1910年，日本学者内藤湖南提出了"唐宋变革论"，认为唐宋时期，政治、经济、文化等所有方面都发生了变化，而这种变化就是中古和近世的差别，就此认为唐代是中世,宋代是近世,即宋代是中国近代史的开端。①虽然上述观点只是一家之论,但其对唐宋时期社会巨大变革的论述颇具开创性。道德教育作为文化传承中不可或缺的重要组成部分,必然会受到来自唐宋社会变迁的深刻影响。以下将从儒家思想的发展脉络来反映其中的变化。首先,孔子所创儒学在春秋战国时期并不被统治者认可。这是因为孔子所提倡的"仁""信"等与春秋战国时代的"纷乱"局面几乎格格不入。其次,汉儒董仲舒主张"罢黜百家,独尊儒术",适应了已大一统的社会环境,使儒学成了汉代官方的钦定意识形态。再次,汉代以降,历经数百年的战乱,在"五胡乱华"、民族大融合的背景下,源自印度的佛教文化逐渐融入中国文化。最后,隋唐时期,佛教、道教空前兴盛,儒家思想陷入低谷。唐人韩愈创作《原道》,呼吁重续中华道统,恢复儒家正统思想。至于宋代,发端于"北宋五子"②、集大成于朱熹的理学成为学术的主流。因此,对这一时期的德育思想,可通过对韩愈和朱熹的思想把握了解其中要旨。

(一)韩愈德育思想述要

韩愈(768—824),字退之,世称"韩昌黎""昌黎先生",孟州河阳(今河南孟州市)人。他一生经历了唐代宗、唐德宗、唐顺宗、唐宪宗、唐穆宗王朝,是中唐时期的文学家、思想家、政治家,是尊儒而排斥佛、老的儒家代表;晚年任吏部侍郎,又称"韩吏部";谥号"文",被尊称为"韩文公",著作被编为《韩昌黎集》。

韩愈一生十分重视学习和内省,始终秉持儒家提升自我、服务社会的价值取向。在《答崔立之书》中,他结合自身经历表明个人志向,指出:"仆始年十六七时,未知人事,读圣人之书,以为人之仕者皆为人耳,非有利乎己也。

---

① 张国刚:《论"唐宋变革"的时代特征》,《江汉论坛》,2006年第3期。
② 指周敦颐、邵雍、张载、程颢、程颐这五位理学的开创者,史称"五星聚奎"。

及年二十时,苦家贫,衣食不足,谋于所亲,然后知仕之不唯为人耳。"[1]这段类似内心独白的叙述很明确地阐明了韩愈的"求学为仕"动机:以"利他"为最初理想。然而个人理想还是败给了社会现实,即"仕之不唯为人耳"。及年长之后,韩愈积极实践儒家"学而优则仕"的入世观,取"愈"之超越之意激励自己,其为官耿介,因《论佛骨表》触怒龙颜,52岁时从刑部侍郎贬谪至潮州。韩愈始终坚守儒家济世情怀,是儒家道统说的倡导者,其德育思想皆源自对儒家经典著作的总结和发展,同时也不乏对现实的关照,主张用儒家思想来解决中唐时期的社会问题和政治困境。

1. 道统说

隋唐时期佛教盛行,因佛理博大精深,特别是对超越的抽象世界和人的心灵世界的妙解,对知识分子具有极强的吸引力,儒学无法与其比肩。如何与之竞争,恢复儒学地位,韩愈著名的"道统说"横空出世。韩愈在其著作《原道》中指出:"曰:斯道也,何道也?曰:斯吾所谓道也,非向所谓老与佛之道也。尧以是传之舜,舜以是传之禹,禹以是传之汤,汤以是传之文武周公,文武周公传之孔子,孔子传之孟轲,轲之死,不得其传焉。"[2]韩愈指出,汉代儒学的路走偏了,要拨乱反正,回到孔孟这条路上来,这就是"道统"。在韩愈之前,儒家并没有"道统"的说法,这是韩愈从佛教借来的概念。可用晚清张之洞"中学为体,西学为用"来作类比,韩愈采纳的是唐宋时期士大夫对付佛教的办法:儒学为体,佛理为用。这一思路至少发挥了三个方面的作用:第一,借佛反佛,用佛教的思维模式完善儒学的内在逻辑,让儒学有了拓展自身理论的空间;第二,参考佛教的传承思路,给儒家思想安排了一脉单传的道统,直接接续了孔孟的传统,使儒家思想的脉络更加清晰;第三,程朱理学将这一思路发扬光大,宋朝把学术的道统延伸到政治的正统,用儒家思想阐明自

---

[1] (唐)韩愈:《韩昌黎文集校注》,马其昶校注本,上海古籍出版社,2018年,第220页。
[2] (唐)韩愈:《韩昌黎文集校注》,马其昶校注本,上海古籍出版社,2018年,第36页。

身统治的正统。

2.文以载道

韩愈被称为"古文运动"的领袖。所谓"古文运动",是指唐代以来以韩愈和柳宗元为代表,宋代以欧阳修、王安石和苏轼为代表的反对骈俪文、提倡作古文的文学创作潮流,史称"古文运动"。[①]这里所指"古文"是针对流行的"时文"而提出的概念,指先秦两汉时的单行散句、没有规定形式的文体。历经唐宋两次古文运动,确立了摆脱陈言、自由抒写的文风,以"传道""明道"为文章的最高原则。两晋时期,骈文成为文体中的主流,历经发展至南北朝时期的南朝达到鼎盛。骈文讲究"骈四俪六",对音韵、对仗、辞藻的使用有着严格的要求,追求文体的形式美,以丰富艳丽为主,结果不仅增加了文学的负担,更失去了对真情实感的记录。对此,后来一些有识之士着手进行文体改革,如陶渊明、陈子昂、元结、独孤及、萧颖士等。韩愈变革骈文体为散文,提出"文气"说,即文章应有灵魂。韩愈的"文气"说,充分体现了对儒家思想的推崇,其中之"气"即为孟子所言"浩然之气"。韩愈认为,因"文以载道"这种浩然之气自然而然地流露出它本来的样子,通过文人墨客对文字的修饰,让文字真正的活起来了。他在《争臣论》中言明:"不求闻于人也,行古人之道"[②],鲜明地表达了他发扬传统儒学思想以影响天下,宣传"道统"思想以解天下苍生之苦的志向和担当意识。

3.师道观

韩愈清醒地意识到国家和社会的治理,教育是关键。一生倡导通过教育向人们传播正统的儒学思想,教化人们知仁义、明道德,自觉约束外在言行和内在思想,继而形成一种无形的道德规范。其教育思想主要体现在《原性》《原道》《师说》和《进学解》等名篇,尤其是他所阐释的"师道观"对后世教育

---

① 夏征农等:《大辞海》(中国文学卷),上海辞书出版社,2015年,第271页。
② (唐)韩愈:《韩昌黎文集校注》,马其昶校注本,上海古籍出版社,2018年,第149页。

产生了积极而深远的影响。唐代门第观念深重,贵族或世家子弟大多不需通过"科举"获得做官资格,导致师道没落,在唐代中后期形成了"惑而不从师"的局面。对此,韩愈发出"嗟乎!师道之不传也久矣!欲人之无惑也难矣"的感叹。韩愈主张抛开社会政治压力与世俗偏见,兴办教育,培养人才,明确指出"传道、授业、解惑"是为人师者的首要职责。韩愈认为,人不是一生下来就懂得一切,有了困惑一定要求教于老师。正如"古之学者必有师"。借此,充分肯定了教师的地位和职业的重要性。当然,这里的道,主要指儒家"修身、齐家、治国、平天下"的正统之道。韩愈倡导"道之所存,师之所存也",即跳出了官办、专职教师的狭义理解,扩大了教师的含义。其"圣人无常师""弟子不必不如师,师不必贤于弟子""闻道有先后,术业有专攻"等思想,更是对老师与学生关系的全新解释,弱化了其等级性,强调了师生平等、立志求知的宝贵思想。

(二)朱熹德育思想述要

韩愈给儒家思想安排了一系单传的道统,开启了儒家革新的方向。宋代儒学就可以回到儒家思想在先秦的分岔口,从孟子这条路重新接续,完成儒学更新的伟大使命。朱熹就是这一文化变革运动中的关键人物。

朱熹(1130—1200),字元晦,号晦庵,徽州婺源(今江西婺源)人,理学的集大成者,被后世尊称为"朱子"。所谓"圣人之出,必有祥异"。据传,建炎四年(1130年)朱熹出生时,家中之井中紫气如云,上贯天空。故人们称此井为"虹井"。朱熹一生广注经籍、著书立说,为明清两朝之儒学正宗,影响中国封建社会后期800余年。

1.德育目标

针对当时学校教育忽视德育,侧重"辞章训诂"的问题,朱熹提出了"明人伦""为圣贤"的德育目标,教育学子构建儒家伦理规范,塑造圣人信仰。首先,将"四端""五伦"上升为天道至理,认为学子们只有通过掌握仁、义、礼、智"四端"和恪守君臣、父子、兄弟、夫妇、朋友人伦关系才能不被私欲所蒙蔽,实现天理伦常。其次,发扬儒家"内圣外王"的理想追求,把"为圣贤"作为道德教育的最终目标。朱熹在《近思录》的最后一卷专门阐述"圣贤气象"的养成,列举了孔子、颜回、曾参、孟轲、董仲舒、韩愈、周敦颐、程颢、程颐等仁爱善德、无私高尚的人,强调他们不论是学识修养,还是道德情操都值得书院门人学习效仿。[1]朱熹认为:"凡人须以圣贤为己任"[2],鼓励学子们坚定"学尧舜""做圣人"的道德追求,进而"学以变化气质"。

2.德育原则

朱熹坚持把德智并举、循序渐进、知行结合作为道德教育的基本准则和要求。任何思想,都反映着时代特征,同时也受到时代的局限。朱熹强调德智并举原则,主要目的是维护封建统治秩序。他对当时社会中重智育轻德育的问题持批评态度:"窃尝谓秦汉以来,圣学不传,儒者惟知章句训诂之为事,而不知复求圣人之意,以明夫性命道德之归。"[3]鲜明地提出了学校教育要坚持道德教育与知识教育相统一的原则,这与儒家培育"完人"的教育理念是相一致的。在其亲自执教的白鹿洞书院,以"德行道艺"作为教育的主要内容,既囊括了儒家的思想精华,也渗透着"三纲""八目"等道德教化内容。

难能可贵的是在实际教学过程中,朱熹坚持"循序渐进"的原则,根据学子的年龄阶段实行"分年"的道德教育。他将8~15岁学子分为"小学"阶段,主要德育内容是"学其事",即学习基本礼仪规范和道德规范,并专门编纂"嘉言善行",辑录先贤哲人语录,形成《小学》一书作为教材。他将15岁以上分为"大学"阶段,以"穷其理"作为主要内容,引导学子通过内省慎独和格物

---

[1] 郭雄雄:《朱熹道德教育思想及其现代价值研究》,西北师范大学,2013年硕士学位论文。
[2] 黎靖德:《朱子语类》,中华书局,1986年,第133页。
[3] 朱熹:《朱子全书》,上海古籍出版社、安徽教育出版社,2002年,第3640页。

致知的方法真正理解齐家、治国、平天下的道理,并要求做到躬行践履,以其编撰的《四书章句集注》一书作为教材,主张以儒家伦理道德为依据向学子传授人伦之理和圣贤之道。

朱熹注重吸收孔孟荀和二程等儒家学者的"知行观"思想,在道德教育中,一贯坚持"知行结合"原则。在知与行的关系方面,朱熹坚持知先行后、行重知轻和知行互发的思想,在教育方法上坚持学习理论与走近民间、体察世情、考察山川、感悟自然等实践活动并重,对后世的道德教育产生了深远影响。

3.德育内容

朱熹把"诚意、正心、修身、齐家、治国、平天下"作为儒家思想的主旨,作为书院"立学教人"的主要内容,其德育内容主要围绕励志修身教育、睦亲齐家教育、处世为人教育三方面展开,集中表现了儒家的社会本位思想,力图实现家国同构。在励志修身教育方面,朱熹鼓励生徒们立志笃行、志存高远,涵养省察、存心养性,读书治学、进德立身。特别是在读书治学方面,他结合自身经验、后经弟子总结提出"居敬持志、循序渐进、熟读精思、虚心涵泳、切己体察、着紧用力"(《程氏家塾读书分年日程》卷一)的 24 字读书法,引导学子发挥主观能动性加强自我教育。在睦亲齐家教育方面,强调父慈子孝、尊亲重孝,男女有别、夫能妻贤,兄友弟恭、长幼有序。朱熹秉持忠孝合一、家国一体的理念,突出强调家庭在国家治理中的基础性作用,主张通过协调家庭关系促进社会秩序和纲常伦理的稳定。在处世为人教育方面,朱熹以"传道济民"为道德教育的根本宗旨,他要求学子们在与人交往的过程中要恪守"义""谦""诚",以良好的品德修养感染教化民众。

此外,在德育方法方面,朱熹注重采取因材施教、榜样示范、环境熏陶和道德评价的德育方法,均有一定的创新性和合理成分,对后世开展教育教学产生了重要影响。

朱熹的德育思想虽然带有明显的封建社会烙印，但其思想精华仍有重要的当代意义。一是勇于守正创新。朱熹厚古却不拘泥于古，有着超乎寻常的理性精神，博采儒家思想精华，并赋予其鲜明的时代精神，展示了伟大的创造力。二是作为教育家，注重教育教学方法的创新，坚持因材施教、循序渐进，探索并实践符合学子身心成长规律的方式方法，将儒家格物穷理的方法引向豁然贯通的坦途。三是秉持"知行统一"的理念，坚持理论探究与躬身实践并举。这些方面值得深入挖掘和继承，让其德育精神和方法焕发新的活力。

三、明清时期德育思想

这一时期的哲学思想可细分为明代哲学、明清之际哲学和清代哲学。明代哲学可分为三大流派：一是程朱理学，是明代官方哲学、科举考试的依据；二是王湛心学，发端于吴与弼（亦说陈抟），代表人物王阳明，集心学之大成；三是气学，发端于北宋张载，其代表人物有罗钦顺、王廷相等。明清之际，中国社会又面临大变革：从政治层面来看，清军在1644年入关，致使民族矛盾、阶级矛盾急剧激化；从经济方面来看，源自明代末期的新生产关系（雇佣）不断扩大。在社会大变革的背景下，黄宗羲、王夫之、傅山、李颙、唐甄等一批思想家试图对宋明理学作批判的总结，注重实际，提倡经世之用，批判封建专制主义，具有民主思想萌芽性质。清代哲学从"经世致用"转向训诂考据之学，形成了以"乾嘉学派"为代表的新风气。"乾嘉学派"在整理古籍上自有其独到之处，在治学方法上也较为严谨，但他们中的多数人有脱离现实实际的倾向，不可避免地陷入了寻章摘句的困境。从德育思想视角来看，这一时期极具代表性的是王阳明的心学和王夫之的伦理观，对社会产生了广泛而深远的影响。

(一)王守仁德育思想述要

王守仁(1472—1529),字伯安,号阳明,明代浙江余姚人,《明史》卷一九五有传。他是明代最有代表性的哲学家、思想家、教育家。王阳明心学的产生在思想渊源上受到孔孟儒家思想、程朱理学和陆九渊心学的影响,同时更是社会发展的时代需要。在明代,理学代表儒学成为官方思想,但是理学并没有往宋代大儒希望的方向走,而是变得越来越僵化。最典型的例证是对"人欲"的阐释。在朱熹那里,"人欲"就意味着过度的贪欲,主张用"天理"加以压制。不过,在明代理学家们看来,即使正常的"欲求"也不在伦理道德的许可范围内。由此,理学就成为一种压抑人性的僵化意识形态。在此背景下,明代以前不占主流的心学,慢慢在明代士大夫中流行起来。加之,明代商品经济较为发达,商人群体为了标示其社会地位,用货币兑换文化资本成为常态,世俗欲望成为社会的潮流。如此,便与严肃、方正的理学发生剧烈冲突,世俗化的社会生活需要另外一种理论,证明对日常欲望的追求是合理的、正当的。于是乎,"心学"应时而生。

1.心即理:心学体系的核心

"心即理"的思想是王阳明从陆九渊那里继承下来的,它成为王阳明心学体系的核心思想,也是王阳明道德教育思想的起点。据传,心学的起源可以追溯到五代末期的传奇人物陈抟老祖,后传至周敦颐。周敦颐精通儒、释、道三家学术,他受陈抟的影响,以道家的语境撰写《太极图说》,提出了"无极"的概念。其弟子程颢和程颐兄弟二人从周敦颐的《太极图说》的"无极"理论中抽象出"理"和"道"的概念,自成一家,成为理学的奠基者。他们认为,在超现实、超社会之上存在一种标准,它是规范人行为的理论逻辑,称之为"天理",并把"天理"的对立面称为"人欲"。[①]"二程"认为,人的终极价值是通过

---

① "二程"认为"人欲"指的是不合理、不正当的行为和欲望。

格物发现事物之间的内在联系和规律,遵循"天理",去除"人欲",即"存天理,灭人欲"。在"存天理、灭人欲"的具体方法上,二人存在分歧。程颢认为,人性本是善的,天理就在我心中,所以只需要在自身上下功夫。程颐虽然也认为人性是善的,但认为不能仅仅在心上用功,必须要去外界寻找天理,必须依靠外界的力量"格物致知"。南宋时,陆九渊则继承了程颢的思想,进一步发展了心学。"心即理"就是陆九渊的思想。程朱理学主张心、理分开,心是指主观方面,理侧重客观方面,二者根本对立。王阳明认为,主观、客观不应是对立的,而应是统一的。他基于主观与客观相统一提出了心就是理的一元论断。王阳明认为"心"是人一切活动的最终影响因素主宰,是人力量之源泉。"心即理"的另一个重要含义是:人们道德行为的根源是善,以一种寂的形态处在每个人的心中。[①]由此,王阳明的研究和思想方向发生转变,舍弃格物致知,而转向了心中那个寂静的善,并以它作为出发点进行做事育人。这就是王阳明龙场悟道的主要成果,他认识到要认识天理,根本没有必要往外寻求,理就在自己的心里。

2.致良知:心学体系的重要支撑

"良知说"源于孟子。孟子云:"人之所不学而能者,其良能也;所不虑而知者,其良知也。"[②]也就是说,孟子认为良知源于天赋,而且这种天赋是无差别性的,是人人均等、生而具备的。王阳明吸收了孟子关于良知对人的一切活动产生影响的理论,创造性地提出了"致良知"思想,把良知的概念引入思想道德建设领域。在修身养性方面,孟子主张随性而为,即人们要培养高尚的思想道德品格,不需要假于外物"格物致知",而是存心养心,善养浩然正气,抵御外界强大的名利诱惑,不失精神层面的人格和尊严。在道德评价标准方面,孟子开创了以义为先,义利有别的原则,并将其作为衡量理想道德

---

① 鹤阑珊:《王阳明——人生即修行》,中国友谊出版社,2012年,第11页。
② 王云五主编,史次耘注译:《孟子今注今译》,中国友谊出版公司,2021年,第295页。

人格的标准。不同的是，王阳明发展了孟子的"心"说，从道德本体的高度出发，阐述了如何去发现自己的本能以及良知本能对道德修养的重要性。王阳明"良知说"的提出，调和了天理和人、物之间的关系，强调在承认外在天理的前提下，通过内心良知来发现天理并将它糅合到人的本心中去。显然，在这一外在天理的内化过程中，突出了人的主体地位和主观能动性。在王阳明看来，良知是人类内心的本然，是一切知识和智慧的源泉。也就是说，人们不需要经过刻意的学习和思考，就天然地具有道德评价能力和良好的道德修养。既然良知人人皆有，天然具有，那么何谈"致良知"呢？这是因为，天然之知（良知）以"寂"的形态存在于心，而由于后天环境的不同，每个人所能达到具体之知的程度也就不同。

3.知行合一：道德修养的最高境界

知与行的关系问题即认识论的问题，是古今中外哲学思想的重要命题。在我国，"知"和"行"的概念早已有之。在甲骨卜辞中，"行"字意为四通八达的道路，但"知"出现的较晚，在春秋战国时期，才出现关于知、行关系的论述。《左传》载："非知之实难，将在行之。"《尚书·说命中》云："知之非艰，行之惟艰。"这里的知、行概念，内涵比较丰富，不仅局限于道德修养的范畴，强调的是理论付诸实践的困难之处，从一个方面揭示了知行的矛盾，提出了知行统一的要求。孔子对知行关系也进行了深入思考，他提出："君子耻其言而过其行"，意为君子对说大话做小事或者是说空话不做事的人感到羞耻。可以看出，侧重于从道德的层面强调实践的重要性是儒家知行观的重要特征。《论语·为政》云："子贡问君子，子曰：'先行其言而后从之'"，即孔子认为，实际行动是成为君子的最佳途径，只有自己真正做到了才能向别人说起自己的能力，这才是君子应该具备的品格。还有"君子欲讷于言而敏于行"等论述，则隐含着要言行一致的道德要求。关于"知"的来源，孔子在《论语·季氏》云："生而知之者，上也；学而知之者，次也；困而学之，又其次也；困而不学，民斯为下也。"孔子将"知"的来源区分为"生而知之"和"学而知之"两种渠道,暴露了他认知观的矛盾性。战国时期,子思在《中庸》一书中,将修学的过程分为"知"与"行"并存的五个阶段:"博学之,审问之,慎思之,明辨之,笃行之。"进一步深化了知与行的问题。南宋时期,朱熹则更为系统地表述了知行不可分割的对立统一关系,提出"知先行后"的观点。王阳明深受儒家知行观的影响,以心为本位,把"知"与"行"看作是心灵活动的两种不同表现,进而提出并且完善了"知行合一"的学说。他认为知与行可以看成是一个事物的内外两面,知是内部的东西,而行是通过一系列的方式将知的内容表现出来。也就是说,所谓知行合一,就是"知行即一""知即行",不是这两个东西合二为一,而是它们本来就是同一。

(二)王夫之德育思想述要

王夫之(1619—1692),字而农,明末清初著名思想家,和黄宗羲、顾炎武合称"清初三大家"。因其长期于石船山下的湘西草堂著书立说,世称"船山先生"。王夫之身逢乱世,一生颠沛流离,历经坎坷磨难。24岁时,因李自成农民军起义影响进京会试,被迫返回家乡,打破"进士梦";明朝灭亡后,与于衡山起兵复明,兵败后被迫四处逃难。为恢复大明江山,王夫之投奔南明永历王朝,却陷入了钩心斗角的党派之争,险些成为政治斗争的牺牲品。因拒绝为吴三桂起草《劝进表》,再次遁世隐居。直到其垂垂老矣,在清政府实施笼络人心的政策下被赦免,但仍被监视。王夫之一生困厄,仍笔耕不辍,著作宏多,研究范围涉及政治、道德、哲学、历史、艺术、文学等领域,主要的著作收录于《船山全书》,至今仍具有一定影响。

1.人性论

王夫之关于人性的阐释深受孟子"性善论"的影响,他充分肯定了孟子人人皆有恻隐、羞恶、辞让、是非之心的"四端说"。在此基础上,突出强调了人性的自然属性，认为人性中还包括声色臭味之欲，这是孟子所忽视的。王夫之指出："声色臭味，顺其道则与仁义礼智不相悖害，合两者而互为体也。"[①]在人性生成方面，王夫之进一步发挥了孔子"性相近，习相远"的观点，形成"习行成性"的实践论。这一观点源于其对中国传统朴素辩证法和唯物论的总结和发展。作为朴素唯物主义哲学家，王夫之认为宇宙是由"气"构成的物质实体，并从"道器"关系出发构建了历史进化论的思想；认为"习成而性与成"，人性随着环境习俗而变化"日生而日成"，鲜明地反对人性先验论和一成不变的观点。

2.理欲观

关于理欲之辩，即道德规范与物质欲望之间的关系的论辩，这是中国古代哲学的重要范畴。最初见诸《礼记·乐记》："夫物之感人无穷，而人之好恶无节，则是物至而人化物也。人化物也者，灭天理而穷人欲者也。"从中蕴含着把"天理"与"人欲"相对立的倾向。但《礼记·礼运》中又提出"饮食男女，人之大欲存焉"的论断，充分肯定了物质欲望的合理性。历经发展，后世对此有"以理节欲""存理灭欲""理存于欲"三种见解。宋明理学家融合了佛道"灭欲""无欲"的思想，主张"存理灭欲"，将理与欲的关系引向了极端对立。王夫之的理欲观体现了辩证意蕴：一方面，他批评理学"存理灭欲"的虚伪，全然不顾人的情感和本性的需要；另一方面，对纵欲主义进行了批判，强调天理和人欲不可或缺，"无理则欲滥，无欲则理亦废"。在此基础上完善了"理存于欲"的观点，指出："人欲之各得，即天理之大同"（《读四书大全说》卷四），并将人欲进一步区分为"公欲"和"私欲"。"公欲"指关涉生民生死的"饥则食，寒则衣"的基本需求；"私欲"则是"同我者从之，异我者违之"的自私自利的一种贪欲。

[①] 王夫之著，张子正蒙注：《思问录、俟解、黄书、噩梦、识小录、搔首问、龙源夜话》，岳麓书社，2011年，第121页。

3.义利观

义利观主要涉及道德原则、规范与物质利益、欲求之间的关系,其实质是道德价值观的问题。春秋时期,关于义利关系已经有三种观点:一是"言义必及利"(《国语·周语上》),二是"事利而已"(《左传·襄公二十七年》),三是"思义为愈"(《左传·昭公十年》)。孔子重义轻利,孟子认为"何必曰利",把义与利对立起来。荀子兼综儒墨,提出"义与利者,人所两有也"(《荀子·大略》)的见解。宋明理学家大多认为仁义和功利是互相排斥。朱熹以为,"凡事不可先有利心,才说着利,必害于义。圣人做处,只问义边做"(《朱子语类》卷五十一),把义利之辩引申为公私之辩和理欲之辩。宋代功利主义思想家的观点与此相反。王安石以为"理财"为治国之本,"理财乃所谓义也"(《王文公文集·答曾立公书》),为传统的"义"作了新的价值规定。王夫之的义利观充分肯定了利的合理性存在,同时强调义高于利,"利"不能够离开"义",需要由"义"来引导和制约。王夫之将义分为"一人之正义""一时之大义""古今之通义"三个层次,提出追求"古今之通义"的理想,并进一步指出每一个人所树立的"志向"必须是符合义的要求,进而提出"正志为本"的德育目标。

4.知行观

在中国古代,知行问题不仅涉及认识论,而且涉及伦理道德和统治术。《书·说命中》:"知之非艰,行之惟艰。"强调实行比知晓道理更困难、更重要。孔子认为存在有天赋的、不必行的"生而知之",孟子发挥了孔子思想,提出"良能""良知"说。宋以后,知行问题受到更多的注意。朱熹提倡知行相须,不可偏废,认为:"知之愈明,则行之愈笃,行之愈笃,则知之益明。"(《朱子语类》卷十四)但说:"论先后,知为先;论轻重,行为重。"(《朱子语类》卷九)明王守仁提出知行合一的思想。王夫之在总结了前人知行观的基础上提出了个人见解。一是知行相资,强调"知行相资以为用"和"知非先,行非后,行有余力而求知"的思想。二是行重于知,提出"行可兼知,而知不可兼行"和"君子之学,未尝离行以为知"的思想等。

第三节 中国化马克思主义理论中关于道德教育的思想

党的十九届六中全会审议通过的《中共中央关于党的百年奋斗重大成就和历史经验的决议》(以下简称《决议》),依据习近平在庆祝中国共产党成立100周年大会上重要讲话精神,将党的百年历史分为新民主主义革命时期、社会主义革命和建设时期、改革开放和社会主义现代化建设新时期、中国特色社会主义新时代四个时期。并明确了马克思主义中国化的三次历史性飞跃,产生了中国化马克思主义三大理论成果,即毛泽东思想、中国特色社会主义理论体系和习近平新时代中国特色社会主义思想。"四个时期"的划分、"三次历史性飞跃"的概括,更加清晰地体现了党的百年奋斗历史时期、历史任务和历史地位,进一步深化了对党的百年奋斗主题主线的理解,也为研究、梳理、概括中国共产党的德育思想提供了两种分析脉络和框架,或按分期或按马克思主义中国化理论成果。为彰显道德教育作为马克思主义理论中国化理论成果的重要组成部分,本节按"三次历史性飞跃"的脉络展开论述。

一、毛泽东思想德育观述要

毛泽东是伟大的马克思主义者、伟大的无产阶级革命家、战略家和理论家。1921年中国共产党成立后,面对内忧外患,党领导人民历经千辛万苦为中国人民谋幸福,为中华民族谋复兴,期间既有成功经验,也有惨痛教训。对此,以毛泽东同志为主要代表的中国共产党人深入思考中国革命和建设的重大理论和现实问题,认真汲取实践经验和教训,总结形成符合中国革命和建设规律的理论成果,形成了毛泽东思想。毛泽东思想是马克思主义中国化的第一个重大理论成果。毛泽东十分注重通过教育改造人心、进而建设新社会,其中关于改造人心、改造世界观的德育思想是其教育思想中最重要的组成部分。中国革命和建设时期,在毛泽东思想德育观的指导下,中国共产党培养了众多优秀人才。当前,学习与研究其德育思想,对于高校落实立德树人要求,加强大学生德育工作同样具有重要的借鉴价值。

(一)大德育观

毛泽东的大德育观体现在对德育的广义理解,不局限于"道德"教育,而是包括政治教育、思想教育在内的广义的"德育"。查阅党史文献,毛泽东至少3次使用过"德育"概念。分别是1957年2月27日,在《关于正确处理人民内部矛盾的问题》中的表述;1958年8月在审定陆定一主持撰写的《教育必须与生产劳动相结合》一文中所添加的表述;1964年3月10日,在对北京铁路二中校长魏连一提出的减轻中学生负担过重问题的意见的批语中的表述。这三种表述主要适用于学校教育,又不限于学校教育。[①]

1957年,毛泽东在《关于正确处理人民内部矛盾的问题》指出:"我们的教育方针,应该使受教育者在德育、智育、体育几方面都得到发展,成为有社会主义觉悟的有文化的劳动者。"[②]这里将"德育"与智育、体育的相并列,强调人的全面发展,并鲜明提出青年学生"除了学习专业之外,在思想上要有所进步,政治上也要有所进步,这就需要学习马克思主义,学习时事政治。没

[①] 陈桂生:《德育引论》,华东师范大学出版社,2018年,第199页。
[②] 《毛泽东文集》(第七卷),人民出版社,1999年,第226页。

有正确的政治观点,就等于没有灵魂"①。可见,毛泽东高度重视道德教育,并把德育目标定位为使受教育者具有"社会主义觉悟"。当然,这里的德育与通常意义上的"品德教育"有别,其内涵更接近政治教育。

1958年,毛泽东在审阅中共中央宣传部部长、中央文教小组组长陆定一撰写的《教育必须与生产劳动相结合》一文时专门加写了两段文字,强调:"儿童时期需要发展身体,这种发展是要健全的。儿童时期需要发展共产主义的情操、风格和集体英雄主义的气概,就是我们时代的德育。"②在这段论述中,毛泽东将儿童德育内容界定为共产主义道德,既有别于通常所谓"品德教育",又不与"政治教育"完全相同,这与他对共产主义道德的理解是息息相关的。

1964年3月10日,毛泽东在中共中央办公厅秘书室编印的《群众反映》第十六期上写下批语,针对北京铁路二中校长魏莲关于减轻中学生负担问题意见的来信,他指出:"现在学校课程太多,对学生压力太大。讲授又不甚得法。考试方法以学生为敌人,举行突然袭击。这三项都是不利于培养青年们在德、智、体诸方面生动活泼地主动地得到发展的。"③再次强调了学生的教育应是全面的,并且以德育为先,同时也内在地表达了在教育中应注意方式方法,应尽量符合青年学生生动活泼的特点。

毛泽东的大德育观还体现在倡导各个部门都有德育之责。他指出:"思想政治工作,各个部门都要负责任。共产党应该管,青年团应该管,政府主管部门应该管,学校的校长教师更应该管。"④联系到接下来强调的"有社会主义觉悟的有文化的劳动者"的教育目标,在这里毛泽东所使用的"思想政治

---

① 《毛泽东文集》(第七卷),人民出版社,1999年,第226页。
② 《毛泽东文集》(第七卷),人民出版社,1999年,第398~399页。
③ 《毛泽东文集》(第八卷),人民出版社,1999年,第376页。
④ 《毛泽东文集》(第七卷),人民出版社,1999年,第226页。

工作"与"德育"的内涵是等同的。青年学生的德育工作,学校是主阵地,校长、老师是第一责任人,却不是唯一的责任主体,党的部门和政府部门都应高度重视,这是由为党育人、为国育才的社会主义国家教育性质所决定的。实际上,毛泽东认为每名党员、领导干部和先进者在首先搞好自身教育的同时,都应肩负起宣传教育之责,而宣传教育的关键在于启发群众的觉悟。1945年6月1日,他在中国共产党第七次全国代表大会上的闭幕词中强调指出:"我们宣传大会的路线,就是要使全党和全国人民建立起一个信心,即革命一定要胜利。首先要使先锋队觉悟,下定决心,不怕牺牲,排除万难,去争取胜利。但这还不够,还必须使全国广大人民群众觉悟,甘心情愿和我们一起奋斗,去争取胜利。"[①]放手发动群众是中国共产党在斗争中取得的宝贵经验,发动群众的关键在于启发群众,启发群众认识到共产主义理想信念,才能更好地感受到党与人民群众利益的一致性,才能心甘情愿地在党的领导下一起奋斗和争取胜利。

(二)全心全意为人民服务的共产主义道德观

在毛泽东的德育观中,对道德的认知是分层次的,他对忠实、坦白("阳谋"还是阴谋)、勤劳、俭朴、谦虚之类基本道德品质相当重视,同时他认为这些都是个人私德,而作为共产主义者(共产主义接班人)应该更加注重对公德(全心全意为人民服务)的追求。

1937年,毛泽东为陕北公学成立与开学纪念题词时就勉励青年学生首先要注重个人私德(襟怀坦白、忠诚、积极、正直)的培育,同时应不满足于此,还应注重树立和培养公德(不谋私利)。在毛泽东看来,层次较高的公德高于层次较低的私德,而层次更高的政治、思想规范又高于道德规范。毛泽东

[①]《毛泽东选集》(第三卷),人民出版社,1991年,第1101~1102页。

把全心全意地为人民服务作为理想的道德人格，并认为这是共产党人区别于其他任何政党的又一个显著的标志。1944年，在张思德的追悼会上，毛泽东做了《为人民服务》的讲话，指出："我们的共产党和共产党所领导的八路军、新四军，是革命的队伍。我们这个队伍完全是为着解放人民的，是彻底地为人民的利益工作的。"①强调了共产党人全心全意为人民服务的宗旨。1945年4月24日，毛泽东在中国共产党第七次全国代表大会上的政治报告中指出："全心全意地为人民服务，一刻也不脱离群众；一切从人民的利益出发，而不是从个人或小集团的利益出发；向人民负责和向党的领导机关负责的一致性；这些就是我们的出发点。"②可见，毛泽东的这一思想是一以贯之的。

（三）在实践斗争中改造世界观

毛泽东特别重视世界观方面的教育，认为人的世界观的转变是一个根本的转变，并提出了通过开展积极的思想斗争树立共产主义世界观的思想。

提出培养又红又专人才的思想。培养又红又专的合格人才，是指全面贯彻党的教育方针的根本目的，培养德智体全面发展的有社会主义觉悟的有文化的劳动者。这既是毛泽东对人才培养的基本思想，也是毛泽东对学生思想道德素质教育工作的基本要求。"又红又专"，显然是对政治与业务关系的形象说法，反映了中国共产党对人才的基本规定，也是党对知识分子、干部队伍、青年学生的一贯要求。"红"最根本的是世界观问题，为人民服务的问题。"专"就是要掌握有关专业知识，具有专业技能，具备为人民服务的本领与能力。

在学习和批评中加强自我改造。毛泽东十分注重和倡导学习哲学，因为

---

① 《毛泽东选集》（第三卷），人民出版社，1991年，第1004页。
② 《毛泽东选集》（第三卷），人民出版社，1991年，第1094~1095页。

哲学是关于世界观的学问。具体应学习马克思列宁主义,尤其要着重学习辩证唯物主义、历史唯物主义哲学。他提倡学习的途径不仅限于从书本上学,更为主要的是通过阶级斗争、工作实践和接近工农群众的实践过程中学习。

毛泽东把同错误思想做斗争形象地比作"种牛痘",认为经过了牛痘疫苗的作用,人身上才能具有更强的免疫力。他指出:"马克思主义者就是要在人们的批评中间,就是要在斗争的风雨中间,锻炼自己,发展自己,扩大自己的阵地。"[1]他认为,在温室里培养出来的东西,不会有强大的生命力。实行百花齐放、百家争鸣的方针,并不会削弱马克思主义在思想界的领导地位,相反会加强它的这种地位。

用细致讲理的方法开展思想斗争。毛泽东指出:"思想斗争同其他的斗争不同,它不能采取粗暴的强制的方法,只能用细致的讲理的方法。"[2]在论及如何对待知识分子时,他认为"凡是真正愿意为社会主义事业服务的知识分子都应当给予信任,从根本上改善同他们的关系,帮助他们解决各种必须解决的问题,使他们得以积极地发挥他们的才能"[3]。他还列举了一些同志不善于团结知识分子的表现。比如,用生硬的态度对待知识分子,不尊重他们的劳动,在科学文化工作中不适当地干预那些不应当干预的事务等。强调应慎重地对待这些缺点,必须加以克服。同时指出,广大的知识分子也应充分适应新社会的需要,持续加强自我改造,逐步地抛弃资产阶级的世界观而树立无产阶级的、共产主义的世界观。强调工人阶级必须在工作中不断学习,逐步克服自己的缺点,永远也不能停止。毛泽东认为,工人阶级是先进阶级的代表,应注意在阶级斗争中和向自然界的斗争中改造整个社会,同时也是改造自己。他拿自己世界观的转变为例,说:"我这个人从前就有过各种非马

---

[1] 《毛泽东文集》(第七卷),人民出版社,1999年,第232页。
[2] 《毛泽东文集》(第七卷),人民出版社,1999年,第231页。
[3] 《毛泽东文集》(第七卷),人民出版社,1999年,第225页。

克思主义的思想,马克思主义是后来才接受的。我在书本上学了一点马克思主义,初步地改造了自己的思想,但是主要的还是在长期阶级斗争中改造过来的。"[①]强调人人应该树立不断学习的理念,在学习实践中不断地改造自己,在改造自然和社会中改造自己,切实树立坚定的共产主义远大理想。

二、中国特色社会主义理论体系德育观述要

改革开放后,德育工作面临重大转折和考验,突出地表现在三个方面的问题:一是消除"文化大革命"的不良影响,解放思想,团结一致,集中精力搞好社会主义经济建设,对德育工作提出了新要求;二是改革开放后,西方自由主义思潮的侵入,意识形态斗争形势复杂,对德育工作提出了挑战;三是深入推进中国特色社会主义的发展,构建与之适应的社会主义荣辱观和核心价值体系的任务十分紧迫而艰巨。面对这些考验,在邓小平理论、"三个代表"重要思想和科学发展观的有力指导下,中国共产党的德育观与时俱进,有效地应对了各种风险考验和文化思潮冲击,形成了一系列适应改革开放新形势发展要求的德育思想。

（一）思想政治教育只能加强,不能削弱

思想政治教育作为德育教育的主渠道、主阵地,既是中国共产党在革命、建设和改革中积累形成的宝贵经验,也是加强社会主义建设的必然要求。特别是坚持在高校开设思想政治课程,实施显性的德育教育课程,已经成为一项重要教育制度。在新的历史条件下,以经济建设为中心,实施改革开放,社会上曾经一度出现了轻视甚至忽略思想政治教育的情况。对此,

---

① 《毛泽东文集》(第七卷),人民出版社,1999年,第223页。

第二章　网络空间道德教育的理论基础

邓小平十分警觉,在改革开放之初,他就十分有预见性地强调了加强思想政治教育的重要性,强调要坚持把思想政治教育放在非常重要的位置、认真做好做实、把它作为一项日常性的工作等。1987年,邓小平曾指出:"我们讲坚持四项基本原则,就需要经常用四项基本原则教育人民。"①1989年,邓小平再次强调:"四个坚持本身没有错,如果说有错误的话,就是坚持四项基本原则还不够一贯,没有把它作为基本思想来教育人民,教育学生,教育全体干部和共产党员。"②他在回顾20世纪80年代的工作得失时深切地认识到:"十年最大的失误是教育,这里我主要讲思想政治教育。"③邓小平强调思想政治教育,最鲜明的特点是围绕中心、服务中心和服务于人的成长成才需要,确保党和国家的工作重点切实转移到以经济建设为中心的轨道上来。

江泽民进一步发展了对于思想政治教育重要性的认识,并具体强调了德育工作的重要性,进一步明确了社会主义思想道德建设的战略地位和作用。他认为,加强社会思想道德建设是加强社会主义精神文明建设的中心环节和重要内容。江泽民指出:"加强社会主义思想道德建设,是发展先进文化的重要内容和中心环节。必须认识到,如果只讲物质利益,只讲金钱,不讲理想,不讲道德,人们就会失去共同的奋斗目标,失去行为的正确规范。要把依法治国同以德治国结合起来,为社会保持良好的秩序和风尚营造高尚的思想道德基础。要在全社会倡导爱国主义、集体主义、社会主义思想,反对和抵制拜金主义、享乐主义、极端个人主义等腐朽思想,增强全国人民的民族自尊心、自信心、自豪感,激励他们为振兴中华而不懈奋斗。"④可见,江泽民把思想道德建设上升到治国理政的高度来认识,并纳入"以德治国"方略,把精神文明建设提到更加突出的地位。

---

① 《邓小平文选》(第三卷),人民出版社,1993年,第201页。
② 《邓小平文选》(第三卷),人民出版社,1993年,第305页。
③ 《邓小平文选》(第三卷),人民出版社,1993年,第306页。
④ 江泽民:《在庆祝中国共产党成立80周年大会上的讲话》,《人民日报》,2001年7月1日。

(二)培养社会主义建设者和接班人

邓小平鲜明地提出了培育"四有"新人的思想。1985年,邓小平在第一次全国教育工作会议上就指出:"我们国家,国力的强弱,经济发展后劲的大小,越来越取决于劳动者的素质,取决于知识分子的数量和质量。一个十亿人口的大国,教育搞上去了,人才资源的巨大优势是任何国家比不了的。"[①]人口优势不只在于人口规模的大小,更重要的是取决于人口质量水平,而提高人口发展质量的根本途径在于教育,教育的根本任务是培养人才。而问题在于培养什么样的人才和怎样培养人才。对此,邓小平提出"四有"新人的人才培养目标。1980年邓小平在给《中国少年报》和《辅导员》杂志的题词中,将培养对象的标准演化为"有理想、有道德、有知识、有体力",最终完善成为"有理想、有道德、有文化、有纪律"的四有新人。1982年,他指出:"搞社会主义精神文明,主要是使我们的各族人民都成为有理想、讲道德、有文化、守纪律的人民。"[②]他还进一步强调,在"四有"中,理想和纪律特别重要。邓小平指出:"我们这么大一个国家,怎样才能团结起来、组织起来呢?一靠理想,二靠纪律。组织起来就是力量。没有理想,没有纪律,就会像旧中国那样一盘散沙,那我们的革命怎么能够成功?我们的建设怎么能够成功?"[③]为当时的德育工作明确了具体目标,指明了教育的方向。

胡锦涛继承并不断丰富发展了马克思主义青年观,提出"四个新一代"的德育培养目标。2007年5月4日,胡锦涛向中国青年群英会致信,信中指出:希望广大团员和青少年"努力成为理想远大、信念坚定的新一代;品德高尚、意志顽强的新一代;视野开阔、知识丰富的新一代;开拓进取、艰苦创业

---

① 《邓小平文选》(第三卷),人民出版社,1993年,第120页。
② 《邓小平文选》(第二卷),人民出版社,1993年,第408页。
③ 中共中央文献研究室:《邓小平同志论教育》,人民出版社,1990年,第147页。

的新一代"。"四个新一代"的寄语,充分体现了时代发展对青少年提出的新要求,体现了党中央对青少年成长成才的殷切期望。这一德育教育的根本目标,是对毛泽东提出的"三好"(身体好、学习好、工作好)目标、邓小平提出的"四有"新人目标和江泽民提出的"四个统一"(学习科学文化与加强思想修养的统一、坚持学习书本知识与投身社会实践的统一、坚持实现自身价值与服务祖国人民的统一、坚持树立远大理想与进行艰苦奋斗的统一)目标的继承、丰富和发展,是对21世纪新阶段培养中国特色社会主义事业合格建设者和可靠接班人的基本要求。

(三)社会主义荣辱观

2006年3月4日,胡锦涛在第十届中国人民政治协商会议第四次会议的民盟、民进联组会上发表了"关于树立社会主义荣辱观"的讲话,将社会主义荣辱观的内容概括为"八荣八耻"。德育工作的关键在于一个好的社会风气的养成,需要社会各方面的共同努力,更需要有一个明确的标准,让全社会对该做什么、不该做什么、崇尚什么、反对什么形成共识,有相对一致的标准和认识。社会主义荣辱观是一个完整的理论体系,不仅从道德层面为社会全体成员设立一个统一而明确的道德准则和道德标准,而且将党所制定的战略目标和战略举措融合在了一起,既有理论上的科学性和创新性,又有实践中的现实性和可行性,为加强全社会的德育工作,建设和谐社会和培育社会主义核心价值观奠定了理论基础,并提供了新的思路。

三、习近平新时代中国特色社会主义思想德育观述要

习近平新时代中国特色社会主义思想德育观,结合新时代形势发展的特征与要求,系统阐释了德育目标、方法、内容、原则和思想特征等,对党员

干部、青年一代和人民群众的思想、道德建设提出了明确的要求。习近平的德育观,坚持以马克思主义为指导,以人民为主体,以立德树人为基本目标,强调构建党委统一领导下的大德育体系,实施全员、全程、全方位育人,以榜样示范、知行统一和读书学习为基本方法,以明大德、守公德、严私德为基本内容,具有继承性与发展性相统一、理论性与实践性相结合、广泛性与针对性相兼顾的思想特征。

(一)以立德树人为基本目标

"培养什么样的人、怎样培养人、为谁培养人"是教育的基本问题。党的十九大报告鲜明提出了"培养担当民族复兴大任的时代新人"的教育目标,为新时代做好立德树人的德育工作指明了方向,明确了具体要求。新时代所倡导的"德",主要包括以下内容:

第一,立"马克思主义信仰"之德。马克思主义是党和国家的根本指导思想,这就要求青年学生"立德",首要的就是立马克思主义信仰之德,才能禁得住各种思潮、诱惑和风险的考验。

第二,立"共产主义远大理想和中国特色社会主义共同理想"之德。这是由中国共产党领导下的社会主义国家的性质和宗旨决定的,也是培养社会主义事业建设者和接班人的根本价值遵循。

第三,立"社会主义核心价值观"之德。社会主义核心价值观是当代中国精神的集中体现,凝结着全体人民共同的价值追求。青年学生处于人生观、价值观培育的"拔节孕穗期",是成长的关键阶段。其价值观的培育如同扣扣子,而"人生的扣子从一开始就要扣好",不可不慎重。

第四,立"尊重和传承中华民族历史和文化"之德。习近平在庆祝中国共产党成立100周年大会上的重要讲话中提出"两个结合",即"坚持把马克思主义基本原理同中国具体实际相结合、同中华优秀传统文化相结合",提出了汲取传统文化智慧和精华,传承优秀民族基因的新论断。

第五,立"国际视野和国际胸怀"之德。适应经济全球化、人类命运共同体的新发展趋势和要求,青年学生也要确立为人类和平与发展贡献智慧和力量的远大志向。

(二)循循善诱、润物无声的德育要求

习近平对新时代的德育工作,提出了具体而深刻的要求,主要体现在以下三个方面:

第一,"六个下功夫"。2018年9月,习近平在全国教育大会上强调,教育要坚持六个"下功夫"。他提出,培养人要在坚定理想信念上下功夫,要在厚植爱国主义情怀上下功夫,要在加强品德修养上下功夫,要在增长知识见识上下功夫,要在培养奋斗精神上下功夫,要在增强综合素质上下功夫。可以说,"六个下功夫"进一步明确了培养担当民族复兴大任时代新人的基本要求。

第二,"三全育人"。2017年2月27日,中共中央、国务院印发了《关于加强和改进新形势下高校思想政治工作的意见》,提出了坚持全员全过程全方位育人的要求。所谓全员育人,强调每个人都应有育人意识,承担起育人责任;全过程育人,强调育人要贯穿大学生学习,成长成才的全过程;全方位育人,强调育人工作要体现在促进大学生全面发展的各个方面和环节,育人工作要根据大学生的学习和生活实际,将显性教育和隐性教育相结合,通过有形或者无形的手段把思想政治教育渗入到他们学习和生活的各个环节,渗透到教学、管理和服务的各个方面,使大学生形成良好的思想品格和人格修养,促进大学生全面发展。

第三,"因地制宜、因时制宜、因材施教"。习近平在学校思想政治理论课教师座谈会上的讲话中提出"八个相统一"的要求,其中专门论述了统一性和多样性相统一的要求。习近平指出："思政课的教学目标、课程设置、教材使用、教学管理等方面有统一要求,但具体落实要因地制宜、因时制宜、因材施教,结合实际把统一性要求落实好,鼓励探索不同方法和路径。"[1]政治思想性是思政课的根本属性,决定了思政课教学的统一性要求,但统一性并不影响和排斥多样性。思政课建设多样性是在具体路径选择上的实事求是,突出体现在因地制宜、因时制宜、因材施教三个方面。所谓因地制宜,是指根据当地的实际情况,制定适当的措施。因,指依据;制,指制定;宜,指的是适当的措施。因时制宜,是指根据不同时期的具体情况,采取适当的措施。因材施教,是指在教学中根据不同学生的认知水平、学习能力及自身素质,教师选择不同的教学内容和方法开展教学活动,更好地满足学生的个性化需求,更好地服务于学生全面成长成才的需要。

(三)系统的德育实践路径

习近平指出："要坚持理论性和实践性相统一,用科学理论培养人,重视思政课的实践性,把思政小课堂同社会大课堂结合起来。"[2]强调了道德品质的培育不仅要加强理论灌输,不断提升道德认识、陶冶道德情感,培育道德行为,还应形成具有系统性、综合性、体验性特点的道德行为能力的实践经验与范式。为此,学校、家庭、社会都应肩负起立德树人的责任,努力构建相互衔接、同向互动的育人大系统。

发挥好学校教育的主阵地作用。一是发挥好思政课的主渠道作用。反复强调"思政课是落实立德树人根本任务的关键课程",其作用不可替代,在大中小学循序渐进、螺旋上升地开设好思政课。在内容上,进一步突出理想信

---

[1] 习近平:《用新时代中国特色社会主义思想铸魂育人 贯彻党的教育方针落实立德树人根本任务》,《人民日报》,2019年3月19日。

[2] 习近平:《用新时代中国特色社会主义思想铸魂育人 贯彻党的教育方针落实立德树人根本任务》,《人民日报》,2019年3月19日。

念教育、社会主义核心价值观教育、中华优秀传统文化教育和加强劳动教育等。二是要坚持全课程育人,全体教师均应担负起教书育人的职责,各类课程都应切实落实育人的根本任务,守好一段渠,种好责任田,与思政课同向同行。三是注重加强校园文化建设,形成浓厚的育人氛围。四是加强师德师风建设,既要做经师,也要做人师。五是各级党委要把高校思想政治工作摆在重要位置,加强领导和指导。

发挥好家庭在育人中的奠基功能。习近平强调:"家庭是社会的基本细胞,是人生的第一所学校。"①必须重视和发挥好家庭在立德树人根本任务中的奠基作用。一是强化家庭育人意识,给孩子讲好人生的第一课,在潜移默化中塑造美好心灵,培育家国情怀。二是用良好家风涵养道德。习近平多次强调:"要重视家庭建设,注重家庭、注重家教、注重家风。"②通过良好的家教、家风传承好中华民族道德传统。三是注重家校合作,同频共振、协调一致,形成育人合力。

发挥好社会育人的合力。强调以优秀文艺作品陶冶道德情操、发挥好各类阵地的道德教育作用、弘扬志愿服务精神推进志愿服务,以及适应时代和社会发展形势,更加注重发挥网络育人的正向功能等。

发挥好体制机制的保障作用。强调要深化教育体制改革,不断健全立德树人落实机制。坚持德智体美劳五育并举,推进素质教育的长效、健康发展。建立学校各级各类人员育人工作标准和规范,将育人责任的履行和承担纳入考核评价体系,更加注重师德师风建设。制定和完善协同育人制度机制,调动各方力量,形成良好互动的"三全"育人格局。

---

① 《习近平关于全面建成小康社会论述摘编》,中央文献出版社,2016年,第121页。
② 习近平:《在2015年春节团拜会上的讲话》,《人民日报》,2015年2月18日。

第四节　西方思想家关于道德教育的思想

西方与我国意识形态存在较大差异,他们主张个人主义而非集体主义,因此,在德育观方面,特别是在处理社会与个人之间的关系时,更加强调个体价值。英文 School(学校)源于意为"休息""空闲"的希腊语 Skhole。充分说明,起初的学校教育只是满足一部分摆脱了劳动束缚的贵族的一种特权。而到了封建社会,学校教育又蒙上了浓厚的宗教色彩。德国教育学家赫尔巴特提出了"德育的唯一整体"这一重要命题,他认为所有的教育都应围绕"如何培养完善的人"这一最根本问题展开。美国学者科尔伯格认为,道德教育的根本目的是提高学生们的思维水平,以学生思维水平的提高促进道德认知的有序发展和道德水平的渐进提高。杜威从心理和社会层面提出学校的道德教育应坚持"儿童中心、经验中心、活动中心",并从经验哲学角度谈德育。罗杰斯、班杜拉、艾里克森等则分别从人本主义角度、行为主义心理学角度和精神分析心理学角度出发研究道德教育。不难看出,西方学者在论及德育时,更加注重内在的理论支撑,强调从某些关键因素出发开展德育教育工作,而在系统性上有所欠缺。

一、赫尔巴特的德育思想

约翰·弗里德里希·赫尔巴特(1776—1841),19世纪德国哲学家、心理学家,科学教育学的奠基人。其教育思想具有非常巨大、广泛而又深远的影响,被誉为"科学教育学的奠基人""教育科学之父""现代教育学之父"。代表作《普通教育学》被公认为是第一部具有科学体系的教育学著作。赫尔巴特作为一位耳熟能详的教育家,提出了许多新颖独特的德育见解,对我国的道德教育产生了广泛的影响。今天,当我们重新审视赫尔巴特道德教育理论的时候,不仅可以进一步理解其道德教育思想的理论基础,把握其道德教育的最高目的和手段,而且还可以充分发挥他的理论价值,将其思想精华为我国所用,为我国的德育工作提供借鉴和指导。

(一)道德教育的伦理学基础

在哲学上,赫尔巴特十分推崇莱布尼兹的"单子论"观点。莱布尼兹认为,有体积的东西不能成为真正的、单纯的东西。如果我们承认最终的存在就是实体,它的元素是一些原子,但那是没有体积的原子,也就是无形的原子,称之为"单子"。如何证明单子的存在呢?他认为最好的方法是回到人类的内在经验,人的自我是提供这个单子的最好说明。譬如我了解自我,这个自我是一个精神体,是单一的、不可分割的,是一个无形单子的模型。赫尔巴特强调,每个人不仅应有内心自由、完善、仁慈、正义和公正等五种道德观念,而且认为它是巩固世界秩序的永恒真理,是维持现存世界秩序的道德标准。不过,赫尔巴特的五种道德观念是服从和服务君主专治统治秩序的。

(二)道德教育的心理学基础

赫尔巴特认为,人的灵魂是脱离肉体而独立存在的客观实在。灵魂通过肉体接受外在信息而产生观念,而观念是人的心理活动的最基本要素,由各种观念的相互作用形成了概念、判断和推理等。同时赫尔巴特提出了"意识阈"的概念,认为当时支配着人的意识的观念是存在于"意识阈"以上的观念,处于"意识阈"以下的那些观念,则是被抑制的"下意识"。赫尔巴特认为,任何一种心理现象都是观念活动的结果,新的观念是在过去经验的基础上得到补充并唤起原有的观念而形成的,所以,统觉理论是赫尔巴特道德教育理论的重要依据之一。

(三)道德是教育的最高目的

赫尔巴特认为,教育的任务是以五种道德观念为主要内容,努力形成学生完美、善良的道德品质。教育的目的在于借助知识的传授,使受教育者成为具备五种道德观念的人。基于此,他将道德性格分为积极的、消极的两个部分,并指出,积极的道德性格与消极的道德性格是相互贴近的,提倡人应该对自己的举动进行判断,不断促进和培育积极的道德性格。教育者的作用正是在此处彰显作用,即德育应注重在学生的心灵中培养起明智及其适宜的意愿来。赫尔巴特认为,应把道德看成生活的本身,而不是将之视为一种约束。

(四)管理、教育性教学和训育的道德教育手段

赫尔巴特将道德教育手段区分为管理、教育性教学和训育三种。三种手段既有区别又有联系,在儿童的道德养成方面发挥着不同的功能。其中,管理以抑制儿童的意志为主;训育则重在引导儿童,培养儿童的意志;教育性教学旨在培养儿童的多方面兴趣,发展儿童的多方面能力,间接地对儿童的心灵产生影响。赫尔巴特指出,管理是教育的首要条件。他特别提倡管理过程中应努力做到温和与强硬相结合,认为应根据儿童的生长发育的不同阶段合理安排活动,让儿童乐于参与其中,排除从中产生的不安,限制运用监督中的各种命令与禁忌,避免由此引发的压力。倡导慎用体罚,避免造成儿童对于活动的畏惧。

二、科尔伯格的道德发展水平理论

劳伦斯·科尔伯格(Lawrence Kohlberg,1927—1987),美国儿童发展心理学家。他继承并发展了皮亚杰的道德发展理论,着重研究儿童道德认知的发展,提出了"道德发展阶段"理论,在国际心理学界、教育界引起了很大反响。

科尔伯格认为道德发展会经历三个水平,并把它们进一步细分为六个阶段(见下表)。处于最低水平——前习俗道德(preconventional morality)水平(即阶段1和阶段2)的人,会遵循以惩罚或奖励为基础的严格规则。

在接下来的习俗道德(conventional morality)水平(即阶段3和阶段4)中,人们会以负责任的社会好公民的身份来处理道德问题。

最后发展到后习俗道德(postconventional morality)水平(即阶段5和阶段6)的个体会超越他们所处的特定社会规则,而考虑更为广泛的普遍道德原则。

表1 科尔伯格的道德推理序列

水平	阶段	赞同偷窃样例	反对偷窃样例
水平1 前习俗道德 处于这个水平的个体会从获得奖励和逃避的角度来考虑其具体的利益	阶段1 服从和惩罚取向:在这一阶段,人们坚持规则是为了避免惩罚,人们会为自己的利益而服从规定 阶段2 奖赏取向:在这一阶段,人们会为了自己的利益回报而遵守规则	你不能让你的妻子死去。人们会谴责你没有做到最好,也会谴责那个科学家没有将药品廉价卖给你 即使你被捕了,陪审团也会理解你的,并将会给你一个较轻的处罚。同时你的妻子还能活着。如果在偷到药之前就被发现了,你可能仅需要把药还回去就行了,并不会受到处罚	你不应该偷药,因为你可能会被抓住并送进监狱。即使你没有被捉住,你的良心也会感到有罪,你将总是担心警察可能会查出你到底做了什么 你不应该偷药,因为你并不需要为妻子的癌症负责。如果你被捉了,妻子会死掉,那么你也会被送进监狱

续表

水平	阶段	赞同偷窃样例	反对偷窃样例
水平2 习俗道德 这个水平上，社会成员间的关系变得重要起来。人们会以一种能够得到他人认同的方式来行动	阶段3 "好孩子"道德：人们想要赢得别人的尊重，并做出别人所期望的事情 阶段4 权威和维持社会秩序性的道德：这个阶段中，人们会认为只有社会本身才能定义什么是对的，遵守社会规则本身就是正确的	假如你偷的是用来救命的药，谁又能责怪你什么呢？但是如果你让妻子死掉了，那你在家人和邻居面前就再也抬不起头了 一个合格的丈夫应当对他的妻子负责。如果你想过一段磊落的生活，你就不应该让对结果的害怕阻止自己挽救妻子。如果你希望能安然入睡，你就必须去挽救她	如果你偷了药，所有的人都会像对待罪犯一样对待你，他们会想，为什么你不能想出其他方法来挽救你妻子的性命 你不应让对妻子的关心掩盖自己的判断能力。现在看来偷药可能是正确的，但是之后你就会因为违反了法律而生活在悔恨之中
水平3 后习俗道德 在这个水平上，人们认为确实存在着一些道德原则或典范在指导着我们的行为。这些原则或典范相对于特定的社会规则来说更加重要	阶段5 契约的、个人权利的以及大众接受的法律性道德：在这个阶段中，人们对遵守社会认同的规则具有一种义务感。但是随着社会的发展，规则也需要不断地更新，以使得社会原则能够反映潜在的社会变化 阶段6 个人原则和良心的道德：在这个阶段，人们将法律视为对普遍道德原则的详细描述。个体必须在面对自己良心的同时对这些法律进行检验，而事实上良心尝试表达的却是一种对原则的直觉	如果你仅是遵守法律，你将会违背挽救妻子生命的潜在原则。如果你真的偷了药，整个社会也会理解你的做法并尊重你。你不能让一项过时的法律来阻止你去做正确的事情 如果你让妻子死去了，你可能遵守了法律字面上的要求，却违背了存在于自己良心内部的关于拯救生命的普遍原则。你将永远责备自己，因为你遵守的是一项并不完美的法律	规则代表了整个社会对行为的道德性思考。你不应该让这短时的情绪冲动干扰到更长久的社会规则判断。如果你偷了药，社会将会对你做出消极的评价，最后你也将失去自尊 如果你成了一个小偷，你将受到自己良心的责备，因为你将自己对道德问题的理解凌驾于法律的正当规则之上。这样你就背叛了自己的道德标准

尽管科尔伯格的理论为道德判断的发展提供了很好的解释,但该理论与道德行为之间的关系相对较弱。且其理论的实践基础局限于对西方文化的观察分析,所以也受到大量的批评和质疑。事实上,跨文化的研究发现,处在工业化程度较高、技术更为先进的文化中的个体,比非工业化国家的成员,能更快地通过这些阶段。在工业化程度较低的区域,道德的形成可能更多是基于人与人之间的关系。简言之,在不同的文化中,道德的性质可能是不同的,所以科尔伯格的理论更适合西方文化。

三、杜威的经验哲学德育理论

约翰·杜威(John Dewey,1859—1952),美国著名哲学家、教育家、心理学家,实用主义的集大成者,也是机能主义心理学和现代教育学的创始人之一。他建造了实用主义的理论大厦。著作丰硕,涉及科学、艺术、宗教伦理、政治、教育、社会学、历史学和经济学诸方面,使实用主义成为美国特有的文化现象。

杜威的经验主义道德教育理论,主要根源于他作为实用主义的代表人物,主张"没有教育即不能生活""生活就是发展,而不断发展,不断生长,就是生活",他认为最好的教育就是"从生活中学习、从经验中学习"。这也就是我们所说的——教育即生活、教育即生长、教育即经验的不断改组与改造。除此以外,还提出学校应该"成为一个小型的社会,一个雏形的社会"。在学校里,应该把现实的社会生活简化到一个雏形的状态,应该呈现儿童的社会生活。这部分也就是我们所说的——学校即社会。

杜威还认为,教育是"生活""生长""经验的改组与改造",这是一个循序渐进的积极发展过程,而教育目的就存在于这个过程中。他提到生活是为了更丰富、更完美的生活,教育是为了更丰富、更完美的教育,不能在生活与教育之外施加任何的目的。这也就是杜威持有的"教育无目的论"的观点。杜威认为,一切教育的最终目的,都是为了实现儿童的社会化。他的这些主张在德育上同样体现出来,因此他提出了社会化的德育方式,力求把学校建设成为一个雏形的社会,培养学生的社会协作精神和有效参与社会生活的能力,使学校生活成为社会生活和儿童生活的结合点。

杜威的"在做中学"主张道德源于经验,只有从经验中获得的知识才具有道德意义,实施德育的方式应当是活动式的,而非灌输式的。杜威认为,"从做中学"也就是"从活动中学""从经验中学"。这种观点是符合儿童发展的,是有助于儿童的生长与发展的。

杜威深刻地批判了传统道德教育的低效。他认为传统的德育停留在抽象道德观念的讲授,学生只能被迫地接受关于道德的概念,却无法理解其背后的内涵,更谈不上在实践中的转化和运用。在对传统的灌输式的德育方式批判的基础上,杜威提出了启发式的道德教育模式。他主张教师和学生通过探究、商量、讨论的过程,使学生形成道德观念。教师可以在教学中设计现实情境和两难问题,激发学生的讨论与思考,从而提高学生道德思维和判断能力的水平。杜威认为,好的教学必须能唤起儿童的思维。作为一个思维过程,具体分成五个步骤,分别是创设疑难情景、确定疑难所在、提出解决问题的种种假设、推断哪个假设能解决这个困难、验证这个假设。

综上所述,道德教育是一个历久弥新的永恒课题。无论东方、西方,无论古代、现在,一批又一批哲学家、思想家从所处的社会环境出发,阐述了他们对道德的思考和探索,不断丰富着道德教育的理论体系。尽管时移世易,先哲们的诸多精深论述对我们开展网络空间道德教育仍有不可或缺的价值。

第三章 大学生网络空间道德教育的原则、目标、内容与方法

大学生网络空间道德教育需要遵循一定的原则,明确一定的目标,规定相应的教育目标、内容,又要讲究教育方法的应用。大学生网络空间道德教育的原则是大学生网络空间道德教育在教育过程中所遵循的基本行为规范和准则。大学生网络空间道德教育的目标确立和内容规范需符合新时代公民网络道德规范的基本要求,既符合党和国家关于新时代公民网络道德规范的时代要求,又符合大学生网络空间道德教育的实践要求。大学生网络空间道德教育的方法是思想政治教育者为实现对大学生网络空间道德进行正向引导所实行和采取的思想方法和工作方法的总和。大学生网络空间道德教育原则的确立和教育目标的实施、教育内容的设计与教育方法的选取,既要符合新时代党和国家关于大学生道德建设的新要求,也要具体分析新时代大学生道德行为规范在网络空间中呈现的新阶段特征。新时代大学生网络空间道德教育目标、内容环境的发展决定了其原则与方法的创新性发展,充分体现了大学生网络空间道德教育的系统性、协同性、规律性、层次性、时代性、价值性等特征。

第一节　大学生网络空间道德教育的基本原则

大学生网络空间道德教育的基本原则，是指在大学生网络空间道德教育过程中，规范大学生道德行为，形成大学生网络空间道德的正确认知、强化大学生网络空间道德责任、塑造风清气朗的网络空间必须遵循的基本原则，是依据思想政治教育学的客观规律，在总结大学生网络空间道德教育实践经验基础上而形成的基本行为准则和具体标准规范，具有系统性、整体性、层次性、时代性等特征。大学生网络空间道德教育的基本原则对其内容、目标具有决定作用，对大学生网络空间道德教育活动具有规范和引导作用，能够保证高校坚持以大学生成长成才为主要目标，牢固树立以立德树人为教育目标的理念，坚持把教育目标贯穿大学生网络空间道德教育的始终。

一、主导性与多样性统一的价值引领原则

主导性与多样性统一的价值引导原则反映了大学生网络空间道德教育内容和基本要求，体现了大学生网络空间道德教育的本质特征。"在网络空间视域下，高校意识形态思想建设要把握好主导性与多样性的关系。"[1]二者共同作用交叉融合后形成了大学生网络空间道德教育的价值引领原则。明确主导性与多样性相统一的原则，具体分析主导和多样的内涵，从二者内涵界定去具体分析主导性与多样性的具体表现。所谓主导，是指大学生网络空间道德教育的内容明确了道德教育的具体要求和方向，属于大学生网络空

---

[1] 李营辉等：《网络空间视域下高校意识形态建设辩证关系探赜》，《黑龙江高教研究》，2021年第5期。

第三章　大学生网络空间道德教育的原则、目标、内容与方法

间道德教育的主导部分,充分体现了大学生网络空间道德行为和价值规范。所谓多样,是指大学生网络空间道德教育的要求,继承、借鉴、发展中外关于网络道德教育及相关理论知识的典型经验,借鉴吸收了国内外优秀的网络道德教育相关理论知识,反映了大学生网络空间道德教育的包容多样性。

主导性与多样性的内涵阐释,能够明确体现主导性与多样性相统一的原则。"坚持主导性和多样性相统一,是马克思主义方法论的一个重要内容。"[①]从主导与多样的内涵能够具体分析大学生网络空间道德教育的本质要求和内容。另外,主导性与多样性是相辅相成、相互联系的,这就要求把大学生网络空间道德教育内容主导性和多样性相结合起来。第一,坚持以主导性为逻辑起点。在具体设置和选择大学生网络空间道德教育内容时,注重坚持以主导性为前提条件,具体明确大学生网络空间道德教育的目标、要求与方向。大学生网络空间道德教育内容的主导性具有可变性,随着党和国家关于网络空间道德建设的新要求而不断完善和优化。第二,坚持主导性与多样性并举。在大学生网络空间道德教育过程中,坚持以主导性为前提条件的基础上更应坚持多样性,作为大学生网络空间道德教育内容、目标等有益拓展,又要避免大学生网络空间道德教育内容的单一。第三,注重在多样性中坚持主导性。随着时代发展和进步,科学信息文化等不断快速发展和进步,大学生网络空间道德教育的内容也应随时代发展而不断拓展,丰富和完善大学生网络空间道德教育的内容体系,在坚持教育内容多样性的基础上,确保大学生网络空间道德教育的主导性。

主导性和多样性相结合的价值引领原则体现了大学生网络空间道德教育的本质要求。大学生网络空间道德教育最显著的特点是具有意识形态性。

---

① 李江静:《建构互联网主流意识形态话语权的基本原则探析》,《思想理论教育导刊》,2017 年第 10 期。

"思想政治教育工作应坚持主导性与多样性相结合的原则。"[①]不同国家、不同社会进行的大学生网络空间道德教育，都具有显著的意识形态性，统治阶级会根据社会形态、社会制度等相应地采取各种方式与方法对大学生进行道德引导与规范。新时代大学生网络空间道德教育坚持主导性与多样性统一的价值引领原则，应将社会主义核心价值观贯穿大学生网络空间道德教育始终。大学生网络空间道德教育具有意识形态多样性特征，当前大学生正处于成长成才的关键时期，而我国正处于中国特色社会主义进入新时代的时代背景，面临时代变化、社会转型、思想多元化挑战，最为凸显的是各种社会思潮涌入社会，元宇宙、互联网、人工智能等新技术手段不断更新与换代，导致各种不良社会思潮和观念涌入社会，促使新时代大学生存在价值取向多元化等问题。

二、理论性与实践性统一的认同内化原则

理论性与实践性相结合的原则是马克思主义最基本的原则之一，体现了理论与实践相统一。大学生网络空间道德教育本质在于以毛泽东思想、邓小平理论、"三个代表"重要思想、科学发展观、习近平新时代中国特色社会主义思想为指导，尊重大学生成长成才规律，以完善大学生网络空间道德认知、培育大学生网络空间道德情感、强化大学生网络空间道德责任、规范大学生网络空间道德行为为教育目标，坚持新时代思想政治教育理论，不断指引大学生树立崇尚的网络空间道德。"道德素养的形成与提升需要一个'教化—内化—外化'的转换，客观上需要理论性与实践性的统一。"[②]理论性

[①] 巩茹敏：《从文本透视习近平思想政治教育工作的原则方法》，《哈尔滨工业大学学报》（社会科学版），2017年第5期。

[②] 刘春玲：《大学生公民道德建设问题及对策》，《黑龙江高教研究》，2021年第4期。

与实践性相统一的认同内化原则,不仅是新时代思想政治教育理论遵循的基本原则,也是大学生网络空间道德教育发展实践的基本原则。

大学生网络空间道德教育的理论性。理论性是大学生网络空间道德教育的内在特质之一,贯穿大学生网络空间道德教育的始终,表现为大学生网络空间道德教育需要依托科学理论。首先,大学生网络空间道德教育要明确教育目标。《新时代公民道德建设实施纲要》[①]对大学生网络空间道德教育的具体要求、重点任务作了明确阐述,即提出了教育目的为抓好重点群体的教育引导,重点任务是抓好网络空间道德建设。从学理上解答了大学生网络空间道德教育本质在于"如何培养人"的关键问题。其次,大学生网络空间道德教育需要进行理论知识的灌输,用科学理论引导大学生树立正确的网络空间道德风尚,学校作为大学生网络空间道德教育的重要阵地,要积极、正确引导大学生在网络空间中树立正确的道德取向。

大学生网络空间道德教育的实践性。大学生网络空间道德教育本质上是一种实践性活动,这说明大学生网络空间道德教育的理论来源于大学生网络道德实践。习近平指出,"道不可坐论,德不能空谈。于实处用力,从知行合一上下功夫,核心价值观才能内化为人们的精神追求,外化为人们的自觉行动"[②]。第一,大学生网络空间道德教育的实践性体现在其教育实施过程中,大学生网络空间道德教育的教育方式在大学生网络空间道德实践中不断进行优化与调整,大学生网络空间道德教育的教育内容要贴近大学生实际生活,大学生网络空间道德教育的教学载体要在教育实践过程中逐步多样化。第二,大学生网络空间道德教育的实践性体现在教育目的上。具体来讲,大学生网络空间道德教育的目的就是塑造与培育大学生文明自律网络行为,深化大学生网络空间道德的教育引导,丰富大学生的网上道德实践。

---

① 《新时代公民道德建设实施纲要》,新华网,2019 年 10 月 28 日。
② 《习近平谈治国理政》(第一卷),外文出版社,2018 年,第 173 页。

新时代大学生网络空间道德教育研究

大学生网络空间道德教育的实践性更多强调的是大学生网络空间教育目的不仅是规范大学生网络空间道德行为，更是提升大学生在网络空间的明辨是非、分清善恶的能力。

大学生网络空间道德教育的理论性与实践性的统一关系。第一，大学生网络空间道德教育的理论性来自大学生网络空间道德教育实践，能够促进大学生网络空间道德教育实践的有序开展，如果缺乏科学的理论指导，大学生网络空间道德教育的实践就难以扎实有效推进。第二，大学生网络空间道德教育理论的理论性需要通过大学生网络空间道德教育的实践去检验，只有不断通过大学生在网络空间中进行网络道德实践，才能够具体检验大学生网络空间道德教育的理论性与实践性的统一。"理论性与实践性是公民道德建设的内在属性，理论的生命力要在实践中发展创新，实践要以理论为指导才能保证正确航向。"[①]大学生网络空间道德教育的理论性与实践性的认同内化原则更多强调的是大学生自我认同与内化，其需要遵循大学生网络空间道德教育的系统性与整体性，突出大学生网络空间道德教育的理论性，有针对性地指导大学生网络空间道德教育的实践。同时，大学生网络空间道德教育的过程和目标注重于大学生网络空间道德教育的实践性，旨在引导、规范大学生网络道德行为规范，促使大学生将网络空间道德教育的理论内化于心，外化于行。

理论性与实践性的统一是辩证统一的关系。大学生网络空间道德教育的理论是从大学生在网络空间道德的实践中来，只有理论联系实际，才能指导大学生网络空间道德的具体实践。马克思在《关于费尔巴哈的提纲》曾写道："全部社会生活在本质上是实践的。凡是把理论引向神秘主义的神秘东西，都能在人的实践中以及对这种实践的理解中得到合理的解决。"[②]大学生

[①] 刘春玲:《大学生公民道德建设问题及对策》,《黑龙江高教研究》,2021年第4期。
[②] 《马克思恩格斯选集》(第一卷),人民出版社,2012年,第135~136页。

在网络空间中表现出的道德行为本质上是实践的,这就说明只有大学生参与网络空间道德实践才能够具体地表现出来。理论性与实践性统一的原则是高校加强大学生网络空间道德教育的重要准则,促使大学生在网络空间道德的实践中深化对网络空间道德教育的认识,在理论的指导下不断加强大学生网络空间道德教育。

新时代大学生网络空间道德教育坚持理论性与实践性统一的原则,就是要遵循新时代大学生成长成才规律。以贴近生活、贴近大学生实际的活动为载体,以大学生学习、生活等校园环境为依托,以加强大学生网络空间道德为保障,引导大学生进行网络空间道德实践,树立正确、高尚崇德的大学生网络空间道德。

三、虚拟性与现实性统一的媒介行为原则

网络社会与现实社会之间具有复杂的矛盾,揭示出大学生网络空间道德教育的教学方法和手段应采取网上网下协同联动的必要性,即大学生网络空间道德教育既要坚持以现实社会的教育活动与管理活动为支撑,也要突破现实与网络社会的限制,坚持虚拟性与现实性统一的媒介行为原则,建立线上线下有机结合的教育理念与模式。"高校在互联网环境下开展思想政治教育,……都必须以现实社会为基础,将网络社会的虚拟性与现实社会的现实性有机结合起来,……更好地完成高校思想政治教育的目标和任务。"[①]

虚拟性与现实性的网络公共空间本质上是具有虚拟性的空间形态,无论是参与网络空间的教育客体大学生,还是参与大学生网络空间道德引导

---

① 鲍中义:《高校网络思想政治教育的发展历程、原则与进路》,《学校党建与思想教育》,2022年第3期。

的教育主体,根本在于网络空间的隐蔽性、模糊性导致大学生网络空间道德教育的复杂性。"虚拟性与现实性并不是网络道德与现实道德的本质区别,虚实的辩证性深刻地蕴含于网络道德与现实道德之中,具有不可分割的联系。"[①]网络空间的虚拟性导致了大学生网络空间道德教育的虚拟化,但大学生网络空间道德教育也具备现实性的特质。由于大学生在网络空间中表现出的道德实践行为、观念也会转化为现实实践的道德行为,这也能够体现出大学生网络空间道德教育具有虚拟性与现实性统一的教育原则。党的十八大以来,习近平关于网络空间治理提出了许多新思想、新论断,尤其是针对理论与现实问题等提出了许多新要求,从网络空间的虚拟性与现实性提出大学生网络空间道德教育要构建网上网下"同心圆"的新理念。

在新媒体构建的空间中坚持虚拟性与现实性统一的原则,这也决定了其具有媒介行为作用。"基于网络社会、网络意识形态和网民的虚实交融性,虚拟性和现实性贯穿并统一于网络意识形态领导权生成的全过程。"[②]虚拟的网络空间是无法离开现实社会的,大学生网络空间与现实社会是密不可分的,只有关注大学生在网络空间中的道德变化情况和现实道德情况,才能够不断加强大学生网络空间道德教育。构建新时代背景下大学生网络空间道德教育的新秩序,必须坚持从大学生网络空间道德观念等新变化中去具体分析,这就要求一方面要遵循现实社会的网络空间道德治理原则,另一方面也要遵循大学生的思想、行为、意识处于现实性与虚拟性统一的良性互动原则。"网络社会的虚拟也并非意味着不真实,网络虚拟世界仍然是以现实社会为基础的,它是现实世界在网络空间的延伸和变形。"[③]网络空间构建了一个虚拟世界,也成为大学生进行网络道德实践的主要场域。虚拟性与现实

[①] 奚冬梅等:《网络道德与现实道德的哲学关系辨析》,《学校党建与思想教育》,2013年第2期。
[②] 米华全:《网络意识形态领导权的内涵特征及机制构建》,《理论导刊》,2022年第2期。
[③] 米华全:《网络意识形态领导权的内涵特征及机制构建》,《理论导刊》,2022年第2期。

第三章　大学生网络空间道德教育的原则、目标、内容与方法

性的交织融合,滋生了诸多大学生在网络空间形成的道德观念、意志与行为。

　　大学生网络空间道德教育在教育实践过程中呈现出虚拟性与现实性相统一的原则。大学生作为网络社会与现实社会道德实践的参与者,其本质是借助虚拟的网络空间为教育场域进行网络社会实践活动。"网络空间的虚拟性给人们带来可供重复操作、有较大的创造空间的优势之外,其超现实性、匿名性也为道德的"虚无"提供温床。"[1]大学生网络空间道德教育是依托网络空间而形成的网络思想政治教育新形态,更是大学生网络道德教育的新形式。在大学生网络空间道德教育的教育活动中,网络空间的虚拟性使大学生进行现实世界的道德实践表现出道德行为具有一定的逃避性。在大学生网络空间道德教育过程中,要正确处理虚拟性与现实性等矛盾关系,努力"筑牢网络安全防线,提高网络安全保障水平"[2]。大学生在现实社会是现实的人,而在网络空间中是虚拟世界的网民用户,这也能够表现出大学生在现实社会与网络社会的双重身份,也是现实社会与网络社会关系的体现,更是与大学生密切相关的社会关系在网络社会中的拓展和延伸。大学生网络空间道德教育指的是在网络空间中加强大学生道德教育,无论是教育主体与教育客体,还是教育内容、教育形式的选取,都必须以现实社会的教育方式为基础,将网络社会的虚拟性与现实社会的现实性有机结合起来,用现实社会中的大学生道德教育方式去加强大学生网络空间道德教育,更好地完成大学生网络空间道德教育的目标和任务。

　　"网络世界内部虚拟性与现实性的矛盾、网络世界与现实世界的矛盾,二者之间既有联系又有区别。"[3]网络空间的虚拟性决定了大学生网络空间

---

[1] 王易等:《新时代网络空间道德建设的多维审视》,《思想理论教育》,2021年第3期。
[2] 《习近平谈治国理政》(第二卷),外文出版社,2017年,第382页。
[3] 张瑜:《网络思想政治教育研究:发展历程、问题与方法》,《思想理论教育导刊》,2016年第10期。

道德教育方法的虚拟性，用虚拟性的方法指导大学生网络空间道德教育。"网络意识形态是互联网上传输和承载的思想观念体系，这些思想观念在网络媒介中被发表、浏览、存储及传播，转而通过网民的现实行为和认知表达影响现实世界人们的价值体系建构。但网络意识形态的虚拟性又不是完全脱离现实的虚拟。"①坚持虚拟性与现实性统一的媒介行为原则，要求我们必须正确处理虚拟性与现实性的关系，加强线上与线下教育的方法，切实解决好虚拟空间与人的现实存在之间的矛盾，遵循网络空间的传播规律。在学校加强大学生网络空间道德教育过程中，一方面需要加强网络安全教育与法制教育，另一方面需要加强网络媒介素养教育，进一步明确网络的虚拟性与现实性并存的特性。坚持虚拟性与现实性统一的媒介行为原则是网络空间与现实空间交叉融合体现出的重要原则。大学生网络空间道德教育是虚拟的教育，更是现实空间反映出的在虚拟空间中进行的道德实践活动。

四、继承性和创新性统一的信息技术原则

新时代大学生网络空间道德教育在教育过程中，必须坚持继承性和创新性统一的信息技术原则，在弘扬与传承中国古代传统德育思想与马克思恩格斯德育的理念，并不断推动大学生网络道德教育的教学理念、方式与方法的基础上进行创新发展。"信息化时代，现实社会道德规范在网络环境下遭遇着范式转换，网络空间道德失范现象在不同范围内产生，其影响也随着媒体格局和舆论生态的变化而不断扩展。"②新时代大学生网络空间道德教育需要新的道德理念进行积极、正确引导，需要以习近平关于网络空间和道德重要论述为指导思想，与当前中国具体的网络空间道德的实际情况相结

---

① 李北伟等：《意识形态视角下网络舆情危机应对机制研究》，《情报理论与实践》，2018年第5期。
② 谷永鑫等：《论网络空间的道德治理》，《思想理论教育》，2021年第11期。

第三章　大学生网络空间道德教育的原则、目标、内容与方法

合,与时代发展的大学生网络空间道德教育要求相适应,既立足网络空间变化又凝聚着大学生在网络空间的道德共识,体现出了继承性和创新性统一的原则。

在大学生网络空间道德教育的建构中,我们必须要坚持中国传统教育思想的道德观,也要借鉴马克思恩格斯关于教育空间和道德的理论,实现国内外、传统与现代道德观的有机统一。"坚持正确原则是做好意识形态工作的前提,是坚持'继承性与创新性相结合'的前提性原则。"[1]只有适应网络空间的新变化,才能够构建继承性与创新性的大学生网络空间道德教育方式与手段。坚持继承性与创新性的统一对大学生网络空间道德教育是一项系统工程,必须依靠大学生道德自觉和内化教育的规律来实现。

新时代背景下,为了能够有序加强大学生网络空间道德教育,既要厘清大学生网络空间道德教育的发展脉络和本质内蕴,也要与时俱进,不断对大学生网络空间道德教育进行开拓创新,能够体现出继承性与创新性的辩证统一过程。大学生网络空间道德教育并不是短时期内形成的,而是随着网络空间的变化,在现实空间与网络空间的矛盾作用下而逐渐发展形成的。大学生网络空间道德教育是在大学生网络道德的长期实践中,始终遵循着大学生成长成才的规律而创新发展的。在新时代背景下,加强大学生网络空间道德教育,在教育方法上坚持继承性与创新性的统一,既要继承现实空间的道德教育思想,又要在教育方式和具体要求方面进行理论创新、实践创新,不断适应大学生网络空间道德教育的时代需求,以期实现大学生网络空间道德教育在实践拓展上有所突破,理论创新上的创新发展。

大学生网络空间道德教育是在对马克思主义关于教育空间和道德理论进行继承、发展和创新的基础上形成的,也是在大学生网络空间道德教育的

---

[1] 杨静逸:《习近平新时代意识形态工作观的三维阐释》,《学术交流》,2021 年第 8 期。

实践中不断创新发展形成的。大学生网络空间道德教育是大学生网络空间道德得以实践的场域,也是大学生网络空间道德教育实践活动的价值所在。任何事物都不是静止不变的,而是处于永不停息的运动、变化、发展之中,大学生网络空间道德教育也一直处于创新与发展之中。

坚持继承性和创新性统一的信息技术原则,能够体现出大学生网络空间道德教育的形成与演变,既是大学生网络空间道德教育理念、方式方法等创新的必然要求,也是大学生网络空间道德教育实践的必然结果。大学生网络空间道德教育的理念、原则、方法等与网络空间的发展变化一样,都处于不断地创新与变化过程之中,具有创新性和发展性的特征。对于大学生网络空间道德教育的继承性和创新性原则要有清晰的把握,也要在洞察分析大学生网络空间道德教育过程中坚持继承性和创新性统一的信息技术原则。坚持继承性和创新性统一的信息技术原则更多体现于大学生网络空间道德教育方法创新性与继承性。所谓方法,"就是人们在认识世界和改造世界的过程中,为达到预期目标的所采用的手段或方式"[①]。随着网络技术的不断进步与发展,网络空间已成为大学生网络空间道德教育的重要场所。从系统论进行具体分析得出,大学生网络空间道德教育方式作为一个复杂的系统存在,在结构层面不仅包括大学生网络空间道德教育的理念、方式、原则等理论知识结构系统,也包括大学生网络空间道德教育的方式等方法系统。大学生网络空间道德观念的变化与发展,需要大学生网络空间道德教育的理念、方式、目标、原则、载体等创新发展,通过不断创新大学生网络空间道德教育的教育方式,促使大学生网络空间道德教育得以加强。在传统的大学生网络道德教育过程中,我们更多采用的是还原论的大学生道德教育方式,而针对大学生网络空间道德教育,应坚持精细化的研究与分析,才能够保证大学生

[①] 《思想政治教育学原理》编写组:《思想政治教育学原理》,高等教育出版社,2016年,第244页。

第三章　大学生网络空间道德教育的原则、目标、内容与方法

网络空间道德教育的系统性与整体性。在新时代大学生网络空间道德教育过程中,我们既要对大学生网络空间道德教育从理论上加以把握,又要从网络空间的整体系统去分析,积极解决大学生网络空间道德教育实践中的问题,对其进行理论性解释。网络空间本身是随网络技术的进步而形成的新的空间,这也能够体现出大学生网络空间道德教育应坚持继承性和创新性相统一的信息技术原则。

五、政治性与社会性统一的思想塑造原则

政治性与社会性统一的思想塑造原则是大学生网络空间道德教育的重要原则之一。法国学者亨利·列斐伏尔认为:"空间是政治性的、意识形态性的。"[1]大学生网络空间道德教育是一种特殊的思想政治教育实践活动,具有鲜明的政治性与社会性,这也决定了在大学生网络空间道德教育过程中应坚持政治性与社会性统一的思想塑造原则。大学生加强网络空间道德教育具有价值引领、思想塑造的功能和行为规范的功能,作为一种政治与社会性相统一的教育活动,能够反映出大学生网络空间道德教育具有政治性与社会性统一的思想塑造原则。

政治性是大学生网络空间道德教育的重要特征之一。大学生网络空间道德教育是大学生网络空间意识形态的重要反映,其政治性也是大学生网络空间道德教育的重要特性。"网络空间的道德不仅涉及网络媒体道德素养和网民道德素质问题,同时关系国家主流意识形态安全建设。"[2]大学生网络空间道德教育的政治性意味着大学生在网络空间中具有一定的阶级性表达。坚持大学生网络空间道德教育的政治性就是坚持社会主义在网络意识

---

[1] [法]亨利·列斐伏尔:《空间与政治》,李春译,上海人民出版社,2008年,第124页。
[2] 张彦等:《新时代网络空间道德建设的前提、特征与路径》,《思想理论教育》,2021年第8期。

形态的主导地位。在大学生网络空间道德教育的实践过程中,从现实空间与网络空间的具体转化中,其教育目的规定了大学生网络空间道德教育具有政治性,政治性始终贯穿大学生网络空间道德教育过程之中,积极引导大学生的网络空间道德行为。因此,政治性是大学生网络空间道德教育的特有属性,也是新时代加强大学生网络空间道德教育的根本遵循。

网络空间的意识形态性具有其特有的属性,具体表现为社会性、政治性等意识形态特性。网络空间以特有的功能延伸与拓展了大学生道德教育的场域。网络空间独特的意识形态性使大学生网络空间道德教育具有复杂性。网络空间与现实生活空间共同存在的道德规范问题,其本质在于是否需要对大学生的网络空间道德行为进行正确与积极引导。作为网络行为主体的大学生,其道德失范问题日益凸显,加之网络空间已成为高校加强大学生网络空间道德教育建设的重要场所、重要阵地,这就迫切需要加强大学生网络空间道德教育。马克思恩格斯对道德作出了具体的理论阐释,认为道德是意识形态,从观念角度来讲,是属于上层建筑的方面。这也能够体现出加强大学生网络空间道德教育不仅具有政治性,而且具有社会性的特性。

社会性根源于大学生这一特殊的教育对象,要加强大学生网络空间道德教育逃脱不了现实生活空间,这也决定了加强大学生网络空间教育必须坚持社会性这一基本特性。网络空间的政治性体现着社会性,大学生在现实生活空间表现出的各种道德行为与认知行为,相应地在网络空间中也表现出同质的道德行为。大学生网络空间道德教育需要一定的社会舆论及传播手段对大学生网络空间道德行为进行积极引导,并且社会性更多强调的是大学生网络空间教育的理念、原则、方法等与社会要素是密切相关的。具体来讲,对于大学生网络空间道德教育的方法与内容选取要贴近生活,与大学生实际情况相适应。

大学生网络空间道德教育是大学生网络空间道德素养提升的重要手

段,也是高校意识形态建设的重要环节。积极引导大学生网络空间道德行为规范既是加强大学生网络空间道德教育的内在要求,也是加强高校网络空间道德建设的必然要求。目前,伴随着网络信息技术的快速发展,各种西方不良社会思潮在网络空间中滋生了诸多非社会主义主流意识形态安全问题。作为社会主义国家,坚持社会主义发展方向,就是要在加强大学生网络空间道德教育过程中,坚决抵制道德虚无主义,要以社会主义核心价值观等主流意识形态引导大学生树立正确的道德取向。

六、融合性与开放性统一的行为规范原则

融合性与开放性统一的行为规范原则是大学生网络空间道德教育的重要原则之一。网络空间道德建设是大学生网络空间道德教育的重要依托。"网络空间中的信息流通是开放的、双向的,具有交互性的显著特点。"[1]网络空间具有交互性、开放性等特征,对大学生网络空间道德教育提供了重要场域。"网络的开放性决定了高校网络思想政治教育无论是理论灌输还是实践活动都不能是封闭的,而应是面向教育对象、面向学科、面向社会、面向世界开放的。"[2]随着社会发展的变化,现实生活空间逐步向网络空间时代转型,进一步促进大学生在网络空间形成道德观念与道德实践行为。由于大学生群体受网络空间的交互性与开放性特征的影响,大学生网络空间道德失范行为也日益凸显。在网络空间的新空间形态中,大学生的道德观念与行为认知在网络空间的交互性与虚拟性的影响下也变得越来越复杂。网络空间的开放性和交互性,促使大学生网络空间道德教育具有复杂性、时效性和动态

---

[1] 周中之:《新时代网络空间道德建设的守正创新》,《中州学刊》,2021 年第 3 期。
[2] 鲍中义:《高校网络思想政治教育的发展历程、原则与进路》,《学校党建与思想教育》,2022 年第 3 期。

性,一些在网络空间形成的不良言论,使大学生网络空间道德教育面临较为严峻的挑战。因此,在加强大学生网络空间道德教育的教育过程中,以立德树人理念为指导思想,以培育大学生文明自律网络行为为着力点,重点关注大学生网络空间道德教育的教育主体与教育客体的交互性,不断推进大学生网络空间道德教育有序进行。

融合性是网络空间中最显著的特性之一。网络空间传播的信息是开放的,是双向互动的,教育主体与教育客体的道德实践活动在网络空间中也随其开放性而不断发展变化。从现实生活空间来讲,教育主体与教育客体的道德实践行为互动较少,网络空间的交互性促使教育主体与教育客体之间的互动性具有即时性与时效性等特征。大学生网络空间道德教育的融合性主要体现在大学生网络空间道德教育在网络空间的融合性,以及其教育者和受教育者在网络空间中的融合。与传统网络道德教育不同,大学生网络空间道德教育的方式、方法等与现实传统网络道德教育理念、方式等进行融合。

在加强大学生网络空间道德教育的过程中,其教育内容更多是以线上线下大学生网络空间道德教育的内容为着力点。进入新时代,大学生网络空间道德教育的内容建设要求深化网络空间道德引导,加强网络空间道德治理,与传统网络道德治理不同的是新时代大学生网络空间道德教育的内容更具时效性与时代性,更具有融合性。"网络空间随着信息技术应用的社会化飞速发展,尤其是在建设'数字中国'背景下,网络社会规模日益扩大,与现实社会融合性进一步增强。"[①]推动新时代大学生网络空间道德教育,应坚持现实空间与网络空间的融合,构建新时代大学生网络空间道德教育的新格局。大学生网络空间道德教育的理念、方法,无论在现实空间还是网络空间都有诸多重叠和相互关联的内容。作为与其他教育形式不同的大学生网

---

① 王成豪等:《社会治理评估的反思与重塑——基于场域结构转型的视角》,《河北学刊》,2022年第3期。

第三章　大学生网络空间道德教育的原则、目标、内容与方法

络空间道德教育,其教育主体与教育客体在网络空间的道德行为实践是有重叠、融合的。"网络空间中的身体空间则体现出多元融合性、群体整合性、经验联结性、时空嵌入性。"[①]在加强大学生网络空间道德教育的过程中,教育者借助网络信息技术,能够即时、有效地对大学生网络空间道德行为进行正向引导。因此,大学生网络空间道德教育应坚持融合性的原则,其根本在于教育者与受教育者之间是交叉融合、密不可分的。

　　大学生网络空间道德教育面临的最为严峻的问题是,如何在新时代背景下有效应对全球化背景下有效应对网络信息技术的迅速变化发展,如何在开放性的网络空间中有序推进大学生空间道德教育,以及如何以社会主义核心价值观等主流意识形态引导大学生培育积极向上的网络空间道德行为。在当今网络信息快速发展的时代,网络空间的开放性打破了传统的现实生活空间的教育场所。网络空间作为新的空间形态,其本身的开放性对大学生网络空间道德教育提出了更高要求。党的十八大以来,党和政府高度重视加强网络空间道德治理,尤其是提出了《新时代公民道德建设实施纲要》,对加强大学生网络空间道德教育提出了一系列基本要求和具体内容。新时代背景下,加强大学生网络空间道德教育,坚持融合性与开放性统一的行为规范原则是必然的,融合性与开放性统一是对社会发展的多样性的现实反映,也是坚持现实传统道德教育方式与网络空间道德教育方式相结合的内在要求。坚持融合性与开放性统一的行为规范原则符合大学生网络空间道德教育的治理规律,也符合大学生成长成才的规律。

---

① 董运生等:《空间认知的四个维度:以身体空间研究为例》,《福建师范大学学报》(哲学社会科学版),2020年第6期。

第二节　大学生网络空间道德教育目标

大学生网络空间道德教育的目标是把握教育者与教育关系互动交流与对话的重要环节,有利于具体推动大学生网络空间道德教育的实践活动。新时代大学生网络空间道德教育目标是思想政治教育者对大学生进行网络空间道德行为规范的基本遵循。新时代大学生网络空间道德教育的目标应随时代发展而不断变化,与其他历史阶段相比,更具有时代性、系统性、层次性等特征。大学生网络空间道德教育目标反映了其道德取向,规定了大学生网络空间道德教育的内容、原则、方法、途径,也是加强大学生网络空间道德教育的重要依据。大学生网络空间道德教育的目标是联结教育者与受教育者之间的重要纽带,是建构大学生网络空间道德教育之间互动的桥梁,对加强大学生网络空间道德教育是相当重要的。

大学生网络空间道德教育目标是大学生网络空间道德教育目的的具体化。大学生网络空间道德教育目标的确立要立足实际,贴近大学生生活,基于大学生网络空间道德教育目的进行整体设计与规划,要定位清晰,具有可操作性。大学生网络空间道德教育目标是大学生网络空间道德教育的出发点和落脚点,是开展大学生网络空间道德教育实践活动的基本前提,在大学生网络空间道德教育全过程中发挥导向、激励等作用。大学生网络空间道德教育目标按照不同标准、不同类型进行划分,主要分为两个层次的目标:根本目标、具体目标。根本目标强调的是培养时代新人。具体目标是根本目标在不同层次上的具体要求,主要包括完善大学生网络空间道德认知、培育大学生网络空间道德情感、强化大学生网络空间道德责任、规范大学生网络空间道德行为、形成大学生网络空间良好道德风尚。

第三章　大学生网络空间道德教育的原则、目标、内容与方法

一、大学生网络空间道德教育目标的确立依据

大学生网络空间道德教育目标为以人的全面发展理论、党和国家关于加强网络空间道德建设要求、大学生成长成才规律为确立依据。新时代大学生网络空间道德教育既要强调以培养民族复兴大任的时代新人为出发点，又要强调德智体美劳全面发展的社会主义建设者和接班人。这一目标随新时代的变化而发展，要深刻认识与明确大学生网络空间道德教育目标的本质特征，需要明晰这一目标的客观依据。

（一）以马克思主义关于人的全面发展理论为根本依据

马克思主义的人学理论是大学生网络空间道德教育目标确立的理论前提。基于历史复杂性分析和时空条件方法分析，在马克思主义理论产生之前，诸多思想家关于人的本质阐释与理解，更多强调人性、经验直观表达、先验理性，这些更多是以唯心史观和形而上学的方法进行的。马克思在对批判唯心史观基础形成了唯物史观，认为："人的本质不是单个人固有的抽象物，在其现实性上，他是一切社会关系的总和。"[1]大学生网络空间道德教育本质上是人在网络空间中所进行的道德实践，更多强调的是大学生在进行网络交往，参与现实生活中所表现出来的道德形态。

马克思关于人类社会发展的规律对大学生网络空间道德教育目标的确立具有关键性作用。人类社会发展历程证明，随着社会发展与进步，生产力与科学技术的不断进步，尤其是新时代互联网发展、元宇宙、人工智能等新型科学技术的进步，对大学生网络空间道德教育提出了新要求。新时代背景

---

[1]《马克思恩格斯选集》(第一卷)，人民出版社，2012年，第135页。

下,随着科学信息技术的不断进步,网络空间技术的深化改革,对大学生群体的各方面素质提出了新的要求,大学生网络空间道德素质是大学生全面发展的重要体现。因此,新时代大学生网络空间道德教育需要积极引导大学生在网络空间中树立健康向上的高尚道德风尚。

马克思在探索"人的本质"这一命题时逐渐形成了"人的自由全面发展学说"。为对其进行系统的学术史梳理,列表分析如下:

表2 "人的自由而全面发展学说"形成过程

序号	主要观点	出处	备注
1	批判了鲍威尔把犹太人解放归结于宗教的观点,提出人类解放的思想	《论犹太人问题》,《马克思恩格斯全集》(第3卷)(第二版,以下同),人民出版社,2002年,第163~198页	1843年
2	宗教的存在是人自我意识的丧失,是对人思想的扼杀	《黑格尔哲学的批判》,《马克思恩格斯全集》(第1卷),人民出版社,2002年,第245~404页	1843年
3	人是有自我意识的现实存在物,批判了机器化大生产对人的扭曲	《1844年经济学哲学手稿》,《马克思恩格斯全集》(第3卷),人民出版社,2002年,第271~365页	没有把人看作社会历史的人
4	批判了费尔巴哈关于主观能动性的错误,指出人的本质是一切社会关系的总和	《关于费尔巴哈的提纲》,《马克思恩格斯全集》(第3卷),人民出版社,2002年,第3~8页	1845年
5	消灭私有制,丰富和发展人类的物质生活,实现人自由而全面的发展	《德意志意识形态》,《马克思恩格斯全集》(第3卷),人民出版社,2002年,第134~265页	该学说的理论体系基本形成

可以看出,马克思"人的自由全面发展学说"经历了长期的探索过程,其主要论点包括:第一,人的发展经历了人的依赖性、人的独立性、人的个性自由这三个阶段,三者的内在逻辑是前者是后者的基础;第二,生产力的发展是人自由而全面发展的物质基础;第三,人的自由发展之本质是自主、自愿、自觉;第四,人的全面发展包括人的能力的全面发展、人的素质的整体提升、人的个性的充分尊重。

第三章　大学生网络空间道德教育的原则、目标、内容与方法

综上所述,马克思、恩格斯为社会主义"人才观"奠定了理论基石,毛泽东、邓小平、江泽民、胡锦涛、习近平在继承的基础上结合中国革命、建设的具体实践分别进行了别具一格的创新,是对这一理论体系的不断丰富和发展。以人才培养为目标是制定大学生网络空间道德教育目标的重要理论依据,有助于确保大学生网络空间道德教育的方向,保证大学生网络空间道德教育的顺利开展。大学生网络空间道德教育以此作为依据,是确定大学生全面发展的重要依据。

(二)以党和国家教育方针为基本依据

大学生网络空间道德教育以各个时期党和国家教育方针为基本依据,具体体现为各个国家领导人关于人才培养的相关理论。

1."又红又专"的人才思想

毛泽东以马克思主义思想为本,根据中国革命、建设事业的具体特点提出了德才兼备、又红又专的人才思想。他指出:"政治和业务是对立统一的,政治是主要的,是第一位的,一定要反对不问政治的倾向;但是专搞政治,不懂技术,不懂业务,也不行。我们的同志,无论是搞工业的,搞农业的,搞商业的,搞文教的,都要学一定的技术和业务。……我们各行各业的干部都要努力精通技术和业务,使自己成为内行,又红又专。"[1]整体来看,毛泽东的人才思想主要特点包括以下几个方面:

第一,强调人才的全方面发展。他在《关于正确处理人民内部矛盾的问题》中指出:"我们的教育方针,应该使受教育者在德育、智育、体育几方面都得到发展,成为有社会主义觉悟的有文化的劳动者。"[2]第二,强调理论与实践相统一。毛泽东指出:"知识分子如果同工农群众结合,和他们做了朋友,

---

[1]　《毛泽东文集》(第七卷),人民出版社,1999年,第309页。
[2]　《毛泽东文集》(第七卷),人民出版社,1999年,第226页。

就可以把他们从书本上学来的马克思主义变成自己的东西。学习马克思主义,不但要从书本上学,主要地还要通过阶级斗争、工作实践和接近工农群众,才能真正学到。"[1]第三,强调用人唯贤和不拘一格选拔人才。他指出:"在这个使用干部的问题上,我们民族历史中从来就有两个对立的路线,一个是'任人唯贤'的路线,一个是'任人唯亲'的路线。前者是正派的路线,后者是不正派的路线。"[2]可见,毛泽东"又红又专"的人才思想是马克思主义人才观与中国革命、建设实践相结合的产物。

2."四有新人"人才思想

邓小平在长期的革命和建设实践中,尤其是在改革开放的大潮下,继承和发展了毛泽东的人才思想,构建了彰显时代特色、符合中国国情的人才观。主要特点包括:

第一,以"四有新人"为培养目标。1985年,邓小平在全国科技大会上指出:"我们在建设具有中国特色的社会主义社会时,一定要坚持发展物质文明和精神文明,坚持五讲四美三热爱,教育全国人民做到有理想、有道德、有文化、有纪律。这四条里面,理想和纪律特别重要。"[3]第二,对"又红又专"的创新和发展。邓小平重新界定"红"与"专"的逻辑关系,指出:"专并不等于红,但是红一定要专。不管你搞哪一行,你不专,你不懂,你去瞎指挥,损害了人民的利益,耽误了生产建设的发展,就谈不上是红。"[4]第三,塑造尊重知识、尊重知识分子的风气。邓小平否定了"文化大革命"时期"以阶级斗争为纲"的错误路线,批判了"知识越多越反动"的观点,并在全国范围内为"文化大革命"期间被错误打倒的、数量极其巨大"臭老九"平反,持续推动领导干部"年轻化",形成了"尊重知识、尊重和人才"的氛围。

---

[1] 《毛泽东文集》(第七卷),人民出版社,1999年,第273页。
[2] 《毛泽东选集》(第二卷),人民出版社,1991年,第527页。
[3] 《邓小平文选》(第三卷),人民出版社,1993年,第110页。
[4] 《邓小平文选》(第二卷),人民出版社,1994年,第262页。

3. 人才资源是第一资源

江泽民在继承"科学技术是第一生产力""把教育放在优先发展的战略地位"等观点的基础上,围绕如何建设人力资源强国等问题进行了全新的理论创新。他的主要观点包括:

第一,关于生产力中人的因素和物的因素的关系问题。他指出:"历史唯物主义认为劳动者是生产力中最活跃最革命的因素。工具在生产力中是重要的,但无论工具怎样复杂,都要由人来制造和运用。"[1]这一论述表明,人在物质生产中居于首要地位。第二,关于以人力资源建设为核心推动人才强国战略。江泽民主张通过加强制度建设,构建有利于知识分子发挥创新能力的外部大环境;通过深化教育改革,全面推进素质教育培养高素质劳动者、专门人才和拔尖创新人才;通过适应终身学习需要的学习型社会,提升全民族的科学文化素质和思想道德素质。

4. 科学人才观

党的十六大以来,胡锦涛从中国经济社会发展的实际需求出发,从我国人才劳动力资源丰富但人才资源尤其是拔尖人才匮乏、人才结构不合理等现状出发,提出了一系列兼具理论和实践价值的人才观点。主要包括:

第一,科学人才观的内涵。胡锦涛科学界定了"人才"的内涵。他指出:"只要具有一定知识和技能,能够进行创造性劳动,为推进社会主义物质文明、政治文明、精神文明建设,在建设中国特色社会主义伟大事业中作出积极贡献的人,都是党和国家的人才。"[2]在"人才"的判定标准上,他强调要把品德、知识、能力和业绩作为衡量人才的主要标准,不唯学历、不唯职称、不唯资历、不唯身份。第二,提出人才强国战略。《2002—2005年全国人才队伍

---

[1] 江泽民:《论党的建设》,中央文献出版社,2001年,第28页。
[2] 《中共中央国务院关于进一步加强人才工作的决定》(中发〔2003〕16号),中华人民共和国教育部网,http://www.moe.gov.cn/jyb_sjzl/moe_364/moe_902/moe_1001/tnull_10296.html。

建设规划纲要》指出,人才强国战略是增强我国综合国力和国际竞争力、实现中华民族伟大复兴的战略选择。这表明,把人口优势转化为人力资源优势是实施科教兴国战略、提升中华民族整体素质的必然选择。

5.新时代的人才培养目标

习近平在党十九大报告中首次提出了"培养担当民族复兴大任的时代新人"这一命题,这是党和国家在中国特色社会主义进入关键时期提出的人才培养目标;在2018年全国宣传思想工作会议上,习近平指出:"宣传思想工作是做人的工作的,要把培养担当民族复兴大任的时代新人作为重要职责",这是习近平对全国宣传、教育工作者的殷切希望;2021年4月,习近平在清华大学考察时勉励广大青年学生,要"立大志、明大德、成大才、担大任,努力成为堪当民族复兴重任的时代新人",这是习近平对"时代新人"内涵的进一步深化。需要指出的是,习近平关于"时代新人"的重要论述既有对马克思主义经典作家的理论传承,也有新时代的发展和创新。习近平"从党和国家事业全局出发,从时代的需求出发,在回答'为谁培养人'的问题时,突出强调要坚守为党育人、为国育才的初心使命"[①]。习近平关于"时代新人"的重要论述站在中国特色社会主义进入新时代的历史方位,是对马克思、毛泽东、邓小平、胡锦涛等人的社会主义"人才观"的继承和发展,既传承有序,又守正创新,是我国高校进行人才培养的根本遵循。

教育方针是党和国家在一定时期内关于教育发展的方向,体现了党和国家回应时代课题,即培养什么样人的问题,体现了党和国家对教育的性质、目标、任务等方面的具体规定。大学生网络空间道德教育目标作为人才培养目标的重要环节,只有以党和国家教育方针为基本依据,才能坚持与时俱进,坚持将德智体美劳全面发展的社会主义建设者和接班人作为根本

---

① 习近平:《在教育文化卫生体育领域专家代表座谈会上的讲话》,《人民日报》,2020年9月23日。

第三章　大学生网络空间道德教育的原则、目标、内容与方法

目标。

（三）以大学生成长成才规律为重要依据

网络空间是国家在加强网络空间治理和网络空间道德建设的极其重要的领域，而新时代大学生网络空间道德教育是大学生道德行为在网络空间层面的重要体现。大学生网络空间道德教育是以大学生成长成才规律为重要依据，教育者根据大学生成长成才规律和思想政治教育规律，采用科学合理的教育理念与方式具体推进大学生网络空间道德教育，促进大学生网络空间道德教育高效协调运行，从而促进大学生全面发展，提升大学生网络空间道德教育质量和水平。加强大学生网络空间道德教育是大学生成长成才规律的内在要求，也是党和国家培育时代新人的题中应有之义。大学生网络空间道德教育是以遵循大学生成长成才规律和思想政治工作规律为基本出发点，以大学生参与网络空间道德实践过程中形成的经验为落脚点，最终坚持以加强大学生网络空间道德教育基本目标的一种教育实践活动。

大学生正处于青年发展的关键时期，处于青年道德观念形成与完善的重要阶段。习近平指出："思想政治工作从根本上说是做人的工作，必须围绕学生、关照学生、服务学生，不断提高学生思想水平、政治觉悟、道德品质、文化素养，让学生成为德才兼备、全面发展的人才。"[1]要深入了解与掌握大学生网络空间道德认知、情感、意志、行为等特征，才能够熟悉和掌握大学生思想、行为等发展规律，进一步统筹推进大学生网络空间道德教育，运用系统思维构建大学生网络空间道德教育体系和完善大学生网络空间道德教育内容、原则、方法等内容。大学生在网络空间中由于受西方不良社会思潮影响，会促使道德认知、情感、意志在一定程度上发生改变，这就要求在加强大学

---

[1] 《习近平治国理政》（第二卷），外文出版社，2017年，第377页。

生网络空间道德教育过程中注重其时效性和即时性。高校在加强大学生网络空间道德教育过程中,及时关注大学生网络空间道德行为、情感、认知等变化,及时调整与更新大学生网络空间道德教育的方法与手段,这也能够体现出在教育过程中要着重关注大学生成长成才规律。培养德智体美劳的社会主义建设者是大学生网络空间道德教育的重要目标,而大学生网络空间道德教育要了解与把握大学生成长成才规律,是高校将立德树人贯穿于大学生网络空间道德教育全过程的重要任务。新时代大学生网络空间道德教育应注重网络空间的开放性、虚拟性、互动性等特征,根据大学生成长成才规律,将培育大学生正确的网络空间道德认知等作为大学生网络空间道德教育的具体目标。

  大学生网络空间道德教育是新时代公民道德建设的重要内容。党的十八大以来,以习近平同志为核心的党中央高度重视网络空间道德治理、网络空间道德建设在高校思想政治工作中的重要地位,并强调高校思想政治工作者要重点关注大学生在网络空间中形成的网络空间道德行为,坚持立德树人理念,有效结合大学生的成长成才规律,坚持推进大学生网络空间道德教育因时因事而新,切实提高大学生网络空间道德教育的时效性和实效性。探寻大学生网络空间道德教育的载体和方法,着重把握大学生网络空间道德行为,充分考虑大学生成长成才规律,有系统地、有针对性地加强大学生网络空间道德教育。新时代背景下,加强网络空间道德教育,要坚持遵循大学生成长成才规律,提升大学生网络空间道德教育的时效性,让正确的大学生网络空间道德观念成为大学生主动接受的道德认知。"加强网络空间道德建设是当前一项紧迫而艰巨的任务……遵循道德养成规律和网络意识形态传播规律,从知、情、意、行四条路径着手,建立和健全网络空间道德建设的运行机制。"[1]大学生网络空间道德教育是融合现实生活空间和网络空间的教育,这就要求在现实生活空间中把握大学生的主体性特征,尊重大学生的网络空间道德认知规律,了解与掌握大学生在现实生活空间道德观念。在网络空间中要及时了解大学生在网络空间中的道德认知、情感、意志、行为,坚持因材施教与精准定位,积极引导大学生树立正确的网络空间道德认知。新时代大学生网络空间道德教育是党和国家坚持育人与育德相统一的重要阵地和有效途径,充分体现了党和国家关注大学生成长成才规律。

二、大学生网络空间道德教育的根本目标

随着网络空间信息技术的发展,大学生网络空间道德教育目标发生了重大变化,主要变化是大学生从现实生活空间转向网络空间的目标,不变的是党和国家关于大学生网络空间道德教育目标的本质规定。"作为新时代公民道德建设的重要组成部分,抓好网络空间道德治理,对于培育时代新人、满足人民群众对美好精神生活的向往、推进网络强国建设具有重要价值。"[2]党的十九大报告明确强调:要以培养担当民族大任的时代新人为教育的重要目标,这是党和国家在新时代提出的育人目标,对于加强大学生网络空间道德教育具有重要意义。培养担当民族大任的时代新人是高等教育关于新时代人才培养目标的高度概括,是加强大学生网络空间道德教育的基本遵循。大学生网络空间道德教育目标不是单一的,而是多元的,构成了具有内在逻辑关系的大学生网络空间道德教育的目标体系。大学生网络空间道德教育的长期目标,指的是在加强大学生网络空间道德教育过程中,经过相当长的一定阶段,才能实现这一目标。这也体现出长期目标是大学生网络空间

---

① 温丽华等:《网络空间道德建设的逻辑理路探析》,《学术论坛》,2020年,第3期。
② 谷永鑫等:《论网络空间的道德治理》,《思想理论教育》,2021年第11期。

道德教育所要实现的长期教育目的的结果,贯穿于大学生网络空间道德教育的始终,反映了大学生网络空间道德教育的长期价值追求和实践要求。大学生网络空间道德教育的中期目标是经过较长一段时间而实现的目标。大学生网络空间道德教育的短期目标指的是其在较短时间内所要实现的目标。从大学生网络空间道德教育目标的实现时间长短来看,其具有长期目标、中期目标、短期目标的差异之分。大学生网络空间道德教育的根本目标主要包括:以培养德智体美劳全面发展的人为长期目标、以时代新人的全面发展为短期目标。

(一)以培养德智体美劳全面发展的人为长期目标

大学生网络空间道德教育是以培养德智体美劳全面发展的人为长期目标,其重点是从道德素质方面规定大学生全面发展的内在要求。大学生网络空间道德教育是在大学生网络空间中形成的新的道德形态,是大学生素质教育和道德教育的最新形式。党的十八大以来,习近平注重在教育领域全面实现素质教育的要求,即培养德智体美劳全面发展的社会主义建设者和接班人。2018年9月10日,习近平在全国教育大会上再次强调:"培养德智体美劳全面发展的社会主义建设者和接班人。"[1]这对加强大学生网络空间道德教育也提出了具体要求。大学生网络空间道德教育本质在于强调大学生道德素质的全面发展,是现实生活空间和网络空间道德素质全面发展共同作用的结果,是大学生网络空间道德教育目标的本质规定之一。大学生网络空间道德教育强调的"道德"在网络空间中的进一步发展,强调大学生要具有良好的网络空间道德行为,成为一个具有正确的网络空间道德行为与观念的人。在网络空间中,大学生要主动接受教育者的思想、政治、道德等方面

---

[1] 习近平:《在全国教育大会上强调:坚持中国特色社会主义教育发展道路培养德智体美劳全面发展的社会主义建设者和接班人》,《人民日报》,2018年9月11日。

的影响,从而促使大学生网络空间道德教育目标向着党和国家所要求的网络空间道德建设方向发展,这既体现了大学生全面发展的内在要求,也体现了大学生网络空间道德教育的本质要求。

党的十八大以来,关于大学生道德素质全面发展提出了不同的教育要求,尤其是围绕培养人的这一教育本质问题,提出了系统的、完整的教育目标与要求。"着力增强网络空间道德治理……不断激发时代新人担当民族复兴大任的内生动力。"[①]坚持立德树人根本任务,培养德智体美劳全面发展的社会主义建设者和接班人,为大学生网络空间道德教育提供了价值遵循。党和国家在新时代提出的根本任务是立德树人,这就要求新时代大学生网络空间道德教育要具体分析网络空间中大学生的道德状况和素质情况,具体研判大学生网络空间道德认知、情感、意志、行为等情况,从而采取科学合理的大学生网络空间道德教育的教育方法、教育内容等手段。新时代,党和国家在高等教育的根本任务就是立德树人,决定了大学生网络空间道德教育的根本任务是培养时代新人,以培养德智体美劳全面发展的人为长期目标。大学生网络空间道德教育是培养时代新人目标的重要组成部分,对大学生道德素质提出了新的要求和目标。大学生网络空间道德教育是培养德智体美劳全面发展的人的根本性、方向性重要目标之一。新时代大学生网络空间道德教育是建立在培养德智体美劳全面发展的人的长期目标基础之上的。新时代大学生网络空间道德教育要全面贯彻和把握这一长期目标,进一步促进大学生全面发展,并将这一长期目标贯穿于新时代大学生网络空间道德教育过程中,有序推进大学生网络空间道德教育。大学生网络空间道德教育是形成正确的网络空间道德认知、情感、意志、行为,促进大学生全面发展的实践活动。

---

① 谷永鑫等:《论网络空间的道德治理》,《思想理论教育》,2021年第11期。

(二)以时代新人的全面发展为短期目标

1.时代新人是新时代大学生网络空间道德教育的更高目标

基于历史性分析,从阶段性层面具体分析新时代大学生网络空间道德教育的目标,能够体现出时代新人是新时代大学生网络空间道德教育的更高目标。"网络空间道德治理是培育时代新人的必然选择"[①],党和国家在各个历史阶段、历史时期特别注重教育目标的回答,即培养什么样的人的问题。时代新人是新时代大学生网络空间道德教育根据网络空间中大学生道德发展的动态性等特征,顺应新时代发展而提出的新的育人目标。

第一,"时代新人"是社会主义"接班人观"在中国特色社会主义进入新时代的理论创造。"时代新人"具有深厚的理论基石。马克思围绕"解放全人类"这一终极关怀,以剖析人的本质为起点,揭示了资本主义、社会主义两种社会形态下"人"截然不同的本质属性。毛泽东深刻论述了"政治"与"业务"的辩证关系,强调把政治放在第一位的同时,也要钻研业务,即"又红又专"。邓小平对"红"与"专"的内在逻辑关系进行了再思考,强调"专并不等于红""红一定要专",进而主张要培养有理想、有道德、有文化、有纪律的"四有新人"。江泽民在建设社会主义市场经济的大背景下深刻剖析了经济建设中人的因素与物的因素之间的内在联系,强调"人"在生产中的首要地位,实施了人才强国战略。胡锦涛进一步深化了"人才"的内涵,强调判定人才的标准不是学历、职称、资历、身份,而是品德、知识、能力和业绩。党的十九大以来,习近平立足我国已经全面建成小康社会的发展现状,围绕"2035年基本实现现代化""2050年全面实现现代化"的宏伟蓝图,从教育哲学高度创造性地回答了"培养什么样的人"这一兼具历史性、时代性的重大问题,强调要培养

---

① 谷永鑫等:《论网络空间的道德治理》,《思想理论教育》,2021年第11期。

第三章　大学生网络空间道德教育的原则、目标、内容与方法

"担当民族复兴大任的时代新人"。可见,培养一代又一代"担当民族复兴大任的时代新人"既是实现中华民族伟大复兴国家战略的必然要求,也是中国共产党一脉相承又与时俱进的"接班人观"在中国特色社会主义进入新时代的思想飞跃。

第二,"时代新人"是"育人"和"育才"的辩证统一的必然要求。《孟子·尽心上》云:"君子有三乐,而王天下不与存焉。父母俱存,兄弟无故,一乐也。仰不愧于天,俯不怍于人,二乐也。得天下英才而教育之,三乐也。君子有三乐,而王天下不与存焉。"[①]在以孟子为代表的儒家知识分子看来,"得英才而育之"是人生最快乐的事之一。那么普天之下占绝对多数的普通人呢,他们显而易见地被忽视、无视了。在中国特色社会主义进入新时代之后,党一贯强调"全面建成小康社会,一个也不能少""共同富裕路上,一个也不能掉队"。按照这个逻辑,处理好"育人"和"育才"的关系尤为重要。习近平在北京大学师生座谈会上明确指出:"人才培养是育人和育才相统一的过程,而育人是本。人无德不立,育人的根本在于立德。这是人才培养的辩证法。办学就要重这个规律,否则就办不好学。"[②]由此看出,习近平从教育本质规律高度深刻把握了"育人"和"育才"的辩证统一关系,明确了"育人"不可动摇的重要地位,并重申要把"立德"作为其根本。

第三,"时代新人"是习近平人才思想的教育哲学凝练。培养担当民族复兴大任的"时代新人"是践行习近平人才思想的必然结果。因此,习近平人才思想与习近平关于"时代新人"重要论述是这一理论在教育领域的具体实践,二者彼此影响、相互交映,共同致力于把我国建设成为人力资源强国、人才强国。

培育全面发展的时代新人与大学生网络空间道德教育的育人是目标一

[①] 孟轲:《孟子》,江西人民出版社,2017年,第342页。
[②] 习近平:《在北京大学师生座谈会上的讲话》,人民出版社,2018年,第7页。

致的。新时代大学生网络空间道德教育应着眼新的历史方位,具体分析网络空间中大学生道德的新变化,在正确研判大学生网络空间道德变化的基础上,积极引导大学生树立正确的网络空间道德认知、情感、意志、行为,提升大学生网络空间道德的辨别善恶是非能力,强化担当意识,积极为加强大学生网络空间道德教育贡献强大活力。培育时代新人是党和国家对教育提出的更高标准、更高层次的要求,这也对大学生网络空间道德教育提出了内在要求。大学生网络空间道德教育要以学生为中心,积极引导大学生形成正确的网络空间道德认知、情感、意志、行为,促进大学生全面发展。新的时代背景下,根据时代发展的新变化提出时代新人的育人目标,对加强大学生网络空间道德教育提出了新要求,这也能够体现出在加强大学生网络空间道德教育的过程中,要重点强调从教育理念、教育内容、教育方法等方面系统地加强大学生网络空间道德教育,以适应新时代提出的人才培养目标的新要求。

2. 培养全面发展的时代新人是新时代大学生网络空间道德教育的价值体现

从价值层面具体分析时代新人与新时代大学生网络空间道德教育的内在关联,可以得出培养全面发展的时代新人是新时代大学生网络空间道德教育的价值体现。"以'现实的人'的道德生成为目的,《新纲要》根据新条件下我们所面对的新问题和新要求(比如网络道德问题),指导我们如何做一个时代新人。"[1]培养全面发展的时代新人是加强新时代大学生网络空间道德教育的本质规定和内在要求。培养全面发展的时代新人其本质在于大学生要有良好的道德素质,即形成正确的道德认知、情感、意志、行为。新时代大学生网络空间道德教育所实现的教育目标是培养全面发展的时代新人在道德素质方面的重要体现。培养全面发展的时代新人是新时代大学生网络

---

[1] 曲红梅:《〈新时代公民道德建设实施纲要〉在高等教育中的价值指引与落实机制》,《广西大学学报》(哲学社会科学版),2020年第3期。

第三章　大学生网络空间道德教育的原则、目标、内容与方法

空间道德教育的本质要求和终极旨归。基于网络空间的发展,顺应时代发展的特征,重新审视在网络空间中大学生网络空间道德教育实现的目标,有利于具体明确大学生网络空间的中期目标。同时,分析与研究时代新人与大学生网络空间道德教育的目标有利于进一步明确大学生网络空间道德教育的政治性、时代性与精准性。时代新人是新时代对人的全面发展进行了创造性地发展,也赋予新时代大学生网络空间道德教育新的教育目标和教育要求。

大学生网络空间道德教育的主体是学生,而时代新人的最终实现的目标也是促进大学生的全面发展。这能够体现出二者在价值旨归上具有同构性。"有效地进行网络道德教育,有针对性地教育举措,将使当代大学生成为集丰富文化知识和良好道德修养于一身的时代新人。"[1]新时代的大学生在网络空间中,由于大学生接受新事物的能力较强,导致大学生容易受到网络空间中不良社会思潮的影响,从而使大学生网络空间道德认知、情感、意志、行为等发生波动。这就要求高校既要以时代新人的基本要求为出发点,促使大学生在现实生活空间中形成正确的道德认知、情感、意志、行为,也要求高校在网络空间中深刻分析大学生道德认知等新特征变化,准确把握大学生道德发展需要。大学生网络空间道德教育是时代新人培育的重要途径,时代新人所实现的最高要求是通过其来实现的。大学生网络空间道德教育是大学生思想政治教育的重要内容,也是培育时代新人的重要环节。新时代大学生网络空间道德教育通过对大学生网络空间道德认知、情感、意志、行为等方面的积极正确引导,有助于大学生形成正确的网络空间道德素质,从而实现时代新人培育的重要任务。

培养全面发展的时代新人与大学生网络空间道德教育在价值层面具有

---

[1] 栾锦红:《少数民族地区大学生网络道德的失范及应对》,《中国成人教育》,2008年第11期。

内在关联。"新时代的时代新人拥有对高尚道德品质和思想修养的追求。"[①]时代新人要求大学生在现实道德层面要有崇高的品德素质要求,而大学生网络空间道德教育要求个人道德在网络空间中也要有崇高道德素质要求。时代新人作为中国共产党育人观的理论升华,是大学生网络空间道德教育的集中体现,也是对大学生网络空间道德教育具体目标的高度凝练和现实转化。培育全面发展的时代新人不仅是实现大学生网络空间道德教育目标的必然要求,还是加强大学生网络空间道德教育现实性、针对性、时效性、实效性的必然选择。大学生网络空间道德教育的出发点和落脚点是培育全面发展的时代新人,而培养全面发展的时代新人为大学生网络空间道德教育提供了价值遵循。因此,培养全面发展的时代新人对大学生网络空间道德教育具有重要作用和时代意蕴。

3. 培养全面发展的时代新人是新时代大学生网络空间道德教育的具体特质

培养全面发展的时代新人是大学生网络空间道德教育价值和目的的重要保证,也是树立大学生网络空间道德教育目标、选取大学生网络空间道德教育内容、科学合理实施大学生网络空间道德教育的重要前提和基础。深刻认识培养全面发展的时代新人是新时代大学生网络空间道德教育的具体特质,是长期以来时代新人培育的深刻总结,也是新时代加强大学生网络空间道德教育的思想前提。习近平指出:"大学是立德树人、培养人才的地方,是青年人学习知识、增长才干、放飞梦想的地方。"[②]由此可见,高校是培养时代新人的主阵地,高校要积极主动地承担起培养时代新人的历史使命。2021年4月,习近平在清华大学考察时,把时代新人的具体特质总结为"立大志""明

---

① 朱大鹏等:《时代新人的文化—政治逻辑》,《西北民族大学学报》(哲学社会科学版),2022年第4期。

② 习近平:《在北京大学师生座谈会上的讲话》,人民出版社,2018年,第4页。

第三章 大学生网络空间道德教育的原则、目标、内容与方法

大德""成大才""担大任"。新时代加强大学生网络空间道德教育要以时代新人为重要目标,坚持以高校教育实践为出发点,根据习近平总书记的重要论述为指导思想,将新时代大学生网络空间道德教育的具体特质细化为以下四个方面:

第一,立大志。在这里,"志"指的是中国特色社会主义共同理想和共产主义远大理想。"立大志"要通过四个方面素质来体现,分别是远大的理想信念、鲜明的政治立场和政治意识、高度的社会责任感、自我心理调适。

第二,明大德。在这里,"德"指的是社会公德、职业道德、家庭美德和个人品德。"立大德"要通过四个方面的教育与作为支撑,分别是道德观念教育、组织纪律观念教育、诚信合作意识教育、行为习惯养成教育。

第三,成大才。在这里,"才"指的是能力。"成大才"强调要培养学生三方面的素质,分别是科学文化素质、身心健康素质、创新能力素质。

第四,担大任。在这里,"任"指的是中华民族伟大复兴的中国梦。"培养担当民族复兴大任的时代新人"是中国共产党既一脉相承又与时俱进的"接班人观",历史悠久、传承有序,是兼具科学性与实践性的学术命题。仅就厘定其本质内涵而言,"时代新人"是一个动态、持续发展、不会定型的概念,不宜过多引用习近平在其他场合所作论断对这个概念进行类比式界定,也不宜从现阶段的历史任务出发,对"时代新人"进行无节制的引申式界定,从而引起概念使用的混乱。

```
                    时代新人的具体特质
        ┌──────────┬──────────┬──────────┐
      立大志       明大德      成大才      担大任
   ┌────────┐  ┌────────┐  ┌────────┐  ┌────────┐
   │远大理想信念、│  │道德观念教育 │  │科学文化素质 │  │履行"四个意识"新要求│
   │鲜明的政治立 │  │组织纪律观念教育│ │身心健康素质 │  │投身"四个伟大"新征程│
   │场和政治意识、│ │诚信合作意识教育│ │创新能力素质 │  │        │
   │高度的社会责 │  │行为习惯养成教育│ │        │  │        │
   │任感自我心理 │  │        │  │        │  │        │
   │调适    │  │        │  │        │  │        │
   └────────┘  └────────┘  └────────┘  └────────┘
```

图 2　时代新人的具体特质

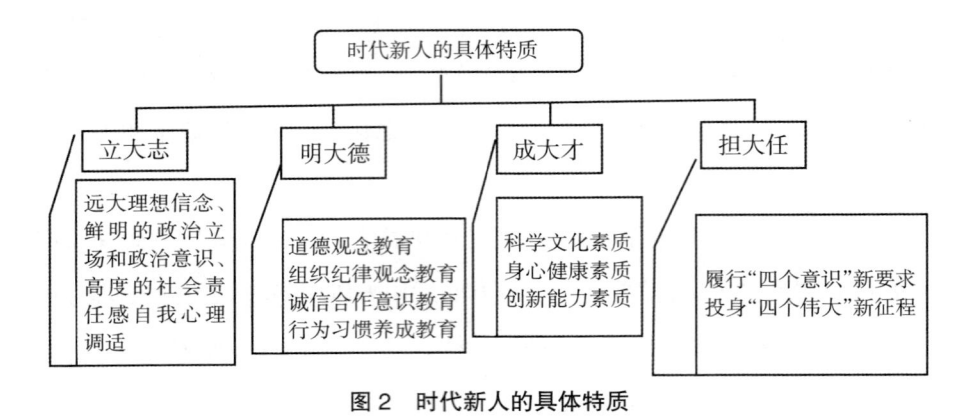

新时代大学生网络空间道德教育是培养全面发展的有效途径，充分体现了党和国家关于新时代的教育方针与教育政策。新时代大学生网络空间道德教育是党和国家对高等教育的新要求，对培育时代新人具有重要的推动和促进作用。

三、大学生网络空间道德教育的具体目标

（一）完善大学生网络空间道德认知

大学生网络空间道德认知是大学生网络空间道德教育的具体目标之一，也是加强大学生网络空间教育的首要目标。"加强社会道德建设,明确网络道德认知道德既是调节人类行为规范的手段，也是人类完善自我的一种社会价值形态。"①在加强大学生网络空间道德教育的过程中，以强化大学生网络空间道德认知为首要目标，这既是积极引导大学生培育网络文明行为的出发点，也是大学生网络空间道德教育首要解决的问题。明确大学生网络

---

① 仇桂且等:《大学生伦理失范的当下省思与现实纠偏》,《黑龙江高教研究》,2019 年第 5 期。

第三章　大学生网络空间道德教育的原则、目标、内容与方法

空间道德教育目标的目的,是为了确保大学生网络空间道德教育方向的正确性,具有导向性等功能作用。要加强大学生网络空间道德教育体系的构建,进一步完善大学生网络空间道德认知这一教育目标,需要以提高大学生网络空间道德实践能力作为其最为迫切的实现方式。

大学生网络空间道德认知是指大学生群体在现实生活空间中所坚持的最重要的基本行为准则和原则,也是大学生形成良好风尚的网络空间道德认知的基础和前提。大学生网络空间道德认知的程度是决定大学生网络空间行为主体道德素质水平高低的重要因素。这也决定了完善大学生网络空间道德认知成为大学生网络空间道德教育的首要目标。大学生网络空间道德教育目标决定了大学生网络道德认知教育的目的在有效规范大学生网络文明行为,促使其在网络空间中形成良好高尚的道德素质能力和水平,而大学生网络空间道德教育目标是适应网络空间时代性和时效性发展趋势的需求。"遵循认知协调律,显隐相结合,引导大学生网络道德认知自主选择。"[①]明确大学生网络空间道德认知这一目标,本质在于在大学生网络空间道德教育的基础上,积极引导大学生形成正确的网络道德自律行为。由于大学生在网络空间的辨别是非能力受其开放性、虚拟性等特征影响,在一定程度上影响大学生网络空间道德认知,尤其是西方不良的社会思潮对大学生网络空间道德认知产生了消极影响。在加强大学生网络空间道德教育的过程中,高校应积极引导大学生树立正确的网络空间道德认知,激发大学生在网络空间中形成主流意识形态的认知,积极用社会主义核心价值观等主流意识形态引导大学生在网络空间道德实践中的主体性作用,促使大学生逐步内化为其自身的道德认知。在大学生网络空间道德认知向网络空间道德实践转化中,要特别重视大学生网络空间道德认知的发展规律,只有把握好这一

---

① 罗珍等:《论高校网络德育的"人学空场"困境及出路》,《现代大学教育》,2017年第1期。

新时代大学生网络空间道德教育研究

具体规律,才能够更好地将大学生网络空间道德教育内容等知识有层次地、系统地传授给大学生。因此,大学生网络空间道德教育,要以完善大学生网络空间道德认知为首要目标,不断推进大学生网络空间道德认知教育,促使大学生能够更加准确地了解网络空间道德教育内容,并以这一具体要求来规范自己的网络文明行为,不断推进大学生网络空间道德教育有序进行。

完善大学生网络空间道德认知的具体目标,是要引导大学生学习网络空间道德教育的理论知识,从而构建其网络空间道德认知体系,并不断形成正确的网络空间道德认知。"加强网络道德建设,教育网民树立正确的网络道德认知,涵养丰富的网络道德情感,养成坚定的网络道德意志和良好的网络道德行为,从而有效应对各类网络道德失范问题。"[1]要实现这一目标,就需要增强大学生网络空间道德认知能力,引导大学生正确认知网络空间的特性,理性判断网络空间的道德观念,强化大学生辨别网络空间善恶是非能力和网络空间道德意识,这是完善大学生网络空间道德认知的重要任务。实现完善大学生网络空间道德认知的目标,需要发挥学校的主阵地作用。高校坚持贯彻立德树人的根本任务,积极引导大学生进行网络空间道德实践活动,并将其教育理念、教育方式等作用于大学生,通过大学生自我教育、自我完善,逐步促使大学生将正确的道德认知转化为网络空间道德行为,最终落实为其网络空间道德实践,实现网络空间道德教育目标。同时,高校应根据时代发展特征和社会发展特性,积极关注大学生身心发展规律和成长成才规律以及大学生网络空间道德教育的特殊规律,及时调整并明确大学生网络空间道德教育目标,引导大学生完善网络空间道德认知。在加强大学生网络空间道德教育过程中,引导大学生形成清晰的网络空间道德认知,坚定正确的网络空间道德意志,从而也说明引导大学生进行正确的网络空间道德

---

[1] 陈宗章:《"网络舆论反转"现象的思想分析与问题应对》,《探索》,2020年第3期。

第三章　大学生网络空间道德教育的原则、目标、内容与方法

实践已成为新时代加强网络空间道德教育的时代课题。

(二)丰富大学生网络空间道德情感

培育大学生网络空间道德情感是大学生网络空间道德教育的根本目标。大学生网络空间道德情感是建立在大学生网络空间道德认知的前提条件之上的,只有形成正确的大学生网络空间道德认知,才能够进一步形成良好的网络空间道德情感。"网络空间的道德乱象对构建良好的网络化精神生活提出了挑战,如何通过优化网络空间道德治理来丰富精神生活、提升精神境界、打造精神家园、构建网络道德共同体,是新时代实现美好生活的重要突破口。"[①]大学生网络空间道德情感是大学生在网络空间中所形成的一种情感体验,是大学生网络空间道德的重要因素,也是加强大学生网络空间道德教育的重要组成部分。

从大学生网络空间道德教育目标组成体系来讲,大学生网络空间道德情感是在大学生网络空间道德认知基础所进行的情感表达,其本质在于大学生在现实生活空间已有一定的道德要求和规范,但在网络空间中大学生要遵循网络空间的特征,根据网络空间中的基本道德规范准则和要求,具体进行大学生网络空间道德教育的实践活动。大学生网络空间道德教育本身是教育活动,其教育理念、方针等要素具有社会性、生活化等特征,有利于大学生在网络空间道德实践过程中形成正确的网络空间道德认知,最终有利于培育大学生网络空间道德情感,从而形成坚持社会主义方向的网络空间道德观念。

从加强大学生网络空间道德教育目标来讲,培育大学生网络空间道德情感在加强大学生网络空间道德教育过程中的意义相当重要,这不仅要求

---

① 谷永鑫等:《论网络空间的道德治理》,《思想理论教育》,2021年第11期。

新时代大学生网络空间道德教育研究

高校要加强大学生网络空间道德教育理念、方式等方面的创新,也要注重加强大学生网络空间道德情感教育,着重研究大学生网络空间道德情感方法,最终不断推进大学生网络空间道德教育有序进行。大学生网络空间道德教育已成为当前加强网络空间道德建设的重要环节,这就需要高校积极引导大学生形成正确的网络空间道德认知,培育积极向上的网络空间道德情感,坚定崇德高尚的网络空间道德意志。

从道德的他律与自律角度来讲,大学生网络空间道德教育更多强调的是大学生道德自律,通过大学生网络空间道德自律行为的形成,不断促进大学生形成良好的网络空间道德情感,最终促使大学生网络空间道德行为符合大学生网络空间道德教育目标要求。网络空间具有开放性和虚拟性等特征,这就决定了大学生网络空间道德情感具有随意性,最终导致大学生网络空间道德情感受网络空间不良社会思潮影响,最终出现网络空间道德情感淡薄、网络空间道德行为失范等问题。

培育大学生网络空间道德情感是大学生网络空间道德教育的根本目标。一方面,高校要以主流意识形态引导大学生树立正确的网络空间道德观念,充分发挥英雄模范的道德榜样作用,积极引导大学生增强网络空间道德情感。另一方面,高校要积极发挥大学生的自我教育作用,利用朋辈群体的示范引领作用引导大学生增强网络空间道德情感。大学生网络空间道德情感其目的在加强大学生网络空间道德教育过程中受到社会主义道德、中华优秀传统道德等影响,丰富网络空间中的大学生道德情感,不断促进大学生网络空间道德情感和心理逐步提升,最终与朋辈群体之间形成"网络空间道德情感共同体"。大学生网络空间道德情感新的培育,需要大学生既要将大学生网络空间道德教育的理论知识内化于心,又要将其理论知识不断指导大学生网络空间道德实践。从网络空间新形态来讲,作为一种新的教育空间形态,网络空间对大学生网络空间道德素质提出了新要求,而大学生网络空间道德情感是其重要组成部分。因此,高校在加强大学生网络空间道德教育的过程中,引导大学生形成积极向上的网络空间道德情感,以培育大学生网络空间道德情感为根本目标,不断以社会主义道德和社会主义核心价值观引导大学生网络空间道德情感,最终增强大学生网络空间道德情感的凝聚力和向心力。

(三)强化大学生网络空间道德责任

强化大学生网络空间道德责任是大学生网络空间道德教育的基本目标,也是加强大学生网络空间道德教育的重要内容之一。"在虚拟化生存条件下,网络空间主体日益媒介化和数字化,以往的人与人之间的依赖关系逐渐被人对虚拟网络的依赖关系所取代,这种倾向使网络空间主体的社会关系存在不同程度的弱化,进而引发行为主体道德责任缺失、道德情感冷漠。"[①]这一目标旨在通过对大学生进行开展网络空间道德教育内容,进一步引导大学生对社会主义道德的认同,从而有利于大学生在网络空间中主动担当道德责任。强化大学生网络空间道德责任的目标主要强调的是大学生在形成网络空间道德认知、情感基础上,通过对大学生网络空间道德教育的理论知识学习,不断提升个人在网络空间中承担的道德责任。"在网络空间信息内容庞杂的生产、传播环境中,他们容易陷入不受约束的狂欢之中,受所谓的意见领袖的指使,漠视社会道德责任,盲目从众,进而扰乱网络秩序。"[②]强化大学生网络空间道德责任与现实道德责任是同一道德教育目标的不同表现,前者更多强调的是网络空间中所承担的道德责任,后者更多强调的是现实生活空间中所承担的道德责任,但其教育的目的和目标具有一致性。高校

---

① 谷永鑫等:《论网络空间的道德治理》,《思想理论教育》,2021年第11期。
② 罗方禄等:《面向网络安全治理的网络信息内容生产者情报赋能模型研究》,《情报杂志》,2021年第3期。

新时代大学生网络空间道德教育研究

在加强大学生网络空间道德教育过程中，强调以强化大学生网络空间道德责任为基本目标，才能够不断提升大学生网络空间道德教育能力和水平，确保大学生适应现实生活空间和网络空间道德的新变化。大学生作为参与网络空间的道德行为主体，相应地承担网络空间道德责任，不断强化大学生网络空间道德责任。由于大学生在网络空间中，缺乏一定的网络道德责任和意识，不少学生受到网络自由主义等不良社会思潮影响，导致大学生在网络空间中出现网络空间道德失范行为等问题，这更多强调的是部分大学生不愿承担网络空间道德责任。此外，新时代大学生网络空间道德教育，需要强化网络空间道德责任为基本目标，这就需要加强大学生网络空间道德责任意识。

实现大学生网络空间道德教育这一目标，更多强调的是大学生网络空间道德教育需要坚持以社会主义核心价值观等主流意识形态为主，坚持以这一重要任务为加强大学生网络空间道德教育的根本任务。"网络空间中的旁观者基于关怀伦理的道德责任和正义感以及既有的相似人生经验对正义行动者的'不平则鸣'通常会积极回应，以'八方来援'的形式主动加入其正义行动，成为新的行动者主体。"[1]大学生网络空间道德责任目标是大学生从内心认知形成的，是大学生在参与网络空间道德教育过程中所承担的责任。

第一，大学生网络空间道德责任表征大学生网络空间道德发展实际。从道德自律来讲，大学生网络空间道德责任是一种主体性教育的道德教育活动，其本质在于在教育过程中充分调动大学生承担网络空间道德责任的主动性和积极性。实现大学生网络空间道德责任的目标依赖于大学生网络空间道德实际情况，是大学生道德在网络空间的具体表征。大学生网络空间道德教育目标能够为加强大学生网络空间道德教育发展提供方向、指引。新时代大学生网络空间道德教育要时刻关注大学生网络空间道德教育发展需

---

[1] 杨石华：《正义的礼物——网络空间中的"非对称性互惠"交往伦理》，《道德与文明》，2020年第4期。

第三章　大学生网络空间道德教育的原则、目标、内容与方法

要,并注重强化大学生网络空间道德责任,不断提升大学生网络空间道德责任的自我修养目标。

第二,大学生网络空间道德教育目标联结着现实网络道德责任与网络空间道德责任的道德发展需要。现实道德责任存在于现实空间社会中,符合现实社会的发展要求,而网络空间道德责任形成于网络空间中,符合网络社会发展的需要。无论是现实生活道德,还是网络空间道德,都要求大学生的道德符合大学生道德发展规律,以强化大学生网络空间道德责任为重要目标。大学生网络空间道德责任目标促使大学生逐渐产生大学生网络空间道德发展的积极性,并在其教育实践活动中意识到大学生网络空间道德发展的需要,进而能够不断提升大学生网络空间道德责任。因此,强化大学生网络空间道德责任是加强大学生网络空间道德教育的基本目标,规定着大学生网络空间道德教育发展的基本方向,也成为大学生网络空间道德责任教育的重要内容。

(四)培养大学生网络空间道德意志

培养大学生网络空间道德意志是新时代大学生网络空间道德教育的核心目标。大学生网络空间道德教育在引导大学生网络空间道德的实践工作中,除了要实现网络空间道德认知、情感、责任的目标,更重要的是实现培养大学生网络空间道德意志的目标。道德意志是:"人们在履行道德义务或决定道德行为的过程中自觉,自愿地作出抉择,克服困难的顽强力量和坚持精神。"[①]大学生网络空间道德意志的形成是大学生将网络空间道德认知、情感、责任等要素转化为道德意志的关键心理过程,是大学生将网络空间道德观念、原则视为网络空间道德教育的行为准则,从而产生为坚定的网络空间道

---

① 朱贻庭:《伦理学大辞典》,上海辞书出版社,2002年,第42页。

德信念和意志。

　　培养大学生网络空间道德意志是大学生网络空间道德教育品质形成的关键环节,也是大学生网络空间道德教育理论转化为实践活动的重要过程。在大学生网络空间道德教育过程中,实现这一目标,有利于大学生积极克服网络空间道德的实际困难,形成大学生网络空间道德的坚定意志。

　　第一,调节大学生网络空间道德发展过程。大学生网络空间道德意志要求大学生确立自身道德发展目标,从而在这一目标的指引下,形成高尚的网络空间道德观念和意志。"网络空间道德意志是指人们在履行网络空间道德义务和践行网络空间道德行为过程中,体现出来的克服困难的顽强力量和坚持精神。"[1]大学生网络空间道德意志目标能够激励大学生树立崇高理想的道德发展目标和坚定正确的网络空间道德意志,并且积极引导大学生追求网络空间道德目标的实现,提升网络空间道德素质和能力水平。大学生网络空间道德意志目标的实现,能够促使大学生在面对网络空间中的不良社会思潮等影响时,能保持坚定的网络空间道德意志,按照正确的网络空间道德观念、原则进行大学生网络空间道德实践活动。

　　第二,有效指引大学生网络空间道德实践。明确大学生网络空间道德意志目标,能够更好地了解与掌握大学生网络空间道德规范、原则和深刻把握网络空间道德发展的特殊规律。全面理解和认识大学生网络空间道德意志目标有利于大学生在参与网络空间的过程中,对网络空间的道德行为作出正确的价值判断与选择,从而能够具体明确大学生网络空间道德责任和义务。实现培养大学生网络空间道德意志的目标,更多强调的是大学生在形成网络空间道德意志后,能够以坚定的网络空间道德意志履行大学生网络空间道德责任,自觉形成大学生网络空间道德认知、情感、责任,并不断进行大

---

[1] 温丽华等:《网络空间道德建设的逻辑理路探析》,《学术论坛》,2020年第3期。

第三章　大学生网络空间道德教育的原则、目标、内容与方法

学生网络空间道德实践活动。培养大学生网络空间道德意志的目标在大学生网络空间道德意志的形成中发挥着重要作用,促使大学生从网络空间道德的理论向实践转化。"在网络空间,各种不良诱惑常常会干扰网民的道德意志,驱使网民为寻求刺激、满足私欲而做出错误的道德选择与道德行为。"[①]大学生网络空间道德意志目标规定了大学生网络空间道德意志具有激励、评价、激励等功能,从而有利于进一步指导大学生网络空间道德实践,坚定大学生网络空间道德意志。

第三,积极促进大学生网络空间道德的持续发展。大学生网络空间道德意志不仅能够有效引导大学生有序参与其教育过程,促进大学生将道德观念具体付诸实践,还能在大学生网络空间道德发展过程中推动其持续发展。大学生网络空间道德教育不是一个短暂的过程,而是系统性的工程。培养大学生网络空间道德意志目标有利于大学生坚定网络空间道德意志,从而有利于调节大学生的网络空间道德情感等需要,最终促使这一教育目标向大学生网络空间道德教育目标发展。因此,培养大学生网络空间道德意志目标是大学生网络空间道德教育的基本目标。大学生网络空间道德教育以培养大学生网络空间道德意志为目标,明确大学生网络空间道德追求和目标所在,不断培养大学生网络空间道德意志。高校培养大学生网络空间道德意志,能激发大学生在网络空间中挖掘其网络空间道德发展的潜能,积极追求大学生网络空间道德发展的独立性,在引导大学生网络空间道德教育方面具有重要意义。

(五)培育大学生网络空间道德自律意识

培育大学生网络空间道德自律意识是大学生网络空间道德教育的关键

---

① 王永友等:《网络空间道德失范的三重判定》,《思想理论教育》,2020年第7期。

目标。大学生网络空间道德自律意识是大学生作为网络空间道德主体的重要体现，也是大学生形成网络空间道德品质的重要特性之一，更是加强大学生网络空间道德教育必须重视的关键环节。弗兰克纳针对道德主体曾经讲道，"从道德上讲，任何道德原则都要求社会本身尊重个人的自律和自由"[①]。"意志自律和人生追求是道德的主体性本质的集中表现。"[②]培育大学生网络空间道德自律意识目标是网络空间道德的行为主体在网络空间道德实践过程中所形成的。培育大学生网络空间道德自律意识更多强调的是大学生作为网络空间道德的积极性、主动性。大学生网络空间道德自律意识强调的是伴随主体意识的道德发展，大学生能够通过道德自律性不断内化为社会道德发展所需的道德价值和行为规范。因此，培育大学生网络空间道德自律意识主要指的是大学生在网络空间中运用道德的行为准则去指引和约束大学生道德情感、意志等行为，不断促进大学生进行网络空间道德实践活动。

实现培育大学生网络空间道德自律意识的目标离不开大学生道德主体的自律意识。第一，大学生网络空间道德自律意识能够促进大学生网络空间道德观念向其网络空间道德行为转化。大学生通过现实生活空间表现出的道德规范，更多强调的是道德主体的现实性，由于网络空间的虚拟性，大学生网络空间道德品质需要依靠大学生在网络空间中实现道德修养提升，最终实现大学生网络空间道德自律意识培育的目标。大学生网络空间道德自律意识的培育强调的是大学生要将网络空间道德认知转化为网络空间道德行为准则，并以此道德原则和规范去指导大学生网络空间道德实践活动。大学生网络空间道德自律意识培育，只有通过大学生对网络空间道德认知、行为、情感等方面的认同，并结合大学生具体实际情况，将外在的网络空间道德行为规范转化为大学生网络空间道德自律意识，最终转化为大学生网络

---

① 王育殊：《道德的哲学真义》，中国社会科学院出版社，2008年，第39页。
② 王育殊：《道德的哲学真义》，中国社会科学院出版社，2008年，第219页。

第三章 大学生网络空间道德教育的原则、目标、内容与方法

空间道德行为。第二,大学生网络空间道德自律意识促使大学生保持现实生活空间道德与网络空间道德目标的一致性。包尔生曾经讲道,"全部道德文化的主要目的是塑造和培养理性意志,使之成为全部行动的调节原则……它是全部道德德性的基本条件"①。培育大学生网络空间道德自律意识能够促使大学生在网络空间确立其网络空间道德教育目的,调节大学生在网络空间道德的动机、认知、行为、情感等,最终实现这一教育目标。大学生网络空间道德自律意识是大学生参与网络空间中的道德选择,着重强调的是大学生在培育网络空间道德自律意识中以坚定的网络空间道德意志,最终形成正确的网络空间道德观念。为了实现大学生网络空间道德自律意识这一教育目标,在加强大学生网络空间道德教育的同时,也要关注大学生在现实生活空间道德的表现。只有不断关注大学生网络空间道德的动态发展,才能不断指引大学生将网络空间道德付诸实践,努力将网络空间道德认知、情感、意志等转化为大学生网络空间道德自律意识。

新时代大学生网络空间道德教育对大学生网络空间道德自律意识的引导,需要注重从大学生道德发展主体性出发,不断指引大学生形成正确的网络空间道德观念。大学生网络空间道德教育强调的大学生网络空间道德自律意识,更多是培育大学生形成道德自律意识,不断引导大学生积极主动去关注大学生的道德实践发展。因此,在实现大学生网络空间道德自律意识培育的这一目标,更多强调高校要把握教育发展规律,即道德的自律性和道德的他律性,处理好二者的关系,以道德自律的主体性发展来指导大学生网络空间道德教育全过程。在大学生网络空间道德实践中,大学生能根据道德反馈网络空间信息和其道德发展需求,能够有效满足大学生道德发展目标。大学生网络空间道德自律意识不仅能够激励大学生网络空间道德发展的主动

---

① [德]弗里德里希·包尔生:《伦理学体系》,何怀宏、廖申白译,中国社会科学出版社,1988年,第412页。

性,而且能够激发大学生网络空间道德的发展潜能。因此,实现培育大学生网络空间道德自律意识的目标,确立大学生网络空间道德自律意识,促使大学生在网络空间中形成健全的自主性道德人格,这也能够明确大学生网络空间道德发展的实质性需要。

第三节 大学生网络空间道德教育的内容

大学生网络空间道德教育的内容,是指在大学生网络空间道德教育过程中,所进行的大学生网络空间道德认知、情感、意志、行为等教育内容。大学生网络空间道德教育规范了大学生道德行为,形成了大学生网络空间道德的正确认知、强化大学生网络空间道德责任、塑造风清气朗的网络空间的主要内容,它是依据思想政治教育内容及大学生道德变化发展的客观规律,在总结大学生网络道德教育内容基础上而形成的大学生网络空间道德教育的主要内容。大学生网络空间道德教育的主要内容对加强大学生网络空间道德教育提供了基本遵循和指引。

一、大学生网络空间道德认知教育

大学生网络空间道德作为渗透于大学生现实生活空间的道德形态,已经成为新时代思想政治教育的重要内容。大学生网络空间道德认知教育是大学生网络空间道德教育的首要内容。从网络伦理的发展演进规律来看,大学生网络空间道德认知教育是随着网络空间发展变化而产生的,大学生在网络空间道德教育过程中所要遵循的道德准则和行为规范其本质在于如何形成正确的大学生网络空间道德认知。"网络空间道德认知是指人们对网络

第三章　大学生网络空间道德教育的原则、目标、内容与方法

空间道德的认识,即知道网络空间道德是什么。"①大学生网络空间道德产生的依据在于大学生网络空间道德认知的养成,其本质在于培养大学生网络空间道德意志和品质。"加强网络道德建设,教育网民树立正确的网络道德认知,涵养丰富的网络道德情感,养成坚定的网络道德意志和良好的网络道德行为,从而有效应对各类网络道德失范问题。"②明确大学生网络空间道德教育的内容,能够为大学生网络空间道德教育提供基本遵循和方向指引。

　　大学生网络空间道德认知教育的目的是为了促进大学生提升网络空间道德认知能力和水平,使大学生形成正确的网络空间道德观念和道德素质,从而指导大学生进行网络空间道德实践活动。大学生网络空间道德认知教育有利于促进大学生培育坚定的道德意志和情感,从而促进大学生形成良好的网络文明行为。网络空间使大学生在道德判断和道德选择方面具有很多不确定因素,导致大学生网络空间道德观念在一定程度上发生变化,最终促使大学生网络空间道德素质和能力降低。因此,加强大学生网络空间道德认知教育就是要提高大学生网络空间道德品质。从大学生主体性来讲,需要采取自我教育的方式,培育大学生网络空间道德意识,积极引导大学生树立网络空间道德自立意识,从而促使大学生在面对网络空间的不良信息时具有较高的明辨是非的能力,最终提升大学生网络空间道德素质和能力。大学生网络空间道德认知教育的目的是使大学生了解与掌握网络空间道德理论知识,在认识理论的基础上,进一步清晰反思自身的网络空间行为,最终能够提升大学生网络空间道德品质。

　　从网络空间道德实践活动来讲,在加强大学生网络空间道德教育的过程中,要以大学生网络空间道德认知教育为首要内容。"德治是指要形成社会个体的诚信、文明等网络道德认知,并将其落实在网络信息内容生产、复

---

① 温丽华等:《网络空间道德建设的逻辑理路探析》,《学术论坛》,2020 年第 3 期。
② 陈宗章:《"网络舆论反转"现象的思想分析与问题应对》,《探索》,2020 年第 3 期。

制和发布等网络行为选择上,从而形成网络信息内容治理的基本社会环境。"[1]大学生网络空间道德认知教育需要遵循大学生成长成才规律和思想政治工作规律,在大学生网络空间道德教育的目标指引下,选取贴近大学生生活实际的网络空间道德认知教育内容,积极构建符合大学生道德发展需要的网络空间道德认知教育内容,最终不断引导大学生进行网络空间道德教育实践。一方面,在加强大学生网络空间道德认知教育过程中,针对教育内容的选取要遵循现实生活空间道德与网络空间道德教育的原则和方法,具体遵循大学生在网络空间中的道德变化特征,以及教育内容的扩展,积极引导大学生形成网络空间道德认知。另一方面,教育内容要涉及现实生活空间和网络空间道德教育内容,要遵循大学生道德发展规律,最终不断引导大学生参与网络空间道德实践活动。大学生网络空间道德认知教育强调的是实践性道德认知教育,其教育目的在于在大学生网络空间道德教育过程中,通过有系统性的、计划性的开展大学生网络空间道德认知教育,培养大学生网络空间道德情感,最终引导大学生树立坚定的网络空间道德意志,提升自身的网络空间道德品质和能力。

　　大学生网络空间道德认知教育的本质在于大学生如何有效处理在网络空间中与现实生活空间中人和社会之间的关系,是否对大学生网络空间道德有明确的认知,能否在具体网络空间道德实践活动中有正确的道德判断和评价,其根本是建立在大学生对网络空间的情感、意志、自律等意识基础上的道德行为。"只有切实发挥出网络道德规范的教育、引导功能,才能不断深化人们的网络道德认知、网络道德情感、网络道德意志和信念,促使人们养成良好的网络道德行为。"[2]加强大学生网络空间道德认知教育的关键在

---

[1] 周毅:《总体国家安全观视域的网络信息内容治理:进展、内涵与研究逻辑》,《情报理论与实践》,2020 年第 8 期。

[2] 陈宗章:《"网络舆论反转"现象的思想分析与问题应对》,《探索》,2020 年第 3 期。

第三章　大学生网络空间道德教育的原则、目标、内容与方法

于采取丰富多彩的教育方式。只有采取科学合理的网络空间认知教育方式，才能够积极引导大学生形成规范、正确的道德认知，具体包括网络空间道德的感知、获得感、判断与选择等构成要素，这也能够体现出大学生网络空间道德认知教育是从认识到实践，实践到认识的过程。大学生进行网络空间道德认知教育需要遵循网络空间的发展特征和大学生道德发展规律。从道德认知发展理论来讲，大学生的道德认知是处于道德认知的高层次水平，已拥有成熟的网络空间道德认知能力和水平。但由于网络空间的不断变化，各种社会思潮不断出现，导致大学生网络空间道德认知能力和水平也在一定程度上发生变化。因此，大学生网络空间道德认知教育要遵循大学生成长成才规律和道德发展规律，更要遵循网络空间发展的特性，积极引导大学生在网络空间中形成正确的网络空间道德认知，进一步提升大学生应对网络空间负能量的能力，提升大学生网络空间道德品质和能力。

二、大学生网络空间道德情感教育

大学生网络空间道德情感教育是大学生网络空间道德教育的根本内容。大学生网络空间道德情感教育本质在于大学生要满足在网络空间中的道德需要，既是规范大学生网络空间行为规范的重要影响因素，也是大学生网络空间道德的重要反映。"网络虚拟空间也需要网络道德情感教育、网络空间价值观教育。"[1]大学生网络空间道德情感教育是顺应网络空间发展的必然要求。在网络空间发展变化中，大学生网络空间道德情感会伴随网络空间发展呈现新的变化，这使得进行大学生网络空间道德情感教育愈来愈重要。大学生网络空间道德情感教育是内省与理性教育相结合的过程，内省教

---

[1] 郝晓文：《网络时代大学生爱国主义教育面临的问题与对策研究》，重庆邮电大学，2020年硕士学位论文。

新时代大学生网络空间道德教育研究

育强调的是大学生网络空间道德情感体验，理性教育主要强调的是教育者对受教育者进行的理性教育。"加强网络情感场域建设，陶冶网民的网络空间道德情感。网络空间道德情感是指人们对网络空间是否满足自己的需要而产生的态度体验。"①大学生网络空间道德情感教育的教育目的在于通过对大学生进行教育活动，促使大学生对网络空间道德理论知识具有深刻的认识与掌握，并思考与体验网络空间道德情感的过程。大学生网络空间道德情感教育的方式主要是通过大学生对网络空间道德情感的感性体验和内化，从而对网络空间道德形成体验、认知等过程，最终形成培养大学生网络空间道德情感的道德发展过程。大学生网络空间道德情感教育是以大学生网络空间道德认知教育为逻辑前提，主要强调的是通过大学生对网络空间道德产生认知，从而引导大学生在网络空间形成道德观念的过程。

　　大学生网络空间道德情感教育是理性教育与感性认识相结合的教育，其教育本质在于大学生对网络空间道德关系和网络空间道德实践活动形成正确的本质性认识。大学生在网络空间中道德情感、情绪等方面不断发生变化，促使大学生在网络空间中不断进行情感体验，最终不断提升大学生网络空间道德意志和责任。"网络空间道德情感冷漠，在网络空间，人机交流取代了人与人的直接交流，网民不必以真实身份承受现实交往时所产生的种种压力，更不必承担现实的责任。"②只有通过大学生网络空间道德情感教育，才能促使大学生对网络空间道德产生一定程度的认识，从而实现大学生对道德情感的陶冶与不断提升，最终在大学生网络空间道德实践中培养大学生高尚文明的网络空间道德行为。大学生网络空间道德情感教育是教育者和受教育者双向互动的过程，这也能体现出道德自律和他律的教育过程。一方面，大学生网络空间道德情感教育要求大学生作为网络空间道德行为主

---

① 温丽华等：《网络空间道德建设的逻辑理路探析》，《学术论坛》，2020年第3期。
② 王维国：《当代中国社会公德困境治理探析》，《道德与文明》，2022年第1期。

体去主动塑造和培养其自身的网络空间道德情感。另一方面,大学生网络空间道德教育的教育者应该通过理性教育的方式对大学生进行理性道德教育,以潜移默化的教育方式积极引导大学生培养网络空间道德情感。在大学生网络空间道德情感教育的过程中,更多强调情感教育的陶冶和抑制作用。

大学生网络空间道德情感教育的教育过程是有规律可循的,其教育规律是遵循人的道德情感本质特征。大学生网络空间道德教育需要依据理性与非理性的道德发展特征。第一,大学生网络空间道德情感教育是具有实践性的教育过程。大学生网络空间道德情感教育的目的在于大学生在网络空间道德认知的基础上,对网络空间道德进行情感体验,并对大学生道德观念进行实践,这一过程体验了网络空间道德情感教育具有实践性。大学生网络空间道德情感是一种特殊的道德表达,既是对大学生网络空间道德行为的认识,也是对大学生网络空间道德关系的总体评价和判断。第二,大学生网络空间道德情感教育是具有社会性的教育过程。"网络道德衍生于互联网等技术的发展进程中,在网络空间中演进、变化和作用,而网民的虚拟实践和此中的交往关系赋予网络道德以社会性、价值性。"[1]从人类社会发展规律来讲,在网络空间教育过程中存在各种复杂的社会关系,相对应地产生了各种参差不齐的网络空间道德情感表达。这也能够体现出大学生网络空间道德情感表达的过程是伴随社会关系的发展而不断变化的。除此之外,大学生网络空间道德情感教育体验和陶冶,还是伴随大学生的群体特征和网络空间的发展特征而不断发展变化的。第三,大学生网络空间道德情感教育是具有规范性的教育过程。大学生网络空间道德情感教育的规范性强调的是通过对大学生进行网络空间道德的规范和正确引导,从而形成以道德规范为前提的网络空间道德情感。大学生网络空间道德情感教育强调的是大学生通

---

[1] 王欣玥:《网络道德建设内蕴的多重向度审视》,《思想理论教育》,2021年第7期。

过已有的道德观念、价值判断标准,通过对道德的理解与认知形成对大学生网络空间道德情感教育的情感体验。因此,大学生网络空间道德情感教育是大学生网络空间道德教育的根本内容。

三、大学生网络空间道德意志教育

大学生网络空间道德意志教育是大学生网络空间道德教育的基本内容。大学生网络空间道德意志是大学生在网络空间中形成的某种特殊的精神力量,能够指引大学生在网络空间道德实践活动中形成正确的网络空间道德价值判断和选择。"网络空间的诱惑越来越多,如何在'乱花渐欲迷人眼'的环境中保持'乱云飞渡仍从容'的坚定与毅力,网络道德意志起着关键作用。"[①]只有大学生形成坚定的网络空间道德意志,才能促使大学生在网络空间中形成正确的道德判断和选择,进一步规范和约束大学生网络空间道德行为,提升大学生网络空间道德品质。大学生网络空间道德意志教育的本质在于大学生对网络空间中所形成的道德观念、行为规范等形成一定的理性认识和判断。在现实生活空间中,由于大学生群体的特殊性,道德意志对大学生道德品质、道德观念的形成影响相对不大,而网络空间具有虚拟性、开放性等特征,促使大学生在网络空间中表现的道德品质是参差不齐的,差异性也很大。大学生网络空间道德意志教育强调的是从大学生生活实际出发,依据大学生现实生活道德品质的自觉性,积极引导大学生在网络空间中面对复杂多变的网络信息等内容,促使大学生形成正确的网络空间道德观念。大学生网络空间道德意志教育目的的关键在于有效引导大学生形成坚定的网络空间道德意志品质,促使大学生在网络空间道德实践活动中培育坚

---

① 温丽华等:《网络空间道德建设的逻辑理路探析》,《学术论坛》,2020年第3期。

第三章　大学生网络空间道德教育的原则、目标、内容与方法

韧的意志力。

　　大学生在网络空间道德意志教育过程中，需要采取理论灌输与自我教育相结合的方式。"网络道德意志是网络实践过程的产物，是网民们根据网络道德标准在网络道德选择和活动中，发挥主观能动性，自觉地确定行为目标、有目的地支配网络行为，克服网络干扰和诱惑，实现预期目标的品质和能力。"[①]大学生网络空间道德意志具有社会属性和个人属性的特征，从社会属性来讲，需要遵循的规律是遵循网络空间社会发展规律，从个人属性来讲，需要遵循的规律是大学生自身道德发展的客观规律。大学生网络空间道德意志教育采取的方式是自我教育与外部干预相结合的教育方式，需要坚持有效整合现实生活空间道德意志教育方式和网络空间道德教育方式，在两种方法相结合的方式下共同指导大学生网络空间道德意志实践活动。从社会属性来讲，大学生网络空间道德意志教育是在网络空间基础建立的，是受网络空间道德发展的影响和制约的，从个人属性来讲，大学生网络空间道德意志教育需要遵循个人意志选择的原则，积极引导大学生进行网络空间道德实践活动，从而促使大学生形成高尚的网络空间道德品质。"只有切实发挥出网络道德规范的教育、引导功能，才能不断深化人们的网络道德认知、网络道德情感、网络道德意志和信念，促使人们养成良好的网络道德行为。"[②]大学生网络空间道德意志是建立在大学生对网络空间道德认知和判断准确把握基础之上的，最终通过大学生道德内化和内省，不断提升大学生网络空间道德意志品质。理论灌输与自我教育相结合的方式要求在大学生网络空间道德意志教育过程中，教育者对受教育者进行灌输网络空间道德理论需要遵循大学生成长成才规律和道德发展规律，积极引导大学生形成

[①] 朱琳：《化解外烁困境：大学生网络行为的自觉内塑》，《安徽师范大学学报》(人文社会科学版)，2020年第1期。

[②] 陈宗章：《"网络舆论反转"现象的思想分析与问题应对》，《探索》，2020年第3期。

网络空间道德的行为规范。

　　大学生在网络空间道德意志教育过程中，需要采取激励教育与约束教育相结合的教育方式。从现实生活空间和网络空间相融合的道德发展规律来讲，大学生不仅需要在现实生活空间中形成网络空间道德意志，更需要在网络空间中不断检验、发展与完善自身的网络空间道德行为。新时代社会主义道德对大学生网络空间道德教育提出了基本要求，要实现大学生网络空间道德意志教育的目标，需要构建大学生网络空间道德自我道德约束机制，充分发挥大学生道德自律机制的作用，积极引导大学生规范网络空间道德行为。因此，大学生网络空间道德意志教育是建立在大学生对网络空间道德认知、情感基础之上的，需要大学生在网络空间中不断检验和提升其网络空间道德品质，这就要求大学生在进行网络空间道德实践活动中稳固网络空间道德意志，培育大学生网络空间道德情感。在进行网络空间道德教育过程中，需要以大学生网络空间道德意志教育作为大学生网络空间道德教育的基本内容，不断有序推进其教育过程。从网络空间发展演进可以看出，加强大学生网络空间道德意志教育工作具有现实紧迫性，在大学生网络空间道德教育过程中，要遵循大学生成长成才规律，提升大学生网络空间道德教育的针对性和时效性。

四、大学生网络空间道德行为教育

　　大学生网络空间道德行为教育是大学生网络空间道德教育的核心内容。大学生网络空间道德行为教育更多强调的是对大学生进行网络空间行为规范教育。《新时代公民道德建设实施纲要》明确指出："网上行为主体的文明自律是网络空间道德建设的基础。要建立和完善网络行为规范，明确网络是非观念，培育符合互联网发展规律、体现社会主义精神文明建设要求的

第三章 大学生网络空间道德教育的原则、目标、内容与方法

网络伦理、网络道德。"①大学生网络空间道德行为教育关键在于在大学生网络空间道德认知、情感、意志基础上表现出能够对网络空间道德进行价值判断和行为规范的实践活动。大学生网络空间道德行为教育的目的是引导大学生在现实生活空间和网络空间中都能够形成良好的道德规范行为。大学生网络空间道德行为教育需要教育者在对受教育者进行大学生网络空间道德行为教育时,根据不同社会形态的不同道德行为规范,积极引导大学生规范道德行为,最终促进大学生在网络空间道德实践中形成道德判断和行为方式选择的能力和品质。如何在大学生网络空间道德行为教育过程中选取科学合理的道德行为规范准则,成为大学生网络空间道德行为教育的核心问题。教育者引导大学生在规范道德行为过程中,不仅要注重大学生行为规范的正确性,而且要注重关注现实生活空间和网络空间的差异性和互动性,明确现实生活和网络空间社会的主流意识形态,积极引导大学生遵守社会主义道德行为规范基本原则和道德责任、观念。"网上行为主体的文明自律是网络空间道德建设的基础。"②大学生网络空间道德行为教育强调的是对大学生网络空间道德行为方式进行选择,并按照大学生网络空间道德内容来规范其教育行为。但网络空间具有虚拟性和开放性等特征,在加强大学生网络空间道德行为教育过程中,需要依据大学生网络空间道德教育目标和内容制订大学生网络空间道德行为教育的内容。大学生在网络空间道德实践过程中,需要根据网络空间发展变化特征和自身实际生活情况,指引大学生做出正确的网络空间道德行为选择。只有大学生形成正确的网络空间道德行为规范,才能够进一步提升大学生网络空间道德品质和观念。

加强大学生网络空间道德行为教育应当在网络空间行为规范教育和网络伦理教育的有效规范中进行,这也决定了加强大学生网络空间道德行为

---

① 《新时代爱国主义教育实施纲要》,《人民日报》,2019 年 11 月 13 日。

① 张雪黎等:《网络媒介素养教育与青少年道德建设》,《中国广播电视学刊》,2020 年第 9 期。

教育需要采取科学合理的教育方式。如何有效加强大学生网络空间道德行为教育，如何有效对大学生进行网络空间道德行为进行规范已成为大学生网络空间道德教育的重要时代任务。大学生网络空间道德规范教育具有意识形态性，这就要求在加强大学生网络空间道德规范教育的过程中以主流意识形态教育作为教育的重点任务。《新时代爱国主义教育实施纲要》明确指出："网上行为主体的文明自律是网络空间道德建设的基础。"[①]基于网络空间加强大学生网络空间道德规范教育，强调的是坚持以社会主义核心价值观有效规范大学生网络空间道德行为，积极引导大学生在网络空间中遵守社会主义道德规范。高校在加强大学生网络空间道德行为规范教育过程中，应当积极关注大学生在网络空间中的道德变化情况，要动态掌握大学生道德观念变化，及时引导和规范大学生网络空间道德行为。网络空间的互动性促使大学生参与网络空间各种信息之间的互动交流，而网络空间的互动性并不代表大学生在网络空间中的道德行为是随意的。大学生网络空间道德行为教育需要关注大学生网络空间道德认知变化、情感表达、意志坚定等变化情况，也需要关注网络空间的发展态势，只有这样才能够引导大学生树立正确的网络空间交往价值观。大学生网络空间道德行为教育不仅要考虑采取的教育方式是否具有现实操作的可行性，也要考虑如何引导大学生树立正确的网络安全意识和网络安全观等行为规范原则。因此，大学生网络空间道德行为教育是一个系统完备的教育过程，不仅包含了大学生网络空间道德认知、情感、意志等过程，而且包含了大学生网络空间道德反映、道德判断、道德选择、道德评价的过程。

---

① 《新时代爱国主义教育实施纲要》，《人民日报》，2019年11月13日。

第三章　大学生网络空间道德教育的原则、目标、内容与方法

第四节　大学生网络空间道德教育的方法

　　大学生网络空间道德教育的方法是联结教育者与教育对象的重要手段，是把握教育者与教育关系互动交流与对话的重要环节，有利于具体推动大学生网络空间道德教育的实践活动。新时代大学生网络空间道德教育方法是思想政治教育者对大学生进行网络空间道德行为规范的基本遵循。新时代大学生网络空间道德教育的方法应随时代发展而不断变化，其方法反映了大学生成长成才的客观规律和道德发展的规律，要有针对性地对大学生进行网络空间道德教育。

一、道德认知与道德实践相结合的方法

　　道德认知与道德实践相结合的方法，是大学生网络空间道德教育的基本方法之一，具体指的是在加强大学生网络空间道德教育过程中，既要促使大学生形成对网络空间的认知，也要促使大学生在网络空间道德认知基础上进行网络空间道德实践。习近平指出："青年要把正确的道德认知、自觉的道德养成、积极的道德实践紧密结合起来。"[1]可见，习近平强调培养道德品质是道德认知与道德实践的最终目的，也为大学生进行网络空间道德教育方法提供了基本遵循。一方面，强化大学生网络空间道德认知。教育者要引导大学生深刻认识到网络空间对大学生网络空间道德的影响，深刻认识到网络空间对大学生道德发展的重要作用。只有大学生形成对网络空间道德

---

　　[1]　习近平：《在同各界优秀青年代表座谈时的讲话》，《人民日报》，2013年5月5日。

的认识,才能够促进大学生形成正确的网络空间道德观念和价值判断。另一方面,加强大学生网络空间道德实践。大力开展网络空间道德实践活动,通过网络参与、网络评议等与现实生活空间的实践活动,教育引导大学生形成高尚的道德品质。

大学生网络空间道德认知是大学生网络空间道德实践的逻辑起点,作为网络空间道德的行为主体,大学生在拥有一定的网络空间道德理论知识之后,才能够在大学生网络空间道德实践中,提升大学生网络空间道德品质和能力。"网民在网络道德实践中提升道德素质,将主流道德价值内化为自身的行为准则,从而实现网络空间行为主体道德认知与道德实践的有机统一。"[①]大学生网络空间道德实践是检验大学生网络空间道德认知的重要途径,大学生网络空间道德认知只有通过大学生网络空间道德实践才能体现出加强网络空间道德教育的重要性。大学生网络空间道德实践活动是大学生道德观念活动的目的与归宿,是网络空间道德认知、情感、意志、行为等要素综合作用的结果。

在加强大学生网络空间道德教育过程中,需要以社会主义核心价值观为指导,不仅将现实生活道德基本要求与网络空间道德要求结合起来,也要将道德认知与道德实践相结合。道德认知与道德实践相结合的方法强调的是发挥大学生在网络空间道德养成中的作用,要坚持大学生道德认知提升与道德实践的具体开展相互融合与促进,为践行社会主义道德提供基本要求和行为准则。《新时代公民道德建设实施纲要》指出,高校要坚持提升"道德认知与推动道德实践相结合,激发人们形成善良的道德意愿、道德情感"[②]。大学生网络空间道德认知具体指的是大学生对网络空间道德情感、意志、行为的价值判断和选择,是对道德善恶是非的体验。只有通过教育者教育引导

---

① 谷永鑫等:《论网络空间的道德治理》,《思想理论教育》,2021年第11期。
② 中共中央国务院印发:《新时代公民道德建设实施纲要》,《人民日报》,2019年10月28日。

第三章　大学生网络空间道德教育的原则、目标、内容与方法

大学生进行网络空间道德实践，才能促使大学生形成网络空间道德观念和品质。网络空间道德认知是大学生网络空间道德实践的重要前提，深刻影响着大学生进行网络空间道德实践，提高大学生的网络空间道德认知，是开展网络空间道德实践的关键。因此，从网络空间道德认知与网络空间道德实践的关系来讲，大学生网络空间道德认知与网络空间道德实践是辩证统一的关系，是相辅相成，相互促进的。通过大学生网络空间道德实践，形成对网络空间道德认知的新认识，从而形成网络空间道德情感体验和网络空间道德责任，最终将网络空间道德认知转化为大学生网络空间道德行为。因此，在加强大学生网络空间道德教育过程中，既要明确网络空间道德认知与网络空间道德实践的具体内在逻辑关系，又要坚持道德认知与道德实践相结合的教育方法。积极引导大学生自觉地将正确的网络空间道德认知与网络空间道德实践相结合，是加强大学生网络空间道德教育的必要途径。

二、道德自觉与教育引导相结合的方法

道德自觉与教育引导相结合的方法是大学生网络空间道德教育的基本方法。"道德教育应运用道德教育引导的方式将外在道德规范转化为人们的道德自觉。"[①]在加强大学生网络空间道德教育过程中，这一教育方法主要强调的是在大学生网络空间道德自觉生成中，对大学生进行教育引导，不仅是为了调动大学生生成网络空间道德自觉的积极性、主动性、能动性，而且是为了能够在其教育过程中充分遵循网络空间中大学生道德发展规律、成长成才规律以及自律意识等，促使大学生网络空间道德教育的出发点和最终目的是提升大学生网络空间道德素质和品质。高校在大学生网络空间道德

---

① 马文多:《公民道德建设中道德认知和道德行为的整合研究》,《学校党建与思想教育》,2017年第19期。

自觉中发挥着不可替代的作用,并且在大学生网络空间道德教育过程中一定要遵循道德发展的虚拟性、开放性等特征,使教育者成为大学生网络空间道德教育的引导者、示范者。

第一,大学生网络空间道德教育的道德自觉方法不是单一因素作用的结果,而是自身内化陶冶、高校教育引导、社会化影响多种要素共同作用的结果。"大学生正处于向道德自觉过渡的关键阶段,高校的教育引导在这一时期发挥着特殊而重要的作用。"[①]三者之间的相互联系共同促使大学生网络空间道德教育有序进行。大学生网络空间道德教育是一个比较复杂的系统,只有通过大学生发挥主体性、积极性、主动性等道德自觉方法,才能促使大学生形成网络空间道德认知、情感、意志等,最终通过大学生道德自觉提升其网络空间道德品质。大学生网络空间道德自觉养成需要通过学校教育、社会教育、家庭教育等交叉融合共同促进,只有发挥三者的共同作用,才能有效发挥大学生的主体性作用。在高校教育方面,大学生网络空间道德教育要以网络空间道德自觉的生成进行教育引导。这也能够体现出加强大学生网络空间道德教育应坚持道德自觉与教育引导相结合的方法。在网络空间教育过程中,高校应坚持正向引导、积极引导,根据大学生网络空间道德教育内容、方法,通过教育方法引导大学生正确生成对网络空间道德的自觉。在大学生网络空间道德教育过程中,大学生不单单接受的是网络空间道德教育的理论灌输或者基本行为规范准则,而更多强调的是网络空间道德的自我建构和道德自觉。

第二,在大学生网络空间道德教育过程中,高校教育者要进行观念转变,积极成为大学生网络空间道德教育的引导者,鼓励大学生生成对网络空间道德的理性判断和自觉实践。"道德自觉的本质是个体在社会实践中下意

---

① 余加宝:《大学生道德自觉的生成机制探析》,《大学教育科学》,2019年第5期。

识地形成的道德选择,道德选择或实践应该成为教育者的本能反应,才可称之为道德自觉。"①高校对大学生网络空间道德教育引导主要是规范大学生网络空间道德行为。在加强网络空间道德教育过程中,应坚持创新传统道德教育方式,要根据网络空间的发展特征,贴近大学生生活实际,深入分析大学生道德发展规律,遵循大学生成长成才规律,最终产生大学生网络空间道德教育引导的实质效果。教育引导的方式必须根据大学生网络空间道德自觉的主体建构性特征,引导大学生自觉将网络空间道德内化于心、外化于行,并在网络空间实践活动中提升网络空间道德品质和形成正确的网络空间道德观念。

因此,在大学生网络空间道德教育过程中,应坚持道德自觉与教育引导相结合的方法。道德自觉方式是大学生的内在道德表现,而网络空间道德自觉是大学生在网络空间中的道德自觉过程,更多强调的是通过大学生内化作用形成网络空间道德认知、情感、行为等。教育引导方式强调的是大学生在网络空间道德教育过程中,通过对大学生进行网络空间道德教育所采取的适当、全面的教育方式。

三、培育自律与建构他律相结合的方法

在加强大学生网络空间道德教育过程中,要坚持培育自律与建构他律相结合的方法。"通过公民'自律'与'他律'两个传统维度同样适用于网络空间的公民道德建设。"②大学生网络空间道德教育,离不开网络空间道德行为主体的自律,更离不开教育者的他律规范与教育引导规范。大学生网络空间道德的行为主体是大学生,培育其网络空间道德自律更是要坚持大学生的

---

① 焦岩:《教师德育力:内涵、影响及养成》,《教育理论与实践》,2021年第8期。
② 陈进华:《自律与他律:公民道德建设的实践路径》,《道德与文明》,2003年第3期。

主体性作用。高校加强大学生网络空间道德教育的前提是培育大学生网络空间道德自律,以建构他律为着重点,最终不断引导大学生形成正确的网络空间道德观念和品质。培育自律与建构他律相结合的方法是对主体性教育理念所提倡的"他律的道德教育"等教育方法的创新发展。

新时代加强大学生网络空间道德教育需要以道德自律和道德他律为前提条件,坚持以道德教化引导大学生,培育正向的网络空间道德自律意识和建构他律的网络空间道德行为规范。"夯实网络空间道德建设的基础自律与他律相对应,自律从人的意志自身引申出道德原则和道德规范,并说明人遵守道德来源于人自身,而不是外在的强制。"[1]针对网络空间道德行为失范等问题,要以加强网络空间道德他律和培育大学生网络空间道德自律为前提和着力点。一方面,培育自律与建构他律相结合的方法强调的是从依赖培育道德自律到侧重道德他律规范,还需要坚持以"慎独"为方法的道德自律和外在的教育干预等道德他律的方法。另一方面,培育自律与建构他律相结合的方法强调的是教育者要积极引导受教育者通过塑造健全的网络空间道德人格来实现网络空间道德教育目的,具体来讲是大学生将网络空间道德认知、情感、意志等进行网络空间道德实践。道德自律强调的是发挥大学生网络空间道德主体的自律性,但也应该注重发挥社会、家庭等他律对大学生网络空间道德教育的重要作用。

培育自律与建构他律相结合的方法是道德自律和道德他律共同作用的结果。大学生网络空间道德本质在于大学生在网络空间中形成的一种实践性的道德新形态。传统的道德教育方法强调将道德规范内化于心、外化于行,坚持知行合一,同样,加强大学生网络空间道德教育也要采取道德的知行合一的教育方法。加强大学生网络空间道德教育不仅需要道德自律的自我规范,还需要社会、家庭规范自律才能够实现大学生网络空间道德教育目

---

[1] 周中之:《新时代网络空间道德建设的守正创新》,《中州学刊》,2021年第3期。

第三章　大学生网络空间道德教育的原则、目标、内容与方法

标,培育网络空间道德自律也需要符合家庭、社会等道德他律规范的具体目标。"网络空间以及网络行为的特殊性,导致传统社会中道德他律的种种'外力'在网络空间出现'低能'甚至'失能'的情形,而网络自律恰恰可以督促网络主体恪守道德规范,在相当程度上弥补法律的不足。"[1]要使大学生真正认同网络空间道德规范,就需要将网络空间道德规范转化为其自觉遵循的道德自律,最终引导大学生自觉将网络空间道德规范转化为网络空间道德实践活动。培育网络空间道德自律是建构网络空间道德他律的逻辑起点,主要指的是道德规范的外在约束力,引导大学生进行网络空间道德实践。培育网络空间道德自律是加强大学生网络空间道德教育的本质追求和价值目标,建构网络空间道德他律是培育网络空间道德自律的重要保证。

在加强大学生网络空间道德教育过程中,培育自律与建构他律是密不可分的,是相互联系的统一体。道德自律的方法强调的是将网络空间道德认知转化为网络空间道德规范的基本准则和行为准则,积极引导大学生利用网络空间道德自律和网络空间道德他律的方法进行网络空间道德实践活动。建构网络空间道德他律的方法主要指的是在教育过程中大学生对网络空间道德的认知、情感、意志等一系列网络空间道德评价行为,最终根据大学生的道德自律和道德自觉引导大学生提升网络空间道德品质。因此,培育自律与建构他律相结合的方法是大学生网络空间道德教育的关键环节,也是将大学生网络空间道德认知转化为网络空间道德实践的重要手段。

四、自我养成与道德规范相结合的方法

自我养成与道德规范相结合的方法是大学生网络空间道德教育最重要

---

[1] 李建华:《网络空间道德建设中的自我伦理建构》,《思想理论教育》,2021年第1期。

的方法保证和实施手段,使大学生在网络空间道德实践活动中实现"自主内省",这既是大学生网络空间道德自我养成的过程,也是大学生网络空间道德规范的过程,更是加强大学生网络空间道德教育转化的关键方法和手段。"进行道德养成教育的目的不是仅仅为了使学生在理论上或思想上接受道德规范,最终的目的应该是使他们能够自觉践行道德。"[1]在大学生网络空间道德教育过程中,采取道德自我养成的方式主要强调的是充分利用大学生的积极性、主动性和对网络空间道德关系的把握与处理。

第一,自我养成的方法需要依靠大学生道德自律的内化方法,根据道德内化和教化调节大学生的网络空间道德关系,合理妥善地处理大学生网络空间道德认知、情感、意志等网络空间道德自觉。从大学生自我养成来看,加强大学生网络空间道德教育强调的是以网络空间道德自我养成为核心,自我养成需要以遵循大学生成长成才规律和思想政治工作规律为逻辑起点。大学生网络空间道德的自我养成方法指的是大学生网络空间道德意志的锻炼、陶冶,积极将网络空间道德认知付诸网络空间道德实践的过程。大学生网络空间道德教育的自我养成方法是大学生网络空间道德教育的一种重要方法。"强化网民主体的道德责任与自律,关键在于加强道德修养,而自律意识的养成对道德养成具有重要规范作用。"[2]从网络空间道德的自我养成来看,大学生网络空间道德教育的方法关键在于大学生通过网络空间道德加强自我修养,发挥网络空间道德养成的作用,即通过大学生道德的自我养成方法,促进大学生网络空间道德品质的自我养成。大学生网络空间道德的自我养成是网络空间道德规范的前提条件。大学生网络空间道德教育过程是大学生网络空间道德内化为道德规范的过程,也是大学生内化网络空间道

---

[1] 游昀之:《大学生道德边缘化问题解析》,《人民论坛》,2010年第29期。
[2] 孙枝俏:《网络虚拟社会中道德自律的独特功能与实现路径》,《江苏行政学院学报》,2019年第6期。

第三章 大学生网络空间道德教育的原则、目标、内容与方法

德认知、情感、意志等的融合过程。在网络空间道德自我养成中,主动自觉地将网络空间道德认知、价值原则内化成网络空间道德规范,形成正确的网络空间道德观念和品质。

第二,大学生网络空间道德规范不是纯粹的道德内化过程,而是在网络空间道德实践过程中形成的。大学生网络空间道德规范方法是建立在网络空间道德自我养成、自我锻炼的基础上进行的网络空间道德实践活动。大学生网络空间道德规范强调的是通过道德自律和自觉方式,积极引导大学生形成对网络空间道德的认知、情感、意志等。道德规范强调的是调节和处理大学生在网络空间中进行的道德判断和价值选择,其本质上是网络空间道德中存在的利益关系。新时代加强大学生网络空间道德教育,应当调节和处理大学生在网络空间中的道德规范行为关系。"道德养成通过'明人伦''知礼仪'的详细具体的行为规范践履,从小处、细处着手,养成童蒙的道德品质。"[①]在大学生网络空间道德教育过程中,应形成"自我养成,教育引导"的道德规范准则。在网络空间中,针对网络空间道德中出现的网络空间道德失范行为等问题,在大学生网络空间道德教育过程中应形成"明辨是非"等网络空间道德规范,在此基础上建构新时代大学生网络空间道德教育评价体系,为促进大学生网络空间道德教育有序开展提供重要依托。

自我养成与道德规范相结合的方法是一个系统体系。贯穿于大学生网络空间道德教育的整个教育方式、目标,体现出大学生网络空间道德教育是一个系统性的整体过程。自我养成与道德规范相结合的方法揭示了大学生网络空间道德教育过程、教育规律及其影响机制的内在机理。自我养成与道德规范相结合的方法反映出大学生网络空间道德教育是自律性和他律性相结合的教育过程。在加强大学生网络空间道德教育过程中,自我养成是通过

---

① 班高杰:《人伦与规范:传统蒙书中的道德养成》,《江西社会科学》,2020 年第 7 期。

新时代大学生网络空间道德教育研究

大学生道德自觉的作用形成大学生网络空间道德认知、情感、意志等实践活动,遵循大学生道德发展的特点及其规律,最终引导大学生在教育过程中自觉主动地进行道德价值判断和道德行为规范,提升网络空间道德品质;道德规范主要指的是教育者通过一定的教育目标、教育目的积极引导大学生遵循道德发展的规律,规范大学生在网络空间道德过程中的道德认知与道德实践活动,积极引导大学生形成正确的道德观念和道德品质。

"真正的德育,是一种无痕的教育,是发自内心的道德认识、道德养成和行为规范,是学生在似"水"的文化中自己领悟、体会、反思与践行的过程。"①因此,在加强大学生网络空间道德教育过程中,一方面强调教育过程中要注重网络空间道德的自我养成作用,通过大学生的道德内化形成对网络空间道德认知、情感、意志等内容;另一方面强调教育者要积极引导大学生在网络空间中的道德行为,着重强调教育引导的作用,发挥教育者的引导示范作用和大学生主体建构作用,最终引导大学生形成正确的网络空间道德观念和品质。

---

① 孙晓峰等:《社会主义核心价值体系建设与高校德育创新》,《思想理论教育导刊》,2009年第12期。

第四章 大学生网络空间道德教育的现状分析

为深刻把握大学生网络空间行为的特征和规律,深入了解网络空间道德教育的现状及存在的问题,采取宏观与微观相结合、定性研究和定量研究相结合的方式进行实地调研[①],并根据调研数据从机遇和挑战两个维度对大学生网络空间道德及其教育现状进行简要分析。

第一节 大学生网络空间道德教育的现状

为了便于展开调查研究,本次调查问卷目标选取陕西省高校。问卷内容主要包括三个方面:一是关于大学生基本信息和基本上网情况调查;二是大学生网络行为失范情况调查;三是高校网络道德教育情况调查。本次调查采取生成电子问卷、微信定向转发链接、调查对象在线填写的方式进行。经后

---

① 主要运用了三种调研方式:问卷(以学生为对象)、座谈(面向学生,以"一对多"的形式开展)、访谈(面向思政课及计算机相关专业教师,以"一对一"的形式开展)。

台统计,共计 12052 人参加了问卷填写,得到的数据样本能够较好地为本研究提供支撑作用。

一、关于调研的整体性说明

以西安市为重点区域,亦兼顾省内,分重点大学、省属本科、民办高校、公办专科高校四类[①]开展调研(总计 14 所,约占全省高校总数量的 15%),采用问卷调查、座谈、访谈等形式力求对陕西省大学生网络空间道德教育的现状有较为客观的评价。

(一)调查问卷及座谈、访谈提纲设计

调查问卷及座谈、访谈提纲设计既是开展调研的基础性工作,也是保证调研数据有效的前提性条件。调查问卷及座谈、访谈提纲设计的主导思想尽可能真实、全面、客观地反映陕西省大学生网络空间道德教育的现状。

调查问卷及座谈、访谈提纲设计遵循以下原则:

第一,目标层面的覆盖性原则。调研问卷要涉及大学生网络空间道德教育的方方面面,但不限于大学生基本信息和基本上网情况调查、大学生网络行为失范情况调查、高校网络道德教育情况调查。

第二,问题层面的明确性原则。有两层内涵:一是围绕要达成的目标,设置普适性问题;二是问题本身要简洁、精确,不能因文字表述不够清晰给调

---

① 调研范围不包括成人高校、广播电视大学,也不包括普通高校的研究生。重点大学选择了两所,分别是西安交通大学、陕西师范大学;省属本科高校选择了 6 所,分别是西安理工大学、西安邮电大学、陕西理工大学、陕西科技大学、西安文理学院、商洛学院;民办高校(有的只招收本科,有的只招收专科,有的本科、专科兼而有之,故专科层次不再调研民办高校)3 所,分别是西京学院、延安大学创新学院(独立学院)、西安培华学院;专科高校 3 所,分别是陕西铁路职业技术学院、陕西职业教育学院、咸阳财经职业技术学院。另外,调研数据反映的是 2021—2022 学年度第二学期的现状。

研对象带来不必要的困惑。

第三,整体层面的逻辑性原则。调查问卷要统筹设计,观测点与观测点之间、问题与问题之间要有较为紧密的承接关系、层次关系。

(二)抽样数据

按照指定和随机相结合的原则发放调查问卷,指定是指四类学校中一年级学生比例25%,毕业班学生35%,其余年级学生40%;随机是指在各年级发放调查问卷时专业随机、性别随机。经后台统计,共计12052人参加了问卷填写,并被认定为有效问卷。

表3 调查问卷样本信息

调查项目	类别	受调查学生人数	所占比例
性别	男	6319	52.4%
	女	5733	47.6%
年级	一年级	4015	33.31%
	其他年级	4420	36.67%
	毕业班	3617	30.02%
专业	文科	3350	27.8%
	理工科	4664	38.7%
	艺术	1398	11.6%
	医科	1109	9.2%
	其他	1531	12.7%

二、大学生网络空间道德教育的现状分析

从整体来看,以陕西省为代表的我国大学生网络空间道德观念积极、健康、向上,理想信念坚定、价值取向正确、心理素质稳定正常、道德状况整体良好,拥有强烈的爱国情怀和国家意识,高度的民族自信心和社会责任感。同时,也有部分学生存在网络空间道德失范现象。作为个案来看,网络空间的种种"乱象"令人触目惊心。

(一)大学生使用网络的基本情况

关于上网时长,受疫情影响,在线学习明显增加了上网时长。调查数据显示超过 72.3% 的大学生每日上网时长在 5 小时以上,超过 47.6% 的大学生日均上网时长超过 8 小时。

关于上网工具,手机以 100% 的使用率高居榜一,紧随其后的是个人电脑 91%,平板 61%,选择图书馆、机房和网吧等公共场所电脑的占比极少。在进一步访谈调研中,有学生坦言,偶尔结伴去网吧通宵不过是调剂生活或是社交的一种选择。当前,随着教学方法的融合性、学习手段的信息化,手机、电脑、平板俨然成为大学生居校必备的"三件套"。其中,手机已经率先实现客体的主体化,成为人们,特别是青年大学生须臾不可离开的一部分,已经作为身体的重要"器官",与主体融为一体。而电脑和平板的用途主要在学习方面。

关于网络行为,排在前三位的是:娱乐休闲 83%,在线学习 47%,网上购物 42%。娱乐休闲依然高居榜首,特别是短视频等新兴平台的蓬勃发展,已经挤占了人们大量的生活时间。在个别交流访谈中,有学生说,刷抖音、快手已经成为他生活的一部分,而且很少与学习和生活发生冲突,很多时候是并行不悖的,比如走在路上、吃饭过程中……值得肯定的是青年大学生已经习惯于网络时代的学习特点,在线学习已经成为每天的必修课。慕课(MOOC)、学堂在线等网络学习平台已经成为自主学习的重要平台,少部分同学还购买了知识付费产品,满足个性化需求。大学生购物需求虽然并不高,但网购的便捷、低价和多元特点,已经改变了他们的消费习惯。有学生表示,不管需不需要,都会到各电商大平台上逛一逛,逛着逛着就有了购买的欲望,就会下单,而有时就如同是逛实体商场一样,纯粹是休息的一种方式。

关于常用平台(或 App),排在前 3 位的是:及时通信类 93%,娱乐休闲类76%,学习教育类52%。可见,大学生的社交范围虽然相对比较单一,但交往依然是青年大学生的重要需求,占据了大学生网络行为的重要时间和空间。娱乐休闲,特别是各类网游极具吸引力,有青年教师表示,有的学生甚至上课时都不忘"组局开一把"。学习是学生的本职,加之各类学习平台和App日益多样化,学生平时学习、考研、考公、考级、考证等,对学习平台(或App)越来越有依赖性。

(二)大学生网络空间行为失范的表现

所谓大学生网络失范行为是指大学生在使用网络的过程中表现出来的一切违反道德和违法犯罪的非理性行为。[1]从调研的情况看,当前大学生网络行为失范情况主要表现在以下方面:

第一,网络依赖。有63%的大学生表示有轻度网瘾,22%的大学生表示对网络有严重依赖。突出地表现在"手机控""低头族"。访谈中,辅导员群体和教师群体都反映了大学生网络依赖问题比较严重。有辅导员为了让本班学生专心听课,在班里倡导上课不带手机,专门召开班会规定合理使用手机班级"公约",人人签名表态,在教室悬挂公用手机袋。但具体落实的成效微弱,为了达成上交、放入手机袋等班级"公约"要求,有的学生甚至购买多部手机应付差事。

第二,泛娱乐化。有72%的学生表示每天花费在游戏、视频、网文、购物等非学习行为的时间在2个小时以上,有19%的学生表示每天花费在非学习网络行为的时间超过4个小时。

第三,非理性购物。有53%的学生表示存在冲动消费、过度消费现象。某高校学生建立"闲余"物品交换社区,据参与活动的学生介绍,在物品交流交

---

[1] 张景胜:《大学生网络失范行为防范模式的构建》,《教育理论与实践》,2012年第12期。

换过程中，女生的物品要明显多于男生的物品。女生的物品集中在衣物、文创物品等，有很多物品在交换中甚至没有撕下标签或拆开包装。在"双11"期间，曾有人对西安各高校购物金额进行初步统计，发现在各高校的购买金额上民办本科院校高于专科类院校、专科类院校高于公办院校。各高校物流区的繁荣景象也从侧面反映了学生购物频次之高。此外，高消费、借贷消费的现象仍未杜绝。

第四，涉猎不健康内容。网络信息繁杂多样、泥沙俱下，直播乱象、黄色信息、灰色信息等乱象如野草般存在，虽然国家净网力度和决心都很大，但由于背后利益的驱使，境外不良信息的翻转等，仍是屡禁不止。对此，青年大学生抵御力不强、猎奇心理作祟，导致网络不良行为的发生。

第五，不辨良莠、偏听偏信。对网络博主、名人或所谓"秘闻""真相"等，不做理性分析和深入调查研究，盲目相信、点赞、转发和评论。特别是对热点问题会持续关注，跟进"转发"。有41%的人表示有过转发他人评论、观点的行为，有28%的人表示经历过网闻反转的问题。

第六，网络诈骗上当受骗事件时有发生。虽然在问卷调查中，没有显示出遭遇网络诈骗上当受骗的比例，但有47%的人表示曾经受到中奖、交友、应聘、网贷等不良信息的宣传鼓动。在座谈调研中，某高校一位资深辅导员讲，虽然此类教育年年搞、经常讲，但几乎每学期都有上当受骗的新案例。

第七，"饭圈文化"。所谓"饭圈"，本是指代"粉丝群体"的网络用语。然而在逐利逻辑的驱动下，一些饭圈竟异化成无所不在的消费套路。将追星物质化为应援打榜、屠榜控评、消费越多证明"爱"得越深、不花钱就不配喜欢偶像；互撕谩骂、人肉搜索、网络暴力，竟成了为偶像"出力"的表现……。2021年发生的粉丝为给喜欢的选手打榜投票，竟将白花花的牛奶整桶倒入下水道的事件，暴露出"饭圈文化"的扭曲变质。比较而言，大学生的财力有限、相对理性。但"饭圈文化"对高校青年大学生群体还是有一定的冲击和影响。调研显示,有35%的大学生有个人的偶像。有8%的人表示对偶像绝对支持和信任。有近2%的人表示曾为偶像消费助力。

第八,西方网络空间社会思潮乱象的侵袭。伴随着网络空间的不断拓展,以"普世价值"论、网络自由论、价值虚无主义、民粹主义、恐怖主义等为代表的西方社会思潮,不仅在网络空间制造各种乱象,而且对青年大学生的意识形态塑造造成较大困扰。这些言论把学术研究、理论流派作为包装,极易引起求知欲较强的青年大学生的关注。问卷中,有61%的学生表示有过利用网络阅读相关信息的经历,有17%的学生认为西方学者的观点有学理深度和实践精神,更能反映事件的本源。

第九,不良网络学习行为客观存在。通过调研和访谈了解到,部分学生存在网上搜索作业答案、拼凑论文、代刷网课等不良现象。一方面,在线教学不受空间限制,增强了教学和学习的灵活性;另一方面,非面对面教学,教学管理难落实,导致一部分自主性较差的学生学习不主动,在线不用心,或者干脆去干与学习无关的事。

第十,其他不良行为。比如,网络交往行为,虚拟生活"家庭化""社区化",过度沉迷其中,导致与现实生活身份相混淆。因贪图享受、过度消费而进行网贷,陷入骗局。参与不良直播等乱象。这些现象虽是极少数,但影响很坏,特别是对当事人,后果十分严重。

(三)高校网络空间道德教育现状

调研显示,网络空间道德教育是薄弱环节。不少高校都存在投入过少、专职教育队伍不健全、教育方法过时等问题。

1.学生对网络空间道德教育的评价

学校是大学生生活的主体空间,思政课是大学生德育教育的主阵地。在调研中,突出网络道德教育的组织模式、内容、频次和成效。总体而言,各高校对大学生网络空间道德教育比较重视,但在落实上还有较大差距,已经难以满足当下网络空间道德教育的现实需要。在组织模式上,关于"您所在的高校采取何种模式进行网络空间道德教育?"的问题,排在前三位的模式是:召开主题班会进行教育的占47%;融入思政课进行相关教育的占36%;进行专题式教育的占21%。而选择"没有进行相关学习教育"的占16%和"没有印象"的占11%。关于学习教育的内容,排在第一位的是"集体学习相关文件"的占61%。明显感到教育内容单一,缺乏系统性和深度,导致大学生知其然、不知其所以然,停留在规劝性说教的层次。关于教育频次,选择每学期至少一次的不足20%,大部分学生选择了"偶尔"或"没有印象"。问卷中,还设计了若干网络行为道德认知和价值判断的题目,比如"因为博主、偶像的交往面广、信息获取渠道多,所以他们对事件的言论比较接近真相,所以我无条件点赞支持或转发",选择赞同的比例达37%。总之,虽然问卷调查反应的网络空间道德教育情况是初步的,但暴露出当前教育的实施还没有引起各高校的高度重视,呈现出以传统德育涵盖、代替网络空间道德教育的问题,导致教育的组织方式单一、内容片面、频次不足,时效性针对性比较差。

2.网络空间道德教育的难点

第一,教育对象网络行为掌控难。了解教育对象的现实情况是有针对性地开展教育的前提和基础。但由于网络空间是虚拟空间,网络空间行为更具个性和私密性,很难通过常规的了解学情的手段及时掌握教育对象的真实行为和真实内心活动。座谈中一位辅导员的苦恼极具代表性。他表示,大学生的网络行为具有"事前难预测、事中难监管、事后吓一跳"的特点。学生上网的形式十分丰富和灵活,遭遇的情况更是五花八门,很难一一提醒到位。学生上网的主要方式是通过个人的智能手机,属于个人财物,其言论、行为只要不触及法律法规就属于个人隐私范畴,难以监管,只能是采取引导、规劝和警示等说服教育的方法。而由于对平时情况的未知,直接导致一旦发生问题后,很难和该生平时的表现联系起来,往往是大吃一惊。对具体情况的一知半解严重影响了后续的教学设计和具体展开,使教育的针对性和实效性大打折扣,往往陷入自我循环、自说自话之中。

第二,教育内容确定难。之所以教育内容难确定,一方面是因为对教育对象的情况把握不准确,主要还是对网络空间道德教育的定位游移所致,即定位于课程体系、教育体系? 抑或是经常性教育工作? 对此问题的回答和实践,决定了网络空间道德教育的深度、广度和系统性、连贯性。如果将网络空间道德教育定位为一门课程,必然有利于网络空间道德教育的系统性,能够给学生提供更加全面的基础性知识、规律和指导。但一旦固化为一门课程就面临着学生培养方案的调整、师资力量的配备、教材的开发与保障等一系列问题。如果以选修课的形式出现,就会面临倡导哪些人选课、以何种方式来选课等问题。如果将之定位于教育体系,如何展开、由谁施教等,开展讲座式、专题式教育依然有人员不能全员参加的问题存在。比较恰当的是融入思政课教学,而在思政课主干课中,最恰当的是融入"思想道德与法治"课程,而如何融,融到什么程度依然要进一步探讨。还可以作为每年的形势与政策课进行专题教学。同时,辅以经常性教育工作作为补充。总之,根据调研情况来看,目前关于网络空间道德教育的内容还没有统一标准。

第三,教育时间保障难。调研表明,当前网络空间道德教育已经引起各单位的注意和关注,有的也比较重视,但在具体落实过程中则存在随意、随机,讲起来重要、做起来不重要等问题。有的高校主动融入第一课堂,但因为缺乏统一的标准规范,具体融入与第一课堂主讲教师的能力素质、个人研究旨趣有极大的相关,导致有的过度开展、有的蜻蜓点水、浅尝辄止。有的高校将网络空间道德教育纳入第二课堂、学生班会主题教育等,但对师资队伍的能力素质提出较高要求,如果将之简单地归为团委、辅导员的职能范围,则存在教育成效难保证、内容难落实的问题。有的高校干脆大力开展第三课堂，即依托网络、设置专区，建设网络课程教育、学习资源，引导大学生各取所需。但对具体学习情况难以把握。总之，对于网络空间道德教育，具体什么时间展开，开展多长时间的学习教育都没有做具体的规范。

第四，教育模式创新难。现行道德教育模式多采用直观灌输、大水漫灌、我讲你听的填鸭式教学，其优点是便于统筹规划教学内容、开展教学设计，在最短的时间内将相关内容传递给学生。但问题也比较突出，比如难以做到因材施教，教育的针对性、实效性不强。课堂上就容易出现教师讲得很投入、学生抬头率和听课效率却很低的现象。具体到网络空间道德教育，因为教学任务没有相对固定，承担讲授的教师难以将之确定为教学科研方向，大多作为临时性、突击性任务来完成，影响了教学研究的展开和深入掘进。近些年，网络发展速度明显加快，网文、网言、网语更是日新月异，作为身在其中、参与其中、与之同步成长的青年大学生自然适应快、接受快。但开展教育的部门和承担教育任务的师资力量则相对表现出明显的滞后性。

第五，教育成效评估难。网络空间道德教育属于德育范畴，而德育的成效本身就难以检验和评估。通常来说，德育成效的评估不同于单一的知识性教学，评估的重点在于对学生思想政治素养增量的评价。对于"学"的情况进行评价，通常有两种模式，即目标模式（GAT模式）和过程模式（CIPP模式）。比较而言，专业课学习，更重视知识和技能目标的达成，常用GAT模式进行评价；而学生的德育发展具有渐进化的过程性特征，常用CIPP模式评价。两种评价模式虽然均指向学生发展，但在评价的侧重点上思路完全不同。显然，网络空间道德教育评价宜采用混合模式进行。问题是对学生的道德发展变化需要一个持续跟进、实践追踪和考察的过程，而网络虚拟空间的道德行为更具个体性和隐蔽性，给观察、记录、资料收集等均提出了挑战。

第四章　大学生网络空间道德教育的现状分析

第二节　网络空间道德教育面临的机遇和挑战

网络空间的种种"乱象"表明，部分大学生网络道德人格已出现不同程度的异化，即"自我""超我"对"本我"的约束力、统驭力严重削弱而导致虚拟道德人格、现实道德人格错位与失衡。虽然网络并不是虚拟道德人格社交表达的唯一环境，如果条件允许，它也会呈现在现实生活，但是网络空间本身的特殊性会使这种错位、失衡状态愈演愈烈，进而造成身份冲突、人格障碍、精神分裂。从落实立德树人根本任务的价值旨归出发，高校思想政治教育工作者应积极行动、主动作为，聚焦大学生网络道德人格的异化现象，采取有针对性的教育、引导措施，帮助大学生群体中的"关键少数"健康成长。

一、网络空间道德教育面临的机遇

2021年11月19日，首届中国网络文明大会在北京举办。大会以"汇聚向上向善力量，携手建设网络文明"为主题，搭建网络文明理念宣介平台、经验交流平台、成果展示平台和国际网络文明互鉴平台，营造清朗健康的网络空间，引起广大网民的强烈共鸣。习近平专门致贺信指出："网络文明是新形势下社会文明的重要内容，是建设网络强国的重要领域。近年来，我国积极推进互联网内容建设，弘扬新风正气，深化网络生态治理，网络文明建设取得明显成效。"[1]将网络文明纳入社会文明视域之中，提升到网络强国领域的高度，符合网络时代的发展潮流和我国网络强国建设的趋势。同时充分肯定

---

[1]《习近平谈治国理政》（第四卷），外文出版社，2022年，第319页。

了我国注重互联网内容建设和生态治理,充分体现了新时代党和国家对网络空间文明建设的高度重视。

  2022年8月19日,中共中央宣传部举行"中国这十年"系列主题新闻发布会,介绍了新时代网络强国建设的成就。发布会上指出,党的十八大以来,以习近平同志为核心的党中央高度重视、统筹推进网络安全和信息化工作,推动网信事业取得历史性成就、发生历史性变革。习近平举旗定向、掌舵领航,提出一系列具有开创性意义的新理念、新思想、新战略,形成了内涵丰富、科学系统的习近平关于网络强国的重要思想。在这一重要思想的指引下,我国正从网络大国向网络强国阔步迈进。重申了我国从"网络大国向网络强国迈进"的历史发展趋势,并着重指出这一发展趋势是在习近平关于网络强国的重要思想的指引下形成和良性发展的。有学者撰文指出:"党的十八大以来,党中央高度重视互联网的发展和治理,不断推进理论创新和实践创新,走出了一条中国特色治网之道,形成了网络强国战略思想。习近平总书记站在人类历史发展、党和国家全局高度,科学分析了信息化变革趋势和我们肩负的历史使命,系统阐述了网络强国战略思想,科学回答了事关网信事业长远发展的一系列重大理论和实践问题。"[1]加强网络强国建设,必须立足时代发展和中国实际,坚持中国特色网络强国建设的方向。为此,应努力做到三个坚持,即坚持党的集中统一领导、坚持以人民为中心的发展思想、坚持走中国特色网信发展之路。而网络空间道德建设是网络强国建设的题中应有之义。

  加强网络空间道德建设需要上下同心,各负其责。正如习近平指出:"各级党委和政府要担当责任,网络平台、社会组织、广大网民等要发挥积极作用,共同推进文明办网、文明用网、文明上网,以时代新风塑造和净化网络空

---

[1] 安钰峰:《学习习近平网络强国战略思想 建设中国特色网络强国》,《学校党建与思想教育》,2021年第15期。

间,共建网上美好精神家园。"①这一重要论述,同样为做好新时代大学生网络空间道德教育指明了方向,提供了根本遵循。

(一)机制体制不断健全

党的十八大以来,以习近平同志为核心的党中央把党管互联网作为重要政治原则,改革和完善互联网管理领导体制机制,成立中央网络安全和信息化委员会。出台了《关于加强网络安全和信息化工作的意见》《"十四五"国家信息化规划》等,压实网络意识形态工作责任制、网络安全工作责任制,推动党管互联网落到实处。在党的坚强领导下,网信系统充满正能量,不仅实现了"管得住",还更加广泛地实现了"用得好",牢牢把握了网络意识形态工作主导权和主动权,网络空间主旋律和正能量更加高昂。

(二)互联网事业蓬勃发展

网络基础设施是网络虚拟空间的现实基础。据统计,我国网民规模、国家顶级域名注册量均为全球第一,互联网发展水平居全球第二。2012—2021年,我国网民规模从5.64亿增长到10.32亿,互联网普及率从42.1%提升到73%。所有地级市全面建成光网城市,行政村、脱贫村通宽带率达100%。互联网协议第6版(IPv6)规模部署成效显著,拥有地址数量居全球第二。

网络空间的蓬勃发展还充分体现在对经济发展的强劲作用。据统计,我国数字经济规模连续多年稳居世界第二,从2012年的11万亿元增长到2021年的45.5万亿元,占国内生产总值(GDP)比重由21.6%提升到39.8%,电商交易额、移动支付交易规模全球第一,数字产业化基础更加坚实,产业数字化步伐持续加快。

---

① 《习近平谈治国理政》(第四卷),外交出版社,2022年,第319页。

更难能可贵的是自主创新科学技术的突飞猛进。当今时代,任何领域的发展都与科学技术息息相关。而科学技术的发展不外乎引进利用和自主创新两条道路,其中起决定作用的是自主创新技术的优势。在网络空间方面,我国高性能计算保持优势,5G实现技术、产业、应用全面领先,北斗导航卫星全球组网。芯片自主研发能力稳步提高,国产操作系统性能大幅提升,大数据、云计算、人工智能、区块链等研究取得积极进展。据统计,2021年,我国专利合作条约(PCT)国际专利申请中网信领域的数量超过3万件,全球占比超过1/3。

所谓"小智者治事、大智者治人、睿智者治法",网络空间的良性发展的关键是遵循客观规律,依法管网治网,营造清朗的网络空间。2019年7月24日,习近平主持召开了中央全面深化改革委员会第九次会议,会议审议通过了《关于加快建立网络综合治理体系的意见》,标志着我国依法管网治网体系的初步建立,推动了网络治理由事后管理向过程治理、多头管理向协同治理转变。党的十八大以来,我国大力开展"清朗"系列专项行动,开展了针对"饭圈"乱象、互联网账户乱象、网络暴力等突出问题30多项专项整治,清理违法和不良信息200多亿条、账号近14亿个。2021年9月中共中央办公厅、国务院办公厅印发了《关于加强网络文明建设的意见》,为加强网络文明建设提供了重要指导。其中关于"加强网络空间道德建设"的相关意见对于搞好新时代大学生网络空间道德教育提供了规范和依据。

(三)"数字原住民"趋于成熟

著名教育游戏专家马克·普雷斯基(Marc Prensky)于2001年首次提出"数字原住民"(Digital Natives)概念,将那些在网络时代成长起来的一代人称作"数字原住民"。1995年被认为是中国互联网元年。这一年前后的中国互联网几大骨干网短时间内先后开工建设并迅速形成规模连通世界各地的互联网子网。自此算起至今已经历了近30年。当前大学生以"00后"为主体,他

第四章　大学生网络空间道德教育的现状分析

们恰恰是伴随互联网发展而长大的一代,是绝对的数字原住民。

对于数字原住民来说,互联网不仅能方便迅速地获取所需的信息,而且信息交互的方式打破了现实生活中人际的藩篱。有学者指出,数字原住民具有的、新的认知特点看似更符合我们在网络时代中的日常生活经验,比如小孩子能够边看电视边做作业。新华社微信公众号2020年5月19日,报道了"游客长城上叫闪送,还真有人接单!"的故事。两名女游客爬长城时,其中一人不小心崴了脚,走不动路了。两人便抱着试试看的心态拨打了闪送的电话,希望送药和冰袋过来处理伤处,再看看能不能下山。而闪送员真的接了单,不仅把药和冰袋送到了长城,还帮助受伤游客下了山。我们为快递小哥点赞的同时,也会禁不住为数字原住民们的思考方式点赞。在社会生活中,典型的数字原住民已经天然地融入网络空间,能够熟练运用各种信息技术和应用,习惯使用网络信息技术处理各种问题。

2019年,中青报联合百度用户行为研究部曾对31709名青年用户发布问卷调查并进行了大数据分析,发布了《"据"说新青年数据白皮书》。调查显示,新时代的青年是"心中有光,有诗有远方"的一代。数据显示,74.9%的青年认为自己人生的目的和意义是"实现梦想,有所成就";对于如何实现人生具体目标这一问题,有84.4%的青年回答的是"找准目标自己努力,奋斗才是硬道理";关于"对祖国未来发展的信心程度",有60.0%的青年选择对"未来5年内的中华优秀传统文化会更加发扬光大、影响世界"非常有信心,有67.0%的青年选择对"未来5年内,中国经济会更加强大、影响世界"非常有信心。

在脱贫攻坚、北京冬奥会、残奥会、新冠肺炎疫情防控等任务面前,数字化原住民更是展现了良好的精神风貌。特别是面对突如其来的新冠肺炎疫情,全国各族青年积极响应党的号召,踊跃投身疫情防控人民战争、总体战、阻击战,不畏艰险、冲锋在前、真情奉献,展现了当代中国青年的担当精神,赢得了党和人民高度赞誉。2020年3月15日,习近平在给北京大学援鄂医疗队全体"90后"党员的回信中说:"在新冠肺炎疫情防控斗争中,你们青年人同在一线英勇奋战的广大疫情防控人员一道,不畏艰险、冲锋在前、舍生忘死,彰显了青春的蓬勃力量,交出了合格答卷。广大青年用行动证明,新时代的中国青年是好样的,是堪当大任的!"

综上,当前在大学生群体中大力开展网络空间道德教育面临重大的机遇。其中,党和国家的高度重视,为教育的开展提供了依据、指明了方向,是开展教育的重要遵循;网络空间的蓬勃发展、各项科技的突飞猛进、硬件设施的迭代更新为网络空间道德教育提供了有力的支撑;作为教育对象的当下大学生群体,是伴随着网络的发展壮大成长起来的数字原住民,他们对网络空间的熟悉和道德基础,为教育的开展奠定了前提和基础。

二、网络空间道德教育面临的挑战

科学技术是一把双刃剑。数字时代带给人们极大便利的同时也使部分信息原住民不得不遭受种种压力和困难。德·摩尔(De Moor)就将未成年人互联网使用中面临的危险划分为内容危险、接触危险和商业危险。其中内容危险,主要指互联网上包括色情、暴力、错误信息和不可靠信息等有害内容;接触危险,主要指互联网上存在网络霸凌、色情引诱和隐私侵犯等潜在危险;商业危险,主要指网络商业、网络金融的便利性易引发非理性消费、借贷等危险。也正因为此,很多人担心,深陷消费社会、娱乐社会和多元化社会之中的"00后"能否担起时代之责。甚至有人认为他们必然是"垮掉的一代"。但实践证明,这种忧虑是过度的,也是不真实的。

第四章　大学生网络空间道德教育的现状分析

(一)时代挑战:富裕社会引发的"虚假需求"

有着"新左派运动的教父"之称的马尔库塞提出了"虚假需求"的概念,对于省思当下生活极具启发意义。马尔库塞尖锐地批判美国这样的发达工业社会,是一种"新型的极权主义"。当然,这里的极权(totalitarianism)不是集中权力的意思,而是指一种无所不包的总体性(totality)。在西方思想界,极权主义原本是特指纳粹那样的恐怖统治。马尔库塞作为纳粹政权的受害者,为什么会选用这样一个词汇来形容美国社会呢?因为,在马尔库塞看来,极权主义不只有纳粹这一种形态,它还有另一种截然不同的形态,即"非恐怖的极权主义"。所谓"非恐怖的极权主义",就是他在《单面人》开篇中指出的,在发达工业文明中,盛行着一种"舒适的、顺滑的、合理的、民主的不自由"。就是说,在发达资本主义社会中,人们虽然享受着富裕的生活,实际上却处在一种总体性的控制之中,不知不觉地丧失了自由。因为这种不自由太舒适了,人们很难察觉,也就无从反抗,结果深陷控制之中,无法自拔。马尔库塞认为,这是一种新型的控制,很隐秘,不需要暴力和强制,而且能够让人们在总体性的控制下生生不息地延续下去。对于这种控制的实现,马尔库塞展开了非常复杂的分析,其中比较关键的是"社会对人民大众的贿赂",即资本主义让人们享受舒适的生活,特别是满足人们的消费欲望,制造了大量的非生活真实需要的"虚假需求",用这种过度满足换取人们的服从,而享受其中的人们心甘情愿地被它支配和操纵。

马尔库塞的批判对象是肆意逐利的资本主义社会,对他基于此而建构的批判理论,我们当然要理性地分析。但其理论对于商品丰裕的富裕时代提出了很好的警示。党的十九大作出了中国特色社会主义进入新时代的判断,社会主要矛盾已经转化为"人民日益增长的美好生活需要和不平衡不充分的发展之间的矛盾"。这是对当前我国社会发展的精准概括。中国社会已经走过了稀缺年代,向着共同富裕的目标大步迈进。物质财富不断增长,在人们高质量、高品质需求得到满足的情况下,精神世界能否协调发展,而不是深陷消费社会无法自拔。特别是当前的大学生群体是在富裕时代生成起来的一代,是在多方关爱之下成长起来的一代。对他们的道德教育面临着一系列新的挑战。

(二)技术挑战:算法肆意造成的"信息茧房"

"信息茧房"源自 1980 年《泰晤士报》文学副刊首次提出的"回音室"效应(echo chamber),但并未有相关详细阐释。2006 年,凯斯桑斯坦在《信息乌托邦》一书中明确提出"信息茧房"现象是由于人们对信息的需求往往是个性化的而非全方位的,用户往往会基于个人偏好去选择接触媒介信息,长此以往,就会把自身束缚在像蚕茧一般的"茧房"之中。[①]也就是说,"信息茧房"是一个形象的类比,指信息化时代,人们关注的信息领域会习惯性地被自己的兴趣所引导,从而将自己的生活桎梏于像蚕茧一般的"茧房"中的现象。

尤其值得注意的是,这一现象在短视频的加持之下,变得更加严重和复杂。短视频是产生于移动互联网时代的媒介新形态,视频长度通常以秒计数,时长多在 5 分钟之内,具有移动、门槛低、轻量、社交属性强等特点。当前,个性、自由、开放、交互的网络为短视频传播提供了宽松包容的传播环境,使得短视频蓬勃发展。短视频内容上实现了精准推送,制造了沉浸式用户体验,极大地方便了用户需求,但同时也产生了使用黏性,形成了算法推荐下的媒介依赖。媒介系统依赖论认为,人对媒体使用的满足度越高,其对媒体的依赖程度相应也越高,媒体在人生活中所扮演的角色就越来越重要。

这样,人们越来越容易迷失自我,陷入"信息茧房"营造的环境中。狭小

---

① [美]凯斯桑斯坦:《信息乌托邦——众人如何生产知识》,毕竞悦译,法律出版社,2008 年,第 79 页。

圈子里的同质化信息互动,又极易强化其兴趣爱好和观点看法,对某些事情、某种观念产生执着甚至偏执,这在很大程度上又压缩了与其他人沟通的可能,限制了对客观世界的全面认知。渐渐地,他们便使自己陷于"信息蚕茧"的包围圈里,既冲不出去,外面的世界也走不进来,进而与现实逐步脱节,甚至远离集体、疏离社会。

(三)意识形态挑战:网络空间成为西方价值输出的重要场域

据2022年2月26日的共青团中央官微报道,美国前国务卿希拉里·克林顿在接受采访时,呼吁美国黑客对俄罗斯发动网络攻击。她直言不讳地说:"我们在'阿拉伯之春'的时候就这么做过。"她说,"那些热爱自由的人应该为身处俄罗斯的热爱自由者提供网络支持",鼓动他们对俄罗斯政府机构发起网络攻击。希拉里将之称为成功案例的"阿拉伯之春"运动,利用网络大大肆输出美式民主,给阿拉伯地区带来了无尽的灾难。《耶路撒冷邮报》曾报道称,在"阿拉伯之春"爆发7周年之际,这一地区的大多数人都对这段经历不堪回首。该报援引英国广播公司的数据称,在此前被认为是"阿拉伯之春"成功典范的突尼斯,年轻人的失业率约为35%。虽然突尼斯推翻了独裁、建立了民选政府,但从经济上看,该国GDP增长自2010年以来一直停滞不前,人均GDP甚至从每年4000美元下降到3600美元。

希拉里认为,完全可以充分利用网络,再次"在网络上复刻这种行为,普京很难堵住所有的漏洞……我们的科技公司应该援助自由的支持者,毕竟他们应该站在自由这一边"。

不得不说,随着信息网络技术的快速发展,互联网在国家政治、经济、军事、外交中扮演着越来越重要的角色。特别是网络已经成为西方国家传播推广其价值观、颠覆他国政权的有力工具。而且随着"推特""脸书"等社交网络的快速普及,西方的"普世价值"观在网络空间以"网络自由"的名义,加速向一些特定国家传播和渗透，网络意识形态斗争形势日益严峻复杂。对此，不得不引起高度警觉。

（四）教育对象挑战：数字原住民的个性与神秘

数字原住民（Digital Natives）从小就接触互联网和便携式数字技术，互联网社会兴起和数字信息技术发展对他们的观念和行为产生了深刻影响。研究者对他们的网络生活、消费行为和文化进行了大量研究，表明他们与前辈群体在这些方面存在突出的差异。中国社会科学院社会学研究所李春玲研究员对"Z世代青年[①]的构成、观念与行为"进行了研究，得出以下结论：

从构成特征来看，呈现出高城镇化水平、高非农化程度和高教育水平的特征。73.2%的Z世代青年生活于城镇，远高于全国人口平均水平（63.89%）。在就业方面，86.7%从事非农工作，8.6%属于半工半农的兼业，只有4.7%纯务农。"00后"（2000—2003年出生者）有93.7%完成了高中阶段教育。

李春玲认为："更高的教育水平不仅意味着掌握更多的知识和技能，同时也使人具有开阔的眼界、独立的思考、理性的判断、创新的能力、文明的品德、强烈的进取心和自信心以及对新事物更强的学习能力和适应能力，这些品格特征极大地影响了人们的价值观念和行为方式。"[②]当前高校中青年教师大多为"80后"。相对于较年长的代际群体，"80后""90后"和"00后"人群的上网比例极高，互联网在这三代人群中基本普及。但是比较而言，"80后"在Z世代青年的同龄期触网率与现今Z世代青年差距巨大。主要原因在于互联网及智能手机的快速普及，使得触网变得更加便利、快捷和低成本。

同时，研究表明Z世代青年还是新经济新业态的弄潮儿、内卷化竞争压力下的躺平者和高度文化自信、国力自信和制度自信者。

[①] 指从小就接触互联网和便携式数字技术的第一个代际人群。
[②] 李春玲：《社会经济变迁中的Z世代青年：构成、观念与行为》，《中国青年研究》，2022年第8期。

众所周知,熟悉教育对象,有针对性地进行系统的教育引导,是确保德育工作实效的前提。而问题是今天的高校课堂中,教育者与受教育者之间存在较为明显的代际差异。即使是与青年大学生年龄比较接近的"80后""90后"在成长过程中网络接触、网络生活和网络习惯均有较大差异。这些差异虽然不是难以逾越的鸿沟,但客观存在在那里。如果不想办法用其熟悉、习惯的方式沟通交流,就会产生很多的不理解。如此,在德育内容的设置、教育方式方法的选择、教育效果的评估等方面都会出现迷思,难以收到良好的效果。

三、大学生网络空间道德失范的原因分析

大学生网络空间道德失范的原因是多方面的,但分析事物的原因,不外乎内因和外因。事物的存在,有它自己本身所具备的内部条件(内部矛盾),也有外部的条件,因此就有内因和外因的分别。而"外因是通过内因才发生作用。事情的结果,最后决定于内因,而不是最后决定于外因"[1]。因此,分析大学生网络空间道德失范的原因也可以从内因和外因着手,但重点在于内因。

(一)外因:网络空间的特性

网络空间的虚拟性、匿名性,就给人们提供了充分展现自己个性的舞台。在网络空间,没有既定的价值标准,不存在统一的是非观念,没有强制的规范约束,只要不危及社会,不故意伤害他人,人们可以尽情展现自我。人们比从前任何时候更加容易接纳众多与众不同的观点,不论有些观点是多么

---

[1] 艾思奇:《大众哲学》,台海出版社,2021年,第183页。

奇异。有学者指出："如果说农业社会是一种以生存为主导性的消费，工业社会是一种发展型消费，那么，信息社会则是一种以个性化为特征的创造型消费。"①这一特征高度契合了热衷张扬个性、自我放飞的青年一代。但任何事物都有正反两个方面，不能把握好"度"，就容易发生问题，引发道德失范。

网络空间的传播特点，使人人皆有信息制造、传播和事实定义的权力。比如，越来越频繁出现的"新闻反转"事件。为什么网络时代，经常发生所谓的"新闻反转"事件呢？细究原因，不外乎三个方面：一是信息本身还不完整，二是信息提供者本身就自带倾向，三是信息提供者不止一方。而这三个具体原因，都折射出一种社会变化：社会的信息供应方式在进化，开始把不同阶段、不同角度的信息片段都充分展示出来。没有互联网或者互联网还不够普及的时期，信息渠道有限。所以，当时人们看到一则新闻时，往往是事情已经尘埃落定，在信息渠道上完成了定性，即信息渠道拿走了"定义事实的权力"。而互联网技术，让我们能够更快地获取信息，等于是把一则新闻从发生到传播、再到被定性的过程，不断地摊开给大众看。因而有的消息还没被确认、没被过滤就变成了手机上的弹窗。所以，所谓的"反转"，其实是我们拥有了更丰富的信息获取渠道，能看到不同阶段、不同维度的信息片段，因此我们有更多的机会去作出自己的独立判断。所以，能够看到新闻的反转，说明信息环境没有被单一渠道垄断。判断真相是一件成本很高的事情。加之青年大学生正处于人生观、世界观、价值观的形成、塑造阶段，独立判断事件的真实性更具有挑战性。

网络空间行为监管难。当下，网络空间的开放性、便捷性和低成本的发展趋势，更加加大了监管的难度。特别是5G技术的发展，移动终端设备更新换代升级，推动了网络空间的繁荣发展，人们利用网络空间学习、工作、交

---

① 鲍宗豪：《网络文化概论》，上海人民出版社，2003年，第27页。

往、生活、娱乐等无所不包,触网的机会无处不在。虽然可以运用技术查找服务器、IP 地址等,但是一方面,监管力量的薄弱,必然导致监管的局限;另一方面,如何监管、监管到什么程度、监管的范围如何界定等,无不涉及群众的信息权、隐私权的保护,稍有不慎就会产生法律和伦理风险,也是导致网络空间行为监管难的重要原因。网络的迅猛发展、内容丰富多元和监管困境,也直接导致网络空间建设法规制度的滞后。一方面,网络空间多元的道德构成使个体经常处于矛盾的、相互冲突的道德选择中,冲击着大学生个体道德人格的形成和发展;另一方面,网络空间的虚拟性,完全可以遮蔽、甚至篡改真实社会交往中的个体的性格与特征。正是基于这一特点,在大学生网络空间行为中,可以根据自身的喜好和需求完美地塑造自己,心安理得地肆意而行,道德上的失范如果不触碰法律红线,就不会被追究,也不需要付出代价。在此种情况下,建立在现实空间中的伦理道德规范难以胜任对网络虚拟空间的规范。对此现象,尼葛洛庞帝曾把现实社会既有的道德法律规范比作网络社会中"在甲板上吧嗒吧嗒挣扎的鱼","因为数字世界是一个截然不同的地方。大多数的法律都是为了原子的世界,而不是比特的世界制定的"。[1]而问题的复杂性在于,网络的快速发展导致新的网络伦理道德的确立和发展的复杂性,更加剧了相关法律法规制定、施行的延迟性。

(二)内因:网络道德"知"与"行"脱节

关于"知"与"行"的关系,《中庸》将之区分为三个境界,即困知勉行、学知利行、生知安行。困知勉行,指的是没有按道理去做,碰壁遭到惩罚后,自此改过自新,勉强自己去做,虽然不情愿,但还是遵守规则照做了。就是人们常讲的,吃一堑,长一智。学知利行,指的是学而知之,利而行之。本来不知

---

[1] [美]尼葛洛庞帝:《数字化生存》,范海燕译,海南出版社,1996 年,第 278 页。

道,通过学习然后知道了,觉得按道理去做对自己有利,于是因为有利而去做。而生知安行是被推崇的最高境界,生而知之,安而行之。天生就知道这些道理,按这些道理去做。不这样做,就心中不安,非要这样去做了,才能舒坦。也就是实现了知识的内化,自然而然地指导和转化为实际行动。

这三种境界给我们分析大学生网络道德行为失范的原因提供了很好的理论框架。从内因来看,一些大学生之所以发生了网络空间道德行为失范的行为,可以归纳为四种情形:一是无知无畏型,将网络空间视为道德视域之处,缺乏相关的学习教育,对网络空间道德的基本知识、原理和行为规范不熟悉不了解而发生问题;二是顺风顺水型,大学生群体大多涉世不深,社会经验和阅历较少,对网络空间的一些不良现象、不实信息缺乏警觉和辨别能力,在疏忽大意中导致行为失范;三是学用脱节型,学归学,用归用,总以为相关德育教育是在理论说教,不能联系自身学懂弄通,存在侥幸心理;四是惯性思维型,因为是在网络环境中成长,对网络空间有着天然的情感和熟悉感,但熟知未必真知,加之当前网络信息技术的快速发展,必然需要不断了跟进学习和实践。

行是知之始,知是行之成。以上情形的出现,可以从大学生德育教育的学习特点出发来理解和把握。

首先,课程认知的局限性。思政课是大学阶段德育课程的主渠道、主阵地。课程认知,即对课程价值、内容、情感等的综合认知。课程认知决定了课程学习的态度,通常情况下,积极、充分的课程认知将产生积极、正面的学习态度,而消极、被动的课程认知将产生消极、负面的学习态度。学习态度制约着学习的主观能动性,进而影响着学习效果。非常遗憾的是大学生对待思政课的课程认知情况总体上不容乐观,"副科论""无用论"和"突击论"还客观存在,而且范围很广、意识很深。从思政课大中小学衔接的角度来看,由于升学压力和应试导向的影响,中、小学思政课学科长期被定位为"副科"的地位,即使是文科背景的学生也仅停留在基本观点的背记上,没有真正深入学习。这种"副科论"意识并没有在大学阶段自然消除,反而受到专业课程的冲击,愈发显现。与专业课直指工具理性不同,思政课指向人的价值理性的培育,而价值理性的培育是长期的、隐性的、多元的和潜移默化的。特别是当今时代工具理性的强势弱化了价值理性的价值,思政课"无用论"的论调还有很大的市场。"副科论""无用论"再加上思政课的教学设计过程中过度的故事化、浅表性的自我矮化,导致大多学生在学习方法上的临时"突击",影响了课堂教学的实效。

其次,精力投入的有限性。关于大学生学习的时间管理和学习精力的分配属于学习学的范畴。其中学生发展理论和学生投入理论都将学生作为研究的主体。认为大学生是教育的主体,在教育活动中,只有大学生积极投入时间和精力,出现"感兴趣"(show enthusiasm for)、"投入"(plunge into)、"致力于"(commit oneself to)等行为,才能有助于学习成效的提升。国外有大量的实证研究探讨了大学生时间分配与学业成就之间的关系。研究发现,大学生自学时间对几乎所有学业成绩都有显著正影响。有研究者对大学生上课时间、课外学习时间、上网时间、锻炼时间、课外兼职时间五类活动时间分配进行调查,结果表明样本大学生平均上课时间为 27.97 小时每周,课外学习时间为 20.22 小时每周、2.89 小时每天,而这一数值与国内外其他实证研究进行对比,发现我国学生课外学习时间总体较低。[1]俗话说,你的注意力在哪里,你的成就就在哪里。大学生对待课程学习的精力是有限的,而有限的精力又要分配到所开设的各门功课中,留给思政课的学习时间和精力十分有限。显然,精力投入的有限性制约了思政课学习的效果。

再次,理论接受的高阶性。思政课教学具有导向性、群众性、渗透性和综

---

[1] 李琳琳:《本科生课外学习时间投入特征与影响因素研究》,《中国高教研究》,2020 年第 6 期。

合性的特征,思政课课堂教学的主要任务是传播好马克思主义理论。遗憾的是,多年来,高校思政课教学越讲越繁多、越深奥、越难懂,表达方式愈加抽象、空洞,呈现出内向、封闭、趋稳定的"神秘"状态。某种程度上讲,理论的高高在上和艰深晦涩消解了马克思主义理论的精神主旨并割断了它与实践的内在联系,无形中影响了青年大学生学习的积极性和热情,甚至引起对思政课教学的厌倦与反感。这一情况的出现是由于理论通俗化、大众化的工作没有做到位,但与理论学习的抽象性、高阶性的特点也密不可分。马克思主义揭示的是世界的普遍本质及其发展的一般规律,特别是人类社会发展的一般规律、资本主义发展和转变为社会主义的历史必然,以及社会主义和共产主义发展的普遍规律等,而这些本质规律是对纷繁复杂、斑驳陆离的社会现象的高度抽象和归纳总结,具有独特的真理力量和逻辑魅力。对于接受者而言,如果没有一定的理论修养和一定的抽象思维能力是难以企及的。通常,青年大学生习惯了中学阶段精准学习记忆的理论接受模式,很难建立起主动质疑、批判和构建的逻辑理路,造成理论学习的被动和理论教学的困境。

最后,实践转化的挑战性。马克思主义认为,人的认识过程是一个在实践基础上不断深化的发展过程,既表现为实践基础上由感性认识到理性认识,再从理性认识到实践的具体认识的过程;又表现为从实践到认识,再从认识到实践的循环往复和无限发展的总过程。马克思主义既给无产阶级和劳动群众的解放提供了思想武器,又要靠无产阶级和劳动群众的伟大实践去把它由理论变成现实。从认识论的角度来看,马克思主义理论是建立在实践基础之上,对复杂社会生活现象的科学理论认知。思政课通过课堂教学的主渠道传播马克思主义真理,引导和帮助青年大学生树立正确的世界观、人生观和价值观,学会自学运用马克思主义的立场、观点和方法分析问题、解决问题。青年学生掌握了马克思主义理论只是做好了上篇文章,要实现一个完整的认识过程,还必须由认识再回到实践中去,实现理论学习的实践转化。而实现理论向实践的转化是有条件的,需要经过一定的中介环节,包括确定实践目的、形成实践理念、制订实践方案、进行中间实验和运用科学的实践方法等,这些正是缺乏社会实践经验的青年大学生的短板所在。

第五章　大学生网络空间道德教育的实现路径

　　高校要顺利进行大学生网络空间道德教育，不仅需要对大学生网络空间道德教育的理论和现状进行研究，还要对大学生网络空间道德教育的路径进行研究，只有坚持对大学生网络空间道德教育的理论进行研究和实践路径探寻,才能够为有序推进大学生网络空间道德教育提供指导。大学生网络空间道德教育的道德行为主体是大学生，要加强大学生网络空间道德教育就应遵循大学生道德发展规律和网络空间的发展变化规律，在大学生网络空间道德教育的理论基础上，分析大学生网络空间道德教育的现实境遇和实践要求,并从个人、社会、学校层面着手推动大学生网络空间道德教育。大学生网络空间道德教育的实现路径是大学生网络空间道德教育理论研究和实践过程中的重要影响因素。对大学生网络空间道德教育理论的科学把握,是大学生网络空间道德教育实践开展的基本前提,也是提升大学生网络空间道德教育质量的重要手段。在加强大学生网络空间道德教育过程中,遵循大学生成长成才规律和思想政治教育的基本规律，深入理解和分析网络空间道德教育的新特征和大学生网络空间道德认知、情感、意志、行为等方面的新变化,进一步具体分析大学生网络空间道德教育的新要求和新挑战,是大学生网络空间道德教育实践路径构建的实践要求和现实遵循。

本章从个人层面、学校层面、社会层面构建大学生网络空间道德教育的实现路径,大学生网络空间道德教育的目标、原则、方法、内容等基本理论是确保大学生网络空间道德教育实现路径的前提条件,以顺利推进大学生网络空间道德教育有序进行为教育要求,最终塑造出德智体美劳全面发展的大学生。

第一节 个人层面:树立向上向好的大学生网络空间道德观念

从个人层面维度,这要求的是在加强大学生网络空间道德教育过程中要积极引导大学生树立向上向好的网络空间道德观念。大学生是影响网络空间道德教育的首要因素,大学生网络空间道德教育效果和质量关键在于大学生如何树立向上向好的网络空间道德观念。

一、坚持做到"慎独"自律,提升大学生网络空间道德意识

坚持做到"慎独"自律是树立向上向好的大学生网络空间道德观念的首要方面。在加强大学生网络空间道德教育过程中,坚持做到"慎独"自律,坚持学习古人慎独精神作为提升网络空间道德素质的基本点和出发点,培育大学生网络空间道德自律意识。只有真正做到"慎乎隐微,枕善而居,不以视之不见而移其心,听之不闻而变其情"[①],才能够不断提升大学生网络空间

---

① 林其谈等:《刘子集校》,上海古籍出版社,1985年。

道德品质。《刘子·慎独》讲道："慎独二字，无论远近终始，都是滚作一段，更无可间断离析处，不可须臾离。"（卷二十三《天关语通录》）①慎独的道德修养方法为提升大学生网络空间道德意识提供了重要的借鉴意义。"'慎独'突出了大学生的道德意识和责任感，要求大学生能够对自己的行为承担责任和义务，同时能够使大学生在对自身行为的自控过程中逐步把群体规范内化为自身的道德需求。"②只有不断引导大学生坚持"慎独"自律，才能够提高大学生网络空间道德人格，最终达到"慎乎隐微""慎始善终"的网络空间道德境界。

第一，丰富和规范大学生网络空间道德认知。面对网络空间的复杂变化，大学生要充分培育个人网络空间道德意识，能够深层次意识到大学生网络空间道德的责任，进一步明确个人网络空间道德自律意识的重要性。只有大学生在网络空间中规范个人网络空间道德行为，自觉培育网络空间道德自我意识。在加强大学生网络空间道德教育过程中，"使大学生充分意识到隐微之处、细节之中所蕴藏的巨大能量，全面意识到自身作为网络主体所肩负的社会责任，意识到即使身处虚拟世界，任意一个微小的破坏仍极有可能蔓延各处，产生极强的摧毁力，只有使之清醒地认识到后果，方可帮助当代大学生打破传统的认知误区，使之从一开始就严格要求自己，绝不苟且放纵，不向网络中的一切消极丑恶妥协"③。

第二，提升大学生的网络空间道德的辨别是非能力，确保大学生约束与规范其网络空间道德行为。面对网络空间中负能量的网络信息内容的影响，大学生要时刻秉持高度警惕心理，理性思考和面对网络空间中的不良社会信息内容，坚持在网络空间生活中做到谨言慎行，在现实生活空间中和网络

---

① 湛若水：《湛甘泉先生文集》，清康熙二十年黄楷刻本。
② 何广寿：《大学生网络共同体道德建设谫论》，《学校党建与思想教育》，2017年第1期。
③ 孟祥夫：《既要慎独，也要慎众》，《人民日报》，2016年7月15日。

空间中守住网络空间道德最后一道防线,坚决抵御网络空间中不良社会思潮的影响,不断提升个人网络空间道德素质。

第三,大学生要培养个人的网络空间道德责任意识。坚决用慎独思想来约束和规范个人行为,促使大学生在内心深处深刻认识到网络空间道德的重要性,并能够积极坚持做到"慎独"自律,自觉主动地遵守网络空间的秩序和网络空间道德准则和规范,明确其在网络空间道德教育承担的责任,充分考虑社会主义道德秩序的基本行为规范,自觉遵守网络空间道德规范。"慎独"自律主要强调的是大学生在网络空间中要坚持自我约束与自我管理,坚信社会主义核心价值作为个人道德准则,坚持用社会主义核心价值观等社会主义道德准则来规范个人网络空间道德行为。只有不断通过慎独自律的方式,才能不断塑造大学生网络空间道德品格。通过"慎独"精神的渗透,让网络行为主体掌握"慎独"的精神实质,将其内化于心,变成内心深处的责任感,形成一种普遍的、共同的网络道德自觉,深入影响其思想发展和行为导向。[①]通过"慎独"自律,促使大学生在网络空间中实现对个人网络空间道德的自律和自觉,激发大学生网络空间道德自觉意识和自律意识。

二、增强网络空间道德情感,塑造大学生网络空间道德人格

增强个人网络空间道德情感是树立向上向好的大学生网络空间道德观念的根本方面。增强网络空间道德情感是提升大学生网络空间道德品质的重要手段,也是塑造大学生网络空间道德人格的有效途径。"网络空间道德情感的建立是稳固网络圈层形成的重要条件,能够为网络空间道德建设营造良好的场域。"[②]加强大学生网络空间道德教育离不开提高大学生网络空

---

① 赵丽涛:《网络复杂性视域下的道德共识凝聚与道德建设》,《思想理论教育》,2021年第1期。
② 温丽华、张莉:《网络空间道德建设的逻辑理路探析》,《学术论坛》,2020年第3期。

间道德水平,但由于网络空间的复杂性,导致大学生在网络空间中的道德情感也极易发生变化,最终促使大学生网络空间道德的生成要素异化。"'网络圈层'是网络社群的一种具体形态,就是一些有相似特性的网络用户在某个他们共同喜好的网络平台上聚集,形成一个个网络聚合体。"[1]加强大学生网络空间道德教育。要唤醒大学生网络空间道德情感,杜绝大学生在网络空间中衍生出道德情感淡漠等具体表现,只有不断增强网络空间道德情感,才能够更好地提升大学生网络空间道德的道德自觉和道德自律意识,不断塑造大学生网络空间道德健全人格,积极引导大学生树立正确的网络空间道德观念。

第一,培育大学生网络空间道德意识。通过强调培育大学生网络空间道德自律意识,唤醒大学生网络空间道德情感,应对大学生网络空间道德情感淡漠等现实困境,通过从提升大学生网络空间道德素质,明确大学生现实生活空间和网络空间中道德秩序和准则,不断增强大学生网络空间道德情感。网络道德"是公民道德的内在方面,不再只是所谓的'网民'的道德"[2]。大学生是网络空间道德秩序的遵循者,作为公民更应该遵循社会主义道德的基本规范和准则,更是网络空间道德伦理的遵守者。

第二,大学生要培育向上向好的网络空间道德情感,促使大学生在进行大学生网络空间道德实践中能够追求网络空间道德的快乐,是大学生网络空间道德教育的重要环节。"增进网络空间道德情感,需要着力加强网络情感场域建设。"[3]从大学生本身的网络空间道德情感出发,在大学生进行网络空间道德实践基础上实现大学生网络空间道德认知、情感、意志等方面相互影响、相互促进,积极引导大学生形成满足大学生道德发展需求的网络空间

---

[1] 陈志勇:《"圈层化"困境:高校网络思想政治教育的新挑战》,《思想教育研究》,2016 年第 5 期。
[2] 李伦:《网络道德建设:从虚拟走向现实》,《道德与文明》,2020 年第 1 期。
[3] 温丽华、张莉:《网络空间道德建设的逻辑理路探析》,《学术论坛》,2020 年第 3 期。

道德品质。稳固大学生网络空间道德意志,唤醒大学生网络空间道德情感,是大学生网络空间道德教育的重要影响因素。

第三,增强大学生网络空间道德体验,从而增强大学生网络空间道德情感,根据大学生成长成才发展需要和道德发展特征,积极为大学生进行情感体验创造提供条件。陶冶大学生的网络空间道德情感,这就是网络空间道德教育的重要内容,也是大学生网络空间道德自我实现的重要手段。因此,增强网络空间道德情感,塑造大学生网络空间道德人格,从培育大学生网络空间道德意识、培育向上向好的网络空间道德情感、增强大学生网络空间道德体验上努力提升大学生网络空间道德品质。

三、坚持网络空间道德实践,提高大学生网络空间道德能力

网络空间道德实践教育是大学生在网络空间中进行的道德实践活动,有利于提升大学生网络空间道德能力和水平。"道德实践能力的提高是一个不断学习、不断实践的过程,需要有正确的认知、正确的观念和坚定的自我要求。"[1]加强大学生网络空间道德教育,要坚持网络空间道德实践,要求大学生认清网络空间的发展规律和基本要求、准则,从而提高大学生网络空间道德能力。

第一,深刻了解网络空间的发展变化和基本要求。《新时代公民道德建设实施纲要》内容规定:加强网络空间道德建设从道德教育、道德实践、制度保障、组织领导等方面进行,积极形成比较系统完备的网络空间道德建设体系。[2]如大学生要积极参与关于网络空间安全、网络文明行为规范等主题实

---

[1] 颜吾佴、高雅静:《〈新时代公民道德建设实施纲要〉融入"思想道德与法治"课的思考》,《思想教育研究》,2022年第7期。

[2] 《新时代公民道德建设实施纲要》,人民出版社,2019年,第8页。

践教育活动,积极将现实生活的道德教育场所转移到网络空间社会中,积极参与网络空间社会中的道德实践活动,从而增强网络空间道德认知,提升网络空间道德实践的自觉意识和能力。

第二,大学生提高参与网络空间道德实践活动的主动性。习近平指出:"广大青年要把正确的道德认知、自觉的道德养成、积极的道德实践紧密结合起来。"[①]政府、学校、社会等网络空间参与主体积极为大学生搭建网络空间道德实践平台,如举办关于网络空间道德教育的主题实践教育活动,为大学生提升网络空间道德品质提供自我锻炼的平台,积极引导大学生将其网络空间道德的认知转化为具体的网络空间道德实践行动,最终实现网络空间道德内化于心,外化于行。

第三,拓展大学生网络空间道德实践内容。大学生网络空间道德实践不仅依靠校园文化的实践平台,更应该去参与社会实践活动,从而不断提升大学生网络空间道德能力和水平。如鼓励和引导大学生积极参与社会公益活动和社会实践活动,定期去社区等社会实践教育基地举办关于网络空间道德文明理论知识的讲座,并制作成正能量的视频,积极宣传社会正能量的网络空间道德文明风尚,促使大学生在参与网络空间道德实践过程中实现对网络空间道德的认知和情感熏陶。

第四,积极引导大学生参与线上、线下相结合的网络空间道德实践活动。要充分运用舆论宣传提高大学生参与网络空间道德实践活动的意识,积极引导大学生参与网络空间道德的主体意识和内在道德发展需要,并引导大学生在线上与线下相结合的网络空间道德实践活动中,强化自我监督,坚定网络空间道德意志,以良好的网络空间道德自觉意识去参与网络空间道德实践活动,提升其网络空间道德实践能力。大学生参与线上与线下相结合

---

① 习近平:《在同各界优秀青年代表座谈时的讲话》,《人民日报》,2013年5月5日。

第五章 大学生网络空间道德教育的实现路径

的网络空间道德实践活动,有利于避免大学生的现实生活空间道德与网络空间道德出现断层,这就要求采取多元互动、齐头并进的网络空间道德实践模式,强化网络社会公益、网络空间公共服务、网络空间志愿服务等道德实践活动,以参与网络空间道德实践活动为基础,不断促使大学生在进行网络空间道德实践过程中提升其网络空间道德素质,从而实现大学生道德认知与道德实践的有机统一。因此,坚持网络空间道德实践,就要激发大学生网络空间道德实践的意愿,丰富大学生网络空间道德情感以及道德责任意识,强化大学生网络空间道德责任意识,继而提升大学生网络空间道德实践能力。

四、培养文明自律网络行为,规范大学生网络空间道德行为

培养文明自律网络行为是树立向上向好的大学生网络空间道德观念的重要方面。培养大学生文明自律网络行为是网络空间道德建设的基础环节,更是加强大学网络空间道德教育的重要内容和环节。习近平指出:"要加强网上正面宣传,旗帜鲜明坚持正确政治方向、舆论导向、价值取向……构建网上网下同心圆,更好凝聚社会共识,巩固全党全国人民团结奋斗的共同思想基础。"[1]可见,加强大学生网络空间道德教育,必须坚持积极引导大学生培养文明自律行为,树立正确的网络空间道德观念。这就需要在加强大学生网络空间道德教育过程中,培养大学生文明自律网络行为,丰富大学生网络空间道德实践,推动网络空间成为大学生网络空间道德教育的重要场域,为营造良好网络空间道德环境奠定重要基础。

第一,建立和完善大学生文明自律网络行为准则。建立和完善大学生文明自律网络行为准则,需要以明确网络空间道德的基本行为准则进行大学

---

[1] 《习近平谈治国理政》(第三卷),外文出版社,2020年,第306页。

生文明自律网络行为的判断,建立和完善符合大学生道德发展规律和遵循社会主义核心价值观要求的道德规范的行为准则。制订大学生网络空间道德行为准则和文明行为规范,明确用美丑善恶对大学生网络空间道德进行判断和评价,坚决抵制在网络空间中的负能量信息内容,塑造风清气朗的网络空间环境。

第二,制订相应的网络空间道德行为规范准则。政府、企业、社区等网络空间参与主体要根据网络安全法等法律条例,明确大学生网络空间道德行为的评判、监督与引导,不断强化大学生网络空间道德责任意识,积极规范和引导大学生培养文明自律网络行为,规范大学生网络空间道德行为。

第三,丰富大学生网络空间道德实践。通过大学生网络空间道德实践活动来规范其网络空间道德行为。大学生网络空间道德行为规范是一个复杂的系统工程,是网络空间道德认知、意志、情感要素融合的道德过程。培养网络文明自律行为,要求大学生要树立正确的网络空间道德观念,陶冶大学生网络空间道德情操,在大学生网络空间道德实践过程中坚定网络空间道德意志,最终形成文明自律的行为习惯。

第四,加强大学生网络空间道德自觉意识。大学生要以遵循《新时代公民道德建设实施纲要》为基本要求和准则,自觉主动地遵循网络空间道德的基本规范。大学生在网络空间道德实践过程中,要做好对自我网络空间道德的监督,在网络空间中规范网络语言,合理合法使用表达自我意愿的言语,加强网络空间道德内化,强化对网络空间道德的认同并将其转化为网络空间道德的行为准则。

第五章　大学生网络空间道德教育的实现路径

第二节　学校层面：加强大学生网络空间道德教育引导

学校是影响大学生网络空间道德教育的关键因素，从学校维度加强大学生网络空间道德教育引导，有利于全面提升大学生网络空间道德教育效果和质量。从多角度完善大学生网络空间道德教育内容、多层次优化大学生网络空间道德教育环境、多维度拓宽大学生网络空间道德教育途径、全方位提高大学生网络空间道德教育队伍能力、多方面科学引导大学生网络空间道德自我教育等维度来加强大学生网络空间道德教育，有利于大学生网络空间道德教育体系的全面形成。

一、多角度完善大学生网络空间道德教育内容

高校网络空间道德教育内容具有整体性，需要注重采取点面结合的教育方式，不断优化大学生网络空间道德教育内容整体实施，从而有效增强大学生网络空间道德教育内容效果。增强大学生网络空间道德教育内容效果需要遵循大学生网络空间道德教育内容的整体性原则与系统性原则，只有这样，才能够有效增强大学生网络空间道德教育内容效果。优化大学生网络空间道德教育内容需要注重积极引导大学生在网络空间中积累丰富的网络空间道德经验和理论知识。"网络空间道德认知包括网络空间道德经验和网络空间道德知识两个层次，是网络空间道德情感、道德意志、道德实践的基础。"[1]大学生网络空间道德教育建设以内容为主，这就需要在加强大学生网

---

[1] 温丽华、张莉：《网络空间道德建设的逻辑理路探析》，《学术论坛》，2020年第3期。

络空间道德教育过程中注重完善大学生网络空间道德教育内容体系建设。大学生网络空间道德认知是大学生网络空间道德教育的重要内容。相对于传统道德教育内容,大学生网络空间道德教育内容具有开放性、多元性等特征,导致大学生对网络空间道德认知存在一定理解偏差。同时,"创建向上向善的网络空间信息内容,提高网民的网络空间道德认知,是开展网络空间道德建设的关键"[①],网络空间道德教育内容在一定程度上为大学生网络空间道德认知提供了重要途径。因此,完善大学生网络空间道德教育内容,以优化积极向上向善的网络空间道德教育为着力点,提升大学生网络空间道德教育认知,是加强大学生网络空间道德教育的关键。

完善大学生网络空间道德教育内容,优化积极进取、向上向好的大学生网络空间道德教育内容,主要包括以下四个方面内容:

第一,注重强化大学生网络空间道德教育内容的全面性。《新时代公民道德建设实施纲要》指出:"要深入实施网络内容建设工程,弘扬主旋律,激发正能量,让科学理论、正确舆论、优秀文化充盈网络空间。"[②]这就要求高校利用微信公众号、微博、学校官网等官方主流媒体推送符合大学生网络空间道德教育观念的正能量信息内容。要以社会主义道德、社会主义核心价值观为着力点,将中华优秀传统美德贯穿到高校校园网络文化建设中,以正能量的网络空间信息内容展现社会主义道德的优越性。通过在网络空间中体现主流意识形态,积极将正能量的网络空间信息内容潜移默化地影响大学生网络空间道德认知、情感、意志、行为等道德观念。

第二,注重强化大学生网络空间道德教育内容的整体性。在加强大学生网络空间道德教育过程中,既要统筹大学生网络空间道德教育内容的整体性,也要系统规划大学生网络空间道德教育内容,促进大学生网络空间道德

---

① 温丽华、张莉:《网络空间道德建设的逻辑理路探析》,《学术论坛》,2020年第3期。
② 中共中央、国务院印发:《新时代公民道德建设实施纲要》,《人民日报》,2019年10月28日。

教育内容效果整体提高,最终提升大学生网络空间道德认知。突出大学生网络空间道德教育内容的重点,强化大学生网络空间道德教育内容薄弱环节。增强大学生网络空间道德教育内容效果必须以提升大学生网络空间道德认知为重点,更要重点关注大学生网络空间道德教育内容的薄弱环节。

第三,依托大数据等途径,实现对大学生网络空间道德教育内容效果的动态评测。"开展网络空间道德建设必须紧密结合其技术理性,以信息技术为突破口,实现创新发展。"[1]网络空间的开放性等特征促使大学生群体在道德发展方面具有动态性等特征,这就要求高校在加强大学生网络空间道德教育过程中着力关注大学生网络空间道德观念和行为的变化,及时了解大学生对网络空间道德教育内容的教育效果的认可度、了解度,实时了解大学生网络空间道德教育内容效果。只有完善大学生网络空间道德教育内容,注重统筹大学生网络空间道德教育内容的系统性和全面性,才能不断增强大学生网络空间道德教育内容效果,形成全方位渗透、全过程育人的大学生网络空间道德教育内容体系。高校在加强校园文化网络建设中,要积极宣传向上向善的大学生网络空间信息内容,要不断提升大学生网络空间道德认知,努力提升大学生网络空间道德的善恶是非辨别能力,也要深入到大学生中,创造贴近大学生、贴近生活实际的大学生网络空间道德教育内容,丰富大学生网络空间信息内容,最新符合大学生网络空间道德教育的基本要求和教育目标。

第四,完善网络空间道德教育内容,需要遵循大学生道德发展规律和成长成才规律,根据大学生道德认知程度不同,遵循大学生网络空间道德认知的发展规律,采取层次性方法推进大学生网络空间道德教育,针对不同大学生群体选取不同的大学生网络教育方法和内容,促使积极进取、向上向善的网络空间信息内容贯穿大学生成长成才的全过程。同时,高校在完善网络空间道德教育内容的过程中,应坚持以榜样教育为教育方式,积极加强正面宣

---

[1] 温丽华、张莉:《网络空间道德建设的逻辑理路探析》,《学术论坛》,2020年第3期。

传典型示范和引导,通过选取优秀道德模范和身边典型榜样作为大学生网络空间道德教育内容,积极引导大学生形成崇德向善的网络空间道德观念和品质。

二、多层次优化大学生网络空间道德教育环境

多层次优化大学生网络空间道德教育环境是加强大学生网络空间道德教育的重要影响因素。校园网络文化环境是影响大学生网络空间道德教育的重要因素,更是提升大学生网络空间道德素质的关键性因素。高校作为与大学生联系紧密的场所,以营造和谐、向好的校园文化网络环境为着力点,有利于提升大学生网络空间道德品质。习近平指出:"网络空间是亿万民众共同的精神家园。网络空间天朗气清、生态良好,符合人民利益。网络空间乌烟瘴气、生态恶化,不符合人民利益。"[1]大学生网络空间道德教育需要营造向善向好的校园网络文化环境和网络环境。国家通过制定《新时代公民道德建设实施纲要》,为加强大学生网络空间道德教育提供重要的网络空间道德准则,也为大学生规范网络文明行为提供了基本遵循。《新时代公民道德建设实施纲要》从"营造良好网络道德环境"[2]方面对大学生网络空间道德教育提出了具体要求,为优化大学生网络空间道德教育环境提供了科学指导和基本遵循。

第一,高校要有效对校园文化环境进行动态监测,防止不良网络空间信息内容影响大学生网络空间道德观念。优化大学生网络空间道德教育环境需要强化网络空间道德教育内容的完善,在加强大学生网络空间道德教育过程中,高校要以社会主义道德为主导,营造积极进取、健康向上的网络空

---

[1] 习近平:《在网络安全和信息化工作座谈会上的讲话》,《人民日报》,2016年4月26日。
[2] 《新时代爱国主义教育实施纲要》,《人民日报》,2019年11月13日。

间道德教育环境。高校要注重以主流意识形态为出发点的网络空间道德治理秩序,积极宣传主流意识形态,深化大学生对网络空间道德认知、情感体验、行为规范的认知,最终充分发挥高校对网络空间文化建设的教育引导与整合作用。

第二,发挥家庭环境对大学生网络空间道德教育的引领作用。高校和家庭应建立多元协同的合力育人机制,家长要注重提升个人网络空间道德品质,提高对网络空间信息的辨别能力,从而不断对大学生网络空间道德进行教育引导。除此之外,家长应及时与大学生进行沟通交流,及时了解与掌握大学生网络空间道德动态。

第三,营造风清气朗的校园网络文化环境。高校能否营造风清气正的校园网络文化环境是大学生网络空间道德教育能否有序进行的关键所在。高校要加强大学生网络空间道德的治理,有效监测和管理好校园网络文化平台,确保网络空间信息内容呈现积极向上的主流意识形态,为大学生营造风清气正的网络校园环境,也为大学生形成正确的网络空间道德观念和品质创造有利条件。校园网络文化环境是影响大学生网络空间道德教育的重要因素,只有通过营造和谐稳定的校园网络文化环境,才能够进一步提升大学生网络空间道德素质和品质。"要抓好网络空间道德建设,让正确道德取向成为网络空间的主流,引导广大网民尊德守法、文明互动、理性表达,积极培育和引导互联网公益力量,营造良好网络道德环境。"[1]首先,高校以校园文化活动为载体优化大学生网络空间道德教育环境,如丰富网络空间信息内容,创造积极向上的网络空间信息内容等途径,为大学生创造全面发展、成长成才营造和谐稳定的校园网络文化环境。其次,高校通过完善大学生网络空间道德教育内容,不断将网络空间道德教育目标、要求等融入校园网络文

---

[1] 吴涛:《"坚决打赢网络意识形态斗争"——学习习近平相关重要论述》,《党的文献》,2021年第6期。

化建设中,有利于积极引导大学生形成正确的网络空间道德认知、情感、意志、行为。

第四,塑造和谐共生的良性互动的网络空间道德环境。和谐共生的良性互动的网络空间道德环境是大学生网络空间道德教育环境的重要影响因素。高校以大学生自我教育为重要途径,通过朋辈教育、党团活动等载体,积极发挥党支部的作用、党员的示范引领作用,为大学生网络空间道德教育营造塑造和谐共生的良性互动的网络空间道德环境。同时,高校可通过大数据、元宇宙等手段积极宣传主流意识形态内容,积极引导大学生形成正确的网络空间道德观念。塑造和谐共生的良性互动的网络空间道德环境,不仅能够优化大学生网络空间道德教育环境,也有利于促进大学生成长成才,最终提升大学生应对网络空间信息的辨别能力,促进大学生形成正确的网络空间道德观念。

第五,优化大学生网络空间道德教育环境需要高校加强对校园网络空间道德环境的综合治理。加强校园网络空间道德环境的综合治理,高校要坚持构建和完善大学生网络空间道德教育的制度、规章等体系,积极用校园网络行为准则和国家规定的道德行为规范明确大学生网络空间道德行为,积极引导大学生规范网络空间道德行为。因此,大学生网络空间道德教育环境需要从校园网络文化环境、家庭环境、良性互动的网络空间道德环境等方面多层次优化,并积极对网络空间道德教育环境进行综合治理,为大学生网络空间道德教育营造风清气朗、和谐安定的网络空间道德教育环境。

三、多维度拓宽大学生网络空间道德教育途径

大学生网络空间道德教育是一项系统性工程,加强大学生网络空间道德教育需要采取多元互动、各种形式的大学生网络空间道德教育途径。"统

筹课堂、校园、社团、家庭、社会等阵地"①,为加强大学生网络空间道德教育提供重要路径。可见,大学生网络空间道德教育是融合知情意行统一的教育过程,高校可通过课堂教学、校园文化、社会实践等载体进行大学生网络空间道德教育。统筹合理地利用课堂教学、社会实践、校园文化等载体,有利于合理有序地推进大学生网络空间道德教育。

第一,思政课程与课程思政是大学生网络空间道德教育的主要途径。思政课程、课程思政是加强大学生网络空间道德教育的课堂载体,充分发挥课堂的育人功能,有利于大学生形成对网络空间道德教育的认知,增强大学生网络空间道德的情感体验,从而形成正确的网络空间道德观念。"网络空间是公民道德建设的重要阵地,网络言论和网络行为不能突破法律和公序良俗的底线,每个人都是网络空间道德建设的参与者、推动者和维护者。"②思政课程、思政课程其本质在于以价值引领、道德规范为旨归,加强大学生网络空间道德教育关键在于以课堂为载体,在大学生网络空间道德教育过程中发挥价值引领、思想引导、道德规范等作用。在课堂教学过程中,要以主流意识形态引导为出发点,积极引导大学生树立正确的网络空间道德观念,有序减少不必要的网络空间道德冲突。首先,完善思政课程和课程思政的教学内容。思政课教师应引入当前网络空间治理等相关问题在课堂教学中进行探讨,积极引导学生了解与掌握网络空间道德的理论知识,教学内容要顺应网络空间道德的变化规律和网络空间治理的新要求,有针对性地将网络空间道德教育的理论内容融入思政课程、课程思政教育内容,进一步增强大学生网络空间道德教育效果。其次,创新思政课程教学方法,改进思政课程教学手段,提升大学生网络空间道德的育人效果。根据大学生现实生活实际,

---

① 田慧生:《落实立德树人根本任务 全面深化课程教学改革》,《课程·教材·教法》,2015年第1期。

② 颜吾佴等:《〈新时代公民道德建设实施纲要〉融入"思想道德与法治"课的思考》,《思想教育研究》,2022年第7期。

积极采取贴近大学生生活实际的教育手段。积极引导大学生在课堂教学中体验网络空间道德情感。

  第二,党团组织引领是大学生网络空间道德教育的关键途径。党团组织是加强大学生网络空间道德教育的重要手段,更是大学生进行网络空间道德自觉的关键环节。"充分发挥高校党团组织的作用,发挥自我教育和朋辈教育作用,多方位地培养大学生的网络道德责任感。"[1]党团组织是巩固高校意识形态的重要载体,研究生党团组织是高校网络空间治理的关键核心力量,通过党团组织宣传主流意识形态,能够积极引导大学生树立正确的网络空间道德认知,形成正确的网络空间道德观念和素质。高校要以党团组织为纽带,这有利于增强大学生网络空间道德教育的实效性、针对性。在大学生网络空间道德教育过程中,以党团组织引领为大学生网络空间道德教育营造风清气朗的校园文化环境,推动大学生网络空间道德教育顺利进行。一方面,创新大学生党建工作组织形式。高校可依托公寓、科研团队、班级、社团、导师团队、学科专业等优势,创新多元互动的大学生网络空间道德教育模式,如建立"党建+公寓""党建+科研团队""党建+公益"等。充分利用公寓、班级、社团等生活场域的优势,有效结合大学生学习、科研、生活等特征,积极开展大学生网络空间道德教育。另一方面,依托现代信息化手段,创新大学生网络空间道德教育方式。应对大学生网络空间道德行为认知不足等问题,积极利用网络手段创新大学生网络空间道德教育手段。此外,搭建大学生网络空间道德教育工作长效机制。构建大学生网络空间道德教育工作长效机制是大学生网络空间道德教育工作的重要保障。在大学生网络空间道德教育过程中形成多方协同、多元互动的党建工作格局,积极推进大学生网络空间道德教育工作。

---

[1] 李良俊:《新媒体环境下大学生网络责任感的培养》,《学校党建与思想教育》,2015 年第 17 期。

第五章　大学生网络空间道德教育的实现路径

第三,校园文化活动是大学生网络空间道德教育的隐性途径。"要把网络道德教育与校园文化、社会实践及志愿者行动等紧密结合以来,帮助学生理论联系实际,虚拟结合现实,践行真正的知行统一。"[①]校园文化活动是加强大学生网络空间道德教育的重要载体,是营造和谐网络空间道德教育环境的重要手段。大学生网络空间道德教育借助各种形式、各种途径的校园文化活动,将网络空间道德教育内容融入校园文化活动中,充分发挥校园文化活动的育人作用,形成向上向好的网络空间道德教育环境,积极引导大学生树立正确的网络空间道德观念。依托校园文化活动载体,利用各种形式的校园文化活动,积极将社会主义核心价值观教育、四史教育、中华传统优秀文化等内容融入大学生网络空间道德教育过程中,积极引导大学生形成正确的网络空间道德认知、情感、意志。校园文化活动是大学生网络空间道德教育的隐性环境,既有利于提高大学生网络空间道德素质,也有利于促进大学生的全面发展。

第四,社会实践活动是大学生网络空间道德教育的重要途径。高校以社会实践活动为依托,积极引导大学生参与网络空间道德实践活动,在进行网络空间道德实践过程中形成对网络空间道德的正确认知、坚定意志等。"人民是历史的创造者,是社会实践的主体,坚持以人民为中心的价值取向,就要使广大人民群众加入网络空间道德建设的实践中来,让人民群众用自己的双手创造自己满意的、舒适的网络空间道德环境,在实践中不断增强获得感。"[②]社会实践活动有利于大学生将网络空间道德理论知识运用到大学生网络空间道德实践中,也有利于促进大学生坚持知行合一,在网络空间道德教育过程中坚定网络空间道德意志、磨炼坚定的网络空间道德情感,提高大学生网络空间道德能力。社会实践活动需要构建大学生网络空间道德实践

---

① 俞亚萍等:《大学生网络道德教育协同创新微探》,《学校党建与思想教育》,2014 年第 16 期。
② 王易等:《新时代网络空间道德建设的多维审视》,《思想理论教育》,2021 年第 3 期。

体系，整合实践育人资源，激发大学生参与网络空间道德的积极性和主动性，提升大学生网络空间道德情感。社会实践活动拓宽了大学生网络空间道德教育的渠道，只有在进行大学生网络空间道德教育实践活动中，坚持理论与实践相结合。积极促进大学生在进行网络空间道德实践中，自觉主动接受大学生网络空间道德教育内容。因此，思政课程、党团组织、校园文化活动、社会实践活动是大学生网络空间道德教育的重要途径，开展多形式、多途径的社会实践活动，能够促进大学生提升网络空间道德素质。

四、全方位提高大学生网络空间道德教育队伍能力

大学生网络空间道德教育队伍建设是加强大学生网络空间道德教育的重要途径，对大学生网络空间道德教育具有至关重要的作用。加强大学生网络空间道德教育离不开其队伍建设，更重要的是培育一批德才兼备的育人队伍，只有充分发挥思政课教师队伍、辅导员工作队伍、学生干部队伍等思政工作队伍的积极性、主动性，全方位提高大学生网络空间道德教育队伍能力，才能够保证大学生网络空间道德教育有序开展。

第一，提升思政课教师的网络空间道德教育育人能力。思政课教师是大学生网络空间道德教育的重要群体，不断强化思政课教师育人能力，充分发挥思政课教师的示范引领作用，不仅能够提升大学生网络空间道德素质，更能够充分发挥思政课教师对大学生的思想引领、价值引领、行为规范，促进大学生提升网络空间道德素质。思政课教师强化对大学生网络空间道德素质的引导作用离不开以课堂为载体，这就需要思政课教师在加强网络空间道德教育过程中积极创新教学手段、方法等网络信息化手段，在引导大学生参与网络空间道德教育的过程中，提升网络空间道德教育的育人效果。思政课教师对大学生网络空间道德教育的引导作用主要包括引导大学生形成正

确的网络空间道德认知、创设网络空间道德体验、提升网络空间道德情感、规范网络空间道德行为。"专业队伍力量薄弱与教育合力效应微弱影响网络失范治理效能网络空间的道德建设离不开网民个体的自我教育与主体间的集体教育,更依赖于网络空间道德教育主体力量的发挥,即自律与他律的共在。"①这就需要思政课教师在课堂教学过程中,针对部分同学网络空间道德行为不规范、网络空间道德意志不坚定等行为进行规范引导。

针对大学生网络空间道德教育存在的问题,思政课教师要切实加强大学生对网络空间道德理论知识的了解程度、必要程度的认识,不断强化其对大学生网络空间道德教育的示范引领作用。思政课教师在课堂教学过程中重视对大学生网络空间道德素质的培育,有利于大学生形成正确的网络空间道德认知、行为认知。高校在大学生网络空间道德教育过程中,应加强大学生网络空间道德教育理论知识的学习,引导大学生积极学习网络空间道德教育的理论知识,从而规范其网络空间道德行为。此外,提升思政课教师在大学生网络空间道德教育的能力离不开对思政课教师的常态化培训,高校在加强网络空间道德教育过程中,积极要求思政课教师掌握当前网络空间热点等最新内容,及时关注大学生课堂教学中表现出的网络空间道德行为,从而有针对性地对大学生进行网络空间道德教育。充分采取线上和线下相结合的网络空间道德教育模式,为加强大学生网络空间道德教育营造良好的网络空间道德教育氛围。

第二,提升辅导员的网络空间道德教育能力。"网络道德缺失、网络色情、网络成瘾、网络犯罪等问题,也使辅导员对大学生的教育和引导难度加大。"②辅导员承担着大学生网络空间道德教育的重要任务,提升辅导员在网络空

---

① 赵本燕:《主体间性视域下青年网络道德失范的审视与反思》,《理论导刊》,2021年第12期。
② 郝颖:《新时代高校辅导员践行立德树人使命的路径探析》,《思想理论教育导刊》,2021年第5期。

间道德教育的育人能力,不仅要重视辅导员教育服务作用,也要增强其网络空间道德教育的育人意识。辅导员要积极发挥在大学生网络空间道德教育的示范作用。辅导员要认同大学生网络空间道德教育,并形成正确的网络空间道德观念。只有这样,才能保证辅导员在网络空间道德教育过程中为大学生营造和谐稳定的网络空间道德教育环境,积极引导大学生在网络空间中形成正确的网络空间道德观念。辅导员在教育管理服务过程中,不仅要对大学生进行网络空间道德理论知识的传授,网络空间道德行为的规范引导,更要为大学生群体营造和谐稳定的网络空间道德发展空间,鼓励大学生在网络空间中进行道德体验、道德实践。大学生网络空间道德发展与宿舍环境密切相关,辅导员要及时掌握每位大学生网络空间道德变化状况,不断提升网络空间道德教育的针对性、时效性和实效性。此外,高校应构建辅导员与大学生之间的互动交流平台,促使辅导员实时掌握大学生网络空间道德状况。

第三,强化朋辈群体在大学生网络空间道德教育的带动内聚作用。"充分发挥高校党团组织的作用,发挥自我教育和朋辈教育作用,多方位地培养大学生的网络道德责任感。"[①]由于社会阅历、家庭环境、个人特征等不同,大学生在网络空间中表现出的网络空间道德观念、能力、水平也有所不同。发挥朋辈群体之间的相互作用,有利于大学生群体之间进行沟通交流。高校应积极搭建校园文化网络平台,在网络平台上宣传优秀大学生事迹,积极引导大学生规范网络空间行为,形成正确的网络空间道德观念。

因此,思想政治工作队伍是加强网络空间道德教育的队伍保障,高校从提高思政课教师队伍、辅导员工作队伍、学生干部队伍等思政工作队伍的网络空间道德教育队伍能力,才能够保证大学生网络空间道德教育有序开展。

---

① 李良俊:《新媒体环境下大学生网络责任感的培养》,《学校党建与思想教育》,2015年第17期。

五、多方面科学引导大学生网络空间道德自我教育

大学生网络空间道德自我教育是大学生由内生发的道德实践活动,是基于自身的网络空间道德实践活动的规范性行为,需要充分发挥大学生网络空间道德的自觉性和主动性,积极引导大学生进行网络空间道德自我教育。"网络道德教育强调主体的自我学习、自我教育和自我发展,即其必须具有自我掌控的精神信念。"[①]大学生网络空间道德自我教育是大学生在网络空间道德他律的教育引导下,以大学生网络空间道德教育理论为基础,根据大学生网络空间道德发展的规律,不断进行自我反思、自我调节,力求在加强大学生网络空间道德教育过程中,实现大学生网络空间道德教育的目标。"人的本质是自由自觉的创造活动,只有创造才是实现人的本质,发挥人所特有的潜能,创造性是人的素质的根本,也是个性德性的根本"[②]大学生网络空间道德自我教育处于道德变化发展之中,符合大学生对网络空间道德的不断追求。大学生网络空间道德教育是大学生对网络空间道德理论知识进行实践的自我养成。大学生网络空间道德自我教育需要从党团组织的示范带动、网络空间道德实践、朋辈群体的示范引领三方面进行科学引导。

第一,发挥党团组织在大学生网络空间道德自我教育的引领作用。党团组织是大学生网络空间道德教育的关键途径。党团组织引领不仅是大学生网络空间道德自我教育的重要方式,也是加强大学生网络空间道德教育的有效方式。发挥党团组织在大学生网络空间道德自我教育的引领作用,不仅能够提高大学生网络空间道德自觉的能力,也能够提升大学生网络空间道德品质。高校通过党团组织宣传主流意识形态的网络空间信息内容,积极引

---

① 张元:《网络虚拟社会的现代性困境与治理路径研究》,《长白学刊》,2017 年第 5 期。
② 王育殊:《道德的哲学真义》,中国社会科学出版社,2008 年,第 233 页。

导大学生形成正确的网络空间道德观念，提升大学生网络空间道德自我教育意识。高校通过党团组织举办的校园网络文化活动、社会实践活动，能积极引导大学生参与网络空间道德教育实践活动，不断增强大学生参与网络空间道德教育的自觉性和主动性，形成正确的网络空间道德观念。

第二，利用网络信息技术创新大学生网络空间道德自我教育。利用网络信息技术，重点是利用 VR 虚拟等技术手段，为大学生网络空间道德教育实践提供新的实践平台和全新载体。网络信息技术手段能够为大学生网络空间道德教育提供实践平台，大学生网络空间道德本质上是实践活动，只有借助网络信息技术手段，深入进行网络空间道德实践活动，才能够增强大学生网络空间道德认知、情感、行为等道德观念的现实感、吸引力。

第三，坚持线上与线下相融合的网络空间道德自我教育的实践模式。网络空间道德是融合于现实生活空间和网络空间的自我教育实践活动，这就要求大学生在网络空间道德自我教育过程中坚持线上与线下相结合的教育方法，不仅让大学生能够在现实生活空间中进行网络空间道德实践，也能够在网络空间中进行网络空间道德实践，大学生网络空间道德自我教育不仅是大学生网络空间道德自觉的网络空间道德教育实践活动，也是大学生网络空间道德自我教育的实践体验，更是内化于心，外化于行的道德实践活动。

第四，依托网络信息技术，搭建大学生网络空间道德自我教育平台。学校利用网络信息技术搭建学术科研活动、社会实践活动、校园网络文化建设平台，提升大学生网络空间道德的自律意识。搭建大学生网络空间道德教育实践平台，可借助学习强国等平台构建自我教育平台，促使大学生在学习强国平台等主流意识形态平台上关注最新道德规范要求，从而有利于开展大学生网络空间道德自我教育实践活动。

因此多方面科学引导大学生网络空间道德自我教育需要发挥党团组织在大学生网络空间道德自我教育的引领作用、利用网络信息技术创新大学生网络空间道德自我教育的重要途径、坚持线上与线下相融合的网络空间道德自我教育的实践模式、依托网络信息技术,搭建大学生网络空间道德自我教育平台。

第三节　社会层面:营造向上向好的网络空间道德氛围

大学生网络空间道德教育不仅要从个人层面、学校层面进行教育引导,社会环境也是大学生网络空间道德教育的重要领域。从社会维度加强大学生网络空间道德教育,需要健全网络空间道德的规范体系,完善网络空间道德的制度体系,加强网络空间道德的舆论引导,构建网络空间道德的治理体系,在全社会营造向善向好的网络空间道德氛围。

一、健全网络空间道德的规范体系

习近平强调,"网络空间与现实社会一样,既要提倡自由,也要遵守秩序"[1]。习近平强调现实生活空间与网络空间都应遵循相应的秩序,这也能够说明在加强大学生网络空间道德教育过程中,国家相关网络部门应积极健全网络空间道德的规范体系。在大学生网络空间道德教育过程中,大学生出现网络空间道德失范等行为,其本质在于网络空间的复杂性和开放性引发的网络空间道德行为失范。从社会层面来讲,党和国家在健全网络空间道德规范体系建设中,要健全公众认可的道德规范体系,只有规范公众的网络空

---

[1] 《习近平关于网络强国论述摘编》,中央文献出版社,2021年,第66页。

间道德行为,才能在社会层面的网络空间治理中,积极引导大学生树立正确的网络空间道德观念和品质。

一是坚持以社会主义道德观的时代内容和社会主义核心价值观为引领,健全多元参与的网络空间道德规范体系。社会要"积极倡导富强民主文明和谐、自由平等公正法治、爱国敬业诚信友善的价值观,坚持贯穿结合融入、落细落小落实,将国家、社会、个人层面的价值要求贯穿到道德建设的各个方面,引导人们把社会主义核心价值观贯彻到日常生活中,成为植根于潜意识当中的道德规范和行为准则"[1]。网络空间具有开放性和虚拟性等特征,而大学生作为网络空间的参与主体,是现实的人。大学生网络空间道德受现实生活空间和网络空间的因素影响,在一定程度上有所不同。积极创新社会主义道德观,坚持马克思主义道德观,借鉴吸收其他国家关于网络空间治理的先进经验,弘扬社会主义核心价值观和主流意识形态,积极营造全社会范围内和谐稳定的网络空间环境,为大学生网络空间道德教育提供重要支持。

二是强化网络空间参与主体的道德意识和道德责任。国家积极倡导各个网络空间参与主体积极主动参与网络空间中,在参与过程中鼓励其主动承担网络空间治理的主体责任意识,坚持以社会主义核心价值观引领网络平台中网络信息宣传内容,利用网络信息手段及时处理与主流意识形态不相适应的网络空间道德内容,有针对性地对大学生产生消极影响的网络信息内容进行治理。"因人制宜地展开思想道德教育,并发挥目标群体的社会互动作用,将思想道德教育的效果扩大化,产生事半功倍的效果。"[2]健全网络空间道德规范体系是加强网络空间道德建设的重要途径。网络空间的发展与大学生网络空间道德教育密切相关。以社会主义核心价值观为主流意

---

[1] 普晓娟等:《异化与律化:图像时代产生的道德问题与应对举措》,《昆明理工大学学报》(社会科学版),2021年第6期。

[2] 蓝江:《新时代网络空间道德建设刍议》,《思想理论教育》,2020年第1期。

识价值观,是促进社会和谐稳定和规范公民道德规范的重要方式。健全网络空间道德规范体系需要加强网络空间文明建设,需要参与网络空间建设的主体创造向上向好的网络空间信息内容。由于网络空间具有开放性等特征,使网络环境中出现道德"虚无"等问题,导致大学生网络空间道德失范行为发生。

三是通过借助网络平台,创造健康向上的网络信息内容,健全网络空间道德规范体系。"网络媒体不仅是网络道德伦理的提倡者和推广者,更应当是网络道德伦理的遵守者。"[1]利用社会主流媒体积极引导大学生规范网络空间道德行为。国家要对官方主流媒体进行监管,确保官方主流媒体宣传向上向好的网络信息内容,并鼓励各类网络平台为大学生提供向上向好的网络空间信息内容。网络平台积极引导大学生在社会交往过程中自觉主动地接受具有正能量的、宣传主流意识形态的网络信息内容。只有不断宣传主流意识形态内容,才能积极引导大学生树立正确的网络空间道德观念。

二、完善网络空间道德的制度体系

完善网络空间道德的制度体系,需要以马克思主义中国化最新理论成果为指导,积极构建符合社会发展需要、公民有序参与的网络空间秩序。完善网络空间道德的制度体系,建立健全以网络制度为出发点的网络空间道德规范体系。"通过制度的构建,协同并举逐步完善网络道德培育的各个环节,进一步固化网络道德培育的成果。"[2]网络规章制度建设是加强网络空间治理的重要手段。网络空间参与主体的大学生,必须以遵循网络规章制度来约束个人网络空间道德行为。健全网络空间道德制度体系需要网络空间的

---

[1] 袁希:《反思与重构:公民网络道德建设路径的思考》,《思想政治教育研究》,2021年第5期。
[2] 袁希:《反思与重构:公民网络道德建设路径的思考》,《思想政治教育研究》,2021年第5期。

参与主体共同维护和遵循,采取线上与线下相结合的网络空间道德实践模式。"网络内容建设是一个系统性的工程,需要网络主体各司其职、各尽其责。网络内容建设涉及多种主体,涉及网络接入商、网络内容平台、网络内容提供商和内容生产个体,涉及政府部门、非政府组织、公司、媒体和个人。"[①]积极引导企业、社会、家庭等多元主体共同参与大学生网络空间道德教育的过程中,努力将社会和谐价值观等主流意识形态深入人心,在全社会形成出合理有序的网络空间道德制度体系。要坚决以社会主义核心价值观引导企业、社区等网络参与主体,制定相关网络空间制度体系的规章制度,引导全行业、全社会形成和谐稳定的网络空间制度体系。"制度建设是网络文明建设各项工作顺利开展的前提。"[②]面对网络空间的快速发展,全社会的网络空间道德制度需要伴随网络空间发展的变化而不断健全和完善。

第一,政府部门是完善网络空间道德制度体系的关键主体。政府部门应与社会、企业、社会等网络空间参与主体部门协同合作,积极构建科学合理的网络空间道德制度体系。只有从社会层面加大网络监管力度和健全相关制度体系,才能更好地为大学生网络空间道德教育营造和谐稳定的社会环境,保障大学生网络空间道德教育顺利进行。一是政府部门要做好网络空间道德制度体系的顶层设计。由于网络空间道德制度体系相对来说缺乏系统的设计,现有相关制度体系是由政府各个部门分散制定,缺乏一定的系统性。政府部门要加强网络空间道德制度体系的顶层设计,为网络空间道德制度健全提供重要的政策指导。根据国家网络空间发展的新形势和公民网络文明行为的新变化,制定执行有序的网络空间道德制度体系。二是完善现有相关网络法律法规和网络空间道德制度体系。从法律角度来讲,主要有《网

---

① 李伦:《网络道德建设:从虚拟走向现实》,《道德与文明》,2020年第1期。
② 燕道成等:《习近平网络文明思想的内在逻辑、核心要义与时代价值》,《传媒观察》,2022年第5期。

络隐私保护法》等法律法规,从道德角度来讲,主要有《新时代公民道德建设实施纲要》等。针对大学生网络空间道德行为失范问题,政府部门应与高等院校协同合作,制定出符合大学生道德发展需要的网络空间道德体系。

第二,企业是完善网络空间道德制度体系的重要参与者。企业为大学生提供就业、实习等机会,成为大学生网络空间道德教育的主要力量,为大学生营造良好文明的网络空间环境具有重要作用。企业要自觉增强网络空间道德自律意识,积极主动地提升网络空间道德自觉。构建政府—企业—学校的网络空间道德教育引导机制,企业相关管理人员应明确培养大学生网络空间道德的主体责任,自觉承担提升大学生网络空间道德主体意识的责任。企业与学校构建系统完备的预警机制,及时关注大学生网络空间道德变化特征,积极配合学校进行大学生网络空间道德教育。企业在加强企业文化建设过程中,要积极以社会主义核心价值观和中华优秀传统文化教育为出发点,实时监督大学生网络文明行为,增强大学生网络空间道德文明意识。

第三,社区是完善网络空间道德制度体系的重要场合。社区要发挥舆论导向作用,积极利用社会宣传栏等网络平台,积极开展网络空间道德建设。社区应积极配合政府部门完善网络空间道德制度体系,加强社区的网络文化文明建设,积极为大学生网络空间道德教育创造风清气朗的社区网络文化环境。

因此,完善网络空间道德的制度体系需要从政府部门、企业、社会等方面进行,积极建立多元参与的网络空间道德制度体系,为大学生网络空间道德教育创造和谐稳定的社会环境。

三、加强网络空间道德的舆论引导

加强网络空间道德的舆论引导需要加强对网络信息内容的监管和网络

舆论的引导。"新时代,网络自媒体如雨后春笋般出现,作为新型道德实践场域,由于参与人数多、操作程序简单、群众基础广泛等因素,网络自媒体的健康发展直接关系网络道德建设的实效。"[①]

第一,加强对网络信息内容的监管。网络空间具有虚拟性和开放性等特征,导致网络信息内容存在一些不良社会思潮的因素,在一定程度上影响大学生的网络空间道德观念。政府部门要加强对网络信息内容的监督,积极构建科学有效的网络信息内容预警机制,及时发现和处理负能量的网络信息内容,构建系统合理的网络信息内容反馈和监督机制。

第二,要对网络信息内容进行分类监测和价值判断。由于网络空间的快速发展,政府部门要对网络信息内容的形式、类型等分类进行监测,并以社会主义核心价值观进行相应的价值判断。"网络内容建设需要进一步明确网络内容治理的客体及其甄别标准。"[②]从网络空间道德建设来讲,网络信息内容是网络空间道德建设的重要内容,对网络信息内容进行分类监管,能够及时对网络信息内容进行判断和整合,并进行相关的价值判断和价值选择。政府部门要对网络信息内容进行分层分级设置,并对网络信息内容进行严格审查,依据《网络信息内容生态治理规定》相关规定,"网络信息内容应当遵守法律法规,遵循公序良俗,不得损害国家利益、公共利益和他人合法权益。网络信息的表达或传播应该受到约束限制,受到法律法规、公序良俗和情感道德的制约"[③]。网络信息内容要符合国家相关法律规定和社会道德规范要求,只有网络信息内容符合社会发展需要,才能够保证网络信息内容的真实性和准确性。从网络空间参与主体来讲,参与主体要履行网络空间道德责任,

---

① 袁希:《反思与重构:公民网络道德建设路径的思考》,《思想政治教育研究》,2021年第5期。
② 李伦:《网络道德建设:从虚拟走向现实》,《道德与文明》,2020年第1期。
③ 陈曦:《网络言论信息的治理机制:功能分区、内容分级与场景化动态调控》,《电子政务》,2020年第8期。

提升网络空间道德自觉意识，自觉主动地宣传符合主流意识形态的网络空间信息内容。

第三，加强网络引导监管。在网络空间中，由于主体差异性的不同，各参与主体在网络空间中表现出来的网络空间道德也有所不同。网络空间的负面信息内容，潜移默化地影响着大学生网络空间道德观念。政府部门要及时研判社会网络舆情，及时关注社会网络文明建设情况，关注大学生在网络空间的网络空间道德行为、认知等情况。政府部门也应借助先进的网络信息手段，完善网络空间道德舆论监督体系，推进网络空间道德制度、法律等体系建设，并有针对地对网络文化进行综合治理，促使社会处于向上向好的网络环境。

第四，整合主流意识形态的舆论宣传阵地。"加强网络文明建设的首要任务，是加强网络空间意识形态引领，做好意识形态建设，抢占网络意识形态引领新高地。"[1]从社会层面宣传主流意识形态，运用舆论宣传引导法进行大学生网络空间道德教育，更多注重的是以《人民日报》《光明日报》等主流报刊，新华网等主流媒体宣传主流意识形态内容，通过强化正面引导作用，坚持以社会主义核心价值观为主流意识形态的宣传内容，积极规范舆论宣传，在全社会营造出和谐稳定的舆论宣传环境，引导大学生自觉地增强网络空间道德意识。

四、构建网络空间道德的治理体系

构建网络空间道德治理体系，需要从加强网络法律法规建设和网络空间治理等方面入手，积极构建系统合理的网络空间道德治理体系。"新时代

---

[1] 燕道成等：《习近平网络文明思想的内在逻辑、核心要义与时代价值》，《传媒观察》，2022年第5期。

网络空间道德治理要真正落到实处,必须依法依规,不断构建制度化的网络空间道德治理体系。"[1]构建系统的网络空间道德治理体系,不仅能够减少大学生网络空间道德失范现象,也能够为大学生网络空间道德教育营造和谐的社会环境。党的十九大更是着眼于国家治理体系现代化建设和网络空间长治久安,提出要"建立网络综合治理体系,营造清朗的网络空间"[2]。

第一,加强网络法律法规的完善和健全。网络空间道德是大学生自律的结果,离不开网络法律法规的规范和约束,通过网络法律法规有效规范大学生网络空间道德行为,有利于提升大学生网络空间道德素质和能力。"通过法律的强制力来强化道德作用、确保道德底线,推动全社会道德素质提升。"[3]加强网络法律法规的健全需要国家立法部门根据网络空间的实际情况,及时制订出反映社会主义核心价值观的道德观念,将网络空间道德融入网络空间道德治理体系中,不断完善网络信息内容、网络社会治理等方面的法律法规,从法律层面进一步规范和引导大学生网络空间道德观念。加强网络空间道德建设,需要组建一支素质过硬、道德高尚的网络空间治理队伍,通过队伍建设有效减少网络空间道德失范现象。

第二,加强网络空间的综合治理。"着力增强网络空间道德治理……而且有助于引导时代新人提升道德实践能力,以良好的道德行动树立价值标杆,不断激发时代新人担当民族复兴大任的内生动力。"[4]政府部门在完善网络空间道德规范体系和制度体系的同时,也应该根据网络空间的发展,加强对网络空间道德的有效治理和引导,促使大学生在网络空间中形成正确的网络空间道德认知、情感、意志等。通过建立有效的网络空间道德治理体系,

---

[1] 谷永鑫等:《论网络空间的道德治理》,《思想理论教育》,2021年第11期。
[2] 习近平:《决胜全面建成小康社会 夺取新时代中国特色社会主义伟大胜利——在中国共产党第十九次全国代表大会上的报告》,人民出版社,2017年,第42页。
[3] 《十八大以来重要文献选编》(中),中央文献出版社,2016年,第185页。
[4] 谷永鑫等:《论网络空间的道德治理》,《思想理论教育》,2021年第11期。

形成对大学生现实生活空间的道德约束和引导,为大学生网络空间道德教育营造良好健康的网络环境。

第三,构建网络空间道德治理体系需要完善网络文明准则。网络文明准则是构建网络空间道德治理体系的前提条件。构建网络空间道德治理体系需要以网络法律法规为基础,并制定相应的网络文明准则,不断规范大学生网络空间道德行为。一方面,构建网络空间道德治理体系,需要充分发挥网络空间中多元主体的自治能力和作用。"网络内容建设需要关注网络内容治理模式的探索和实践。"[①]网络空间的多元主体,政府、企业、社区等主体,要及时关注网络信息内容的动态,重点关注网络平台发布的网络信息,及时对网络信息内容进行研判和监督,规范各大网络平台宣传的网络信息内容,防止负能量的网络信息内容在社会传播。另一方面,政府要积极以构建网络空间道德治理体系为根本出发点,重点依靠监管企业等社会主体,提升网络空间道德的治理能力。

第四,依据法律法规着力构建网络空间道德治理体系。2019年颁布的《网络信息内容生态治理规定》,为构建网络空间道德的治理体系提供重要遵循。《网络安全审查办法》等法律法规为网络空间道德治理体系提供了重要法律依据,完善了网络空间道德治理体系的基本框架,确保大学生网络空间道德教育健康运行。加快网络空间道德治理体系的构建,针对网络负面现象等展开专项行动,深入开展网络空间道德建设,有力净化网络生态环境,为网络空间道德治理体系构建营造风清气朗的网络环境。

---

① 李伦:《网络道德建设:从虚拟走向现实》,《道德与文明》,2020年第1期。

结　语

改革开放以来，我国高校道德教育在理论和实践两个维度均取得了重大成就。与此同时，部分大学生道德认知浅表化、道德判断模糊化、道德选择多元化、道德实践利己化也是不争的事实。各种负面、消极甚或极端案例更是屡屡见诸新闻媒体。为进一步增强高校道德教育的实效性，一方面要反思高校道德教育本身，在目标、对象、内容、方法的改进和提升上下功夫，另一方面也要从更广阔的空间视域中寻求难点问题的突破。时至今日，由互联网技术构建的网络空间已具有了部分的社会化特征——大学生群体积极接纳网络空间，进而衍生出独特的话语体系、行为模式、道德标准乃至虚拟人格。网络空间的种种"乱象"表明，部分大学生网络道德人格已出现不同程度的异化：即"自我""超我"对"本我"的约束力、统驭力严重削弱而导致虚拟道德人格、现实道德人格错位与失衡。虽然网络并不是虚拟道德人格社交表达的唯一环境——如果条件允许，它也会呈现在现实生活中，但是网络空间本身的特殊性会使这种错位、失衡的状态愈演愈烈，进而造成身份冲突、人格障碍、精神分裂。从落实立德树人根本任务的价值旨归出发，高校思想政治教育工作者应积极行动、主动作为，聚焦大学生网络道德人格的异化现象，采

结 语

取有针对性的教育、引导措施,帮助大学生群体中的"关键少数"健康成长。

一、网络空间的双重向度:文化和伦理

网络空间是一个极其复杂的概念。当前,学界对网络空间内涵的阐释达数百种之多。这些阐释既有相似、相通之处,也存在一定的差异、差别,都不能算错,但亦无法令大多数学者信服。造成这种情况的原因在于:首先,它是一个多学科概念,不同理论环境下自然会各有侧重;其次,它是一个处于成长期的概念,网络信息技术的飞速发展会不断发展其内涵和外延。正因如此,赋予网络空间一个操作性的定义就显得不甚迫切或必要了。以下将结合本研究的问题域,从文化和伦理维度探究网络空间的深层意蕴。

(一)网络空间的文化向度

以网络空间为场域的交往活动不仅形成了一种全面、独立、影响深远的社会力量,形成了别具一格的网络亚文化[①],进而反作用于网络之下的传统社会生活。

第一,网络亚文化的技术基础。"根据历史唯物主义的基本观点,'现实的人'为了满足自身基本的生存需要,首先从事的就是物质资料生产活动。"[②]由此可见,网络信息技术是人类进行物质生产的成果之一,也是网络亚文化从属于主流文化的旁证。网络媒介所具有的即时性、开放性、扁平化、平权化

---

① 之所以称之为亚文化,有三个方面的原因:第一,网络文化是特定场域下的文化表达,是人类文化的组成部分,甚至只是较小的部分;第二,网络文化处于次要、辅助、边缘地位,它可以影响但永远无法取代现实文化;第三,网络文化是人类主文化次生品,也是整体文化的分支,可以具有一定的独立性,但不能与主流文化彻底隔绝。

② 陈宗章:《网络空间:概念、特征及其空间归属》,《重庆邮电大学学报》(社会科学版),2019年第3期。

<<<< 257

等特征为青年群体追求高度交互、自主参与、个性化、多元化的社交生活提供了可能性。

第二,网络亚文化的社会条件。首先,"现实的人"的群体性介入是网络亚文化形成、发展的前提条件。换言之,如果没有"现实的人"的介入,网络空间只能是一潭死水。其次,青年群体积极拥抱网络生活的根本原因是出于反抗成年人强力管制的需要,即代际矛盾。因此,对网络的依赖、追捧程度与现实需求的满足程度成反比。也就是说,社会成员在现实生活中的挫败感、成就感越低,就越容易在网络空间安营扎"宅"。

第三,网络亚文化的符号表征。信息流转是人际交往的基本途径和主要方式,追求民主、自由且具有反叛、创造精神的青年一代自然不屑于沿袭固有的表达方式,他们源源不断地创造属于自己的话语体系、文化符号。从"蓝瘦香菇"到"8023"(英文单词"LOVE"的隐喻),从"光棍节"到"网络情人节",青年一代用晦涩但明者自明的符号自我放逐,在网络空间追求理想的"第二种生活"。"而作为符号的信息所承载的正是人的现实的社会关系,具有明显的价值和意义属性。"[①]由此可见,类似的网络文化符号昭示的是青年群体的价值追求——我和你们不一样。

第四,网络亚文化的生产与再生产。网络空间是人类物质生产实践的产物,同时它又拓展了人的生产、生活疆界。正如马克思所说:"主体的实践不仅仅是一种自然的'生命活动',在根本上更是一种社会的'有意识的生命活动'。"[②]网络亚文化的生产与再生产表现为两种形式:一是"人化",二是"化人"。就前者而言,当接收到诸如"2333"[③]这样的信息时,人们不会把它看作

[①] 陈宗章:《网络空间:概念、特征及其空间归属》,《重庆邮电大学学报》(社会科学版),2019年第3期。

[②] 《马克思恩格斯文集》(第一卷),人民出版社,2009年,第162页。

[③] 这个数字串源自猫扑网的表情编号"233"(捶地大笑),后来被衍生为"2333"(可以无穷的添加"3"),用以表达开心的程度,"3"越多表示越开心。

冷冰冰的抽象符号,而能够迅速解读出隐喻的内涵,从而使其具有了人文意蕴;就后者而言,这些流行符号有趣、有谜且不浅薄直白,也能在一定程度上激发人的求知欲,自然会不断发酵、扩散,直至获得普遍性认同,从而影响乃至改变大多数社会成员的话语习惯。

(二)网络空间的伦理向度

网络空间的伦理底线正在不断下滑是不争的事实。从现实来看,在追求个人经济利益最大化的驱动下,大量"网红"通过不断突破道德底线、挑战公序良俗的方式"带节奏""吸流量",从而达到名利双收的目的。主要表现为通过表情语、姿态语、肢体语营造"软色情"环境误导大众审美;通过"摆拍""恶搞""三俗"引起大众关注;通过"炫富""虚构人生经历"扩大粉丝队伍。值得注意的是,上述行为均不断突破道德底线,而大多游走在法律的边缘,成本低廉而收益颇丰。诸如此类的行为既有悖于传统公序良俗的起码要求,也是对国家道德建设相关规范的公然践踏。

第一,自律意识不强、道德观念淡化是导致网络空间伦理底线下滑的根本原因。马克思指出:"道德的基础是人类精神的自律。"[1]这就是在强调道德养成仰赖于主体对自身内在力量的挖掘,也蕴含着道德自觉的意蕴,即自主、自愿地调整行为以符合与社会发展相适应的道德观念。儒家也有类似的表达——所谓"为仁由己"(《论语·颜渊》),即孔子也认为道德自觉主要在于个体的主观努力。在网络空间,如果主体性自觉缺失,就不能运用道德理性支配、调节自己的道德认知、道德情感、道德意志、道德行为,从而引发一系列伦理危机。

第二,网络空间的特殊性、教育引导不到位是导致网络空间伦理下滑的

---

[1] 《马克思恩格斯全集》(第一卷),人民出版社,1995年,第119页。

外部因素。首先,网络空间的特殊性使然。例如,骂人或讲脏话是有违道德准则的行为。在现实空间,人们大多会有这样的顾虑:会不会破坏自身形象,会不会招致激烈冲突,会不会导致切身利益受损。而网络行为的隐匿性、隔离性、虚拟性使上述顾虑弱化了,正如那句网络名言所示——在互联网上,没人知道你是一条狗。在这种情况下,线上、线下是两个世界,或许会滋生出截然不同的两副面孔、两种形象甚或两类人格,从而引发"虚拟的我"与"现实的我"之间的矛盾冲突。其次,教育引导不到位使然。"成功的道德教育取决于两方面的条件:其一,应当具有一套权威性很强的主流道德准则体系;其二,应当具有一套科学性很强的教育方法。"①就前者而言,虽然我国现实生活中的道德体系权威性很强,但在网络空间,"痞""伪""酷""颓"等"非主流"似乎更受欢迎,主流道德观念不断被解构;就后者而言,网络空间道德教育存在重视程度不够、教育理念陈旧、针对性不强、教育方式机械化等特点,处于无序发展状态。

可见,互联网技术快速发展与网络空间道德教育相对滞后之间的矛盾已经成为制约我国互联网事业良性、可持续发展的重要因素之一。技术的革新确实值得大书特书;不过,如果失去了人文关怀和道德义务,技术崇拜就会陷入"拜物教"的泥沼。在网络空间,则会表现为人被抽象化、数字化地嵌入电子体系中,成为计算机的奴隶、附着物。

二、网络空间道德教育的主体间性思考

主体间性,英语语境下被称为"intersubjectivity",其发端于古希腊伦理哲学。在伦理学范畴,主要探究两个或两个以上主体之间的道德关系。"主体间

---

① 杨明:《当前高校道德教育面临的挑战与创新》,《高等教育研究》,2000年第5期。

性作为主体间关系的规定,是指主体之间在语言和行动上相互平等、相互理解和融合、双向互动、主动对话的交往特点和关系,是不同主体间的共识,是不同主体通过共识表现的一致性。"[1]由是可见,"主体间性"突破了"主体"对"客体"的强行压制,消解了二者的对立关系,强调它们的共存、共生,是对传统道德教育理论的超越。

(一)主体间性视域下网络空间道德教育的目标

在传统模式下,教育者(主体)会主动"预设"理想道德模型,如君子、绅士,并把仁、信等抽象标准附着其上;受教育者(客体)只能被动接受,且以之为价值归宿。这种带有强制性、单一性特征的教育目标与网络空间的客观属性格格不入,几乎没有生存的土壤。在网络空间,道德教育目标应遵循共识性、差异性、生活性、现实性原则。首先,教育主体对道德标准具有广泛认同,若有分歧,宜在交流中互相渗透;其次,正视主体之间的差异,应因人而异分层次、分阶段规划教育目标;再次,以客观存在的网络生活为基点,注重生活体验,防止教育目标抽象化、虚无化;最后,关照受教育主体的道德需求,回应他们的现实困惑。

(二)主体间性视域下网络空间道德教育的理念

首先,以人为本。就其归旨而言,教育活动要立足"育人"而非"制器",即培养"完整的人"(the whole man);就其过程而言,不能片面强调道德规范的外在约束性,而要引导学生从被动服从向自我需要、自我实现转变。其次,价值理性。如果缺乏核心精神关怀,那么所有的教学、教育活动将只剩下个人成就或利益竞逐。最后,平等交互。它不仅指向要变革甚或颠覆传统的师生

---

[1] 林珍:《略论主体间性视域的道德人格教育》,福建师范大学硕士学位论文,2006年。

关系,更重要的是要使受教育者在心理上觉得自己是团体的一员,被接纳、肯定及受尊重。

(三)主体间性视域下网络空间道德教育的内容

作为意识形态上层建筑重要组成部分的道德教育,其内容自然要随着经济基础、社会环境的变迁与时俱进。不过,中华民族5000余年的传承中也留下了诸多宝贵的精神财富。习近平指出:"中华传统优秀文化是中华民族的'根'和'魂',是中华民族的突出优势,也是中国特色社会主义的文化之根、文明之源。"[1]可见,高校道德教育不能离开优秀传统文化的滋养。与此同时,中国共产党在一百多年的奋斗征程中涌现出众多英雄模范人物,他们的光辉事迹、不朽精神也是激励一代代中国人奋发图强、实现中华民族伟大复兴的动力源泉。习近平在不同场合多次强调要充分发挥英雄模范的示范、感召作用。早在主政浙江时期,习近平就曾指出:"一个党员就是'一面旗',千百万共产党员的先进形象就是我们党的光辉形象。从李大钊、方志敏等革命先驱和革命先烈到社会主义建设和改革时期涌现出来的无数英雄模范人物,都堪称广大党员和群众心中的'一面旗'。"[2]因此,从内容维度来看,高校道德教育既要接受中华优秀传统文化的熏陶,更要教育和引导广大青年以中国共产党英雄模范人物自励自勉,把党的光辉传统延续下去。

(四)主体间性视域下网络空间道德教育的方法

"道德教育方法的科学性、适切性直接影响到道德教育的有效性,决定着道德教育的成效。"[3]从现状来看,高校道德教育方法体现出显著的"灌输

---

[1] 《习近平新时代中国特色社会主义思想三十讲》,学习出版社,2018年,第21页。
[2] 习近平:《之江新语》,浙江人民出版社,2013年,第136页。
[3] 陈飞:《高校道德教育的实践困惑与文化自省》,《现代教育论丛》,2018年第6期。

式""强制性""学理化"特征,即重视知识框架的构建和理论逻辑的推演,但不能有效应对学生面临的道德困惑。对于社会中客观存在的典型现象和观点,如"扶不扶""道德绑架""老实人吃亏"等,缺乏多维度的全面分析,更不能引导学生做出正确的道德选择。这是导致许多学生认为道德教育"假""大""空"的根本原因之一。事实上,道德矛盾在大学生群体中是普遍存在的。一方面,学生肯定崇高道德品质不可或缺的价值,也有见贤思齐的主观愿望;另一方面,教育过程忽视了学生的现实需求,片面强调必须遵守的道德义务和责任,几乎完全规避了学生的正当权益。再加上社会中"好人没有好报"的少数负面案例,使学生难免在理想的道德规范与可能的复杂纠纷之间举棋不定。需要指出的是,以"灌输"为代表的显性教育对道德教育并非一无是处,它在培养学生理论分析能力、辩证思维能力等方面发挥着难以替代作用;不过,由于缺乏必要的隐性教育、实践教育与之配合,从而造成"理论的归理论,现实的归现实"这种不合理现状。

总之,相较于我国蓬勃发展的互联网事业,网络空间道德教育存在明显滞后。就客观现象而言,网络空间是道德失范的"高发区";就本质属性言,网络空间道德及其教育必须遵循特定发展规律;就教育现状而言,由于互联网空间的道德教育刚刚起步,尚处在"拓荒"阶段;就具体方法而言,现实社会的道德教育经验未必能够适应网络空间这一全新环境。在这种情况下,网络空间道德教育必须实现"四个转变":第一,教育目标由单一向多元转变;第二,教育模式从封闭向开放转变;第三,教育内容从精神世界向现实生活转变;第四,教育方法从强制性向互动式转变。

参考文献

一、中文文献

(一)著作

1.《马克思恩格斯全集》(第1卷、第3卷、第30卷、第46卷),人民出版社,1995年、1995年、2002年、1980年。

2.《马克思恩格斯选集》(第一—四卷),人民出版社,2012年。

3.《马克思恩格斯文集》(第二卷),人民出版社,2009年。

4.《列宁选集》(第一卷),人民出版社,2012年。

5.《毛泽东文集》(第七卷),人民出版社,1999年。

6.《邓小平文选》(第二—三卷),人民出版社,1994年、1993年。

7.《邓小平同志论教育》,人民出版社,1990年。

8.江泽民:《论党的建设》,中央文献出版社,2001年。

9.习近平:《决胜全面建成小康社会 夺取新时代中国特色社会主义伟大

胜利——在中国共产党第十九次全国代表大会上的报告》,人民出版社,2017年。

10.习近平:《在纪念五四运动100周年大会上的讲话》,人民出版社,2019年。

11.习近平:《之江新语》,浙江人民出版社,2013年。

12.习近平:《在北京大学师生座谈会上的讲话》,人民出版社,2018年。

13.《习近平关于全面建成小康社会论述摘编》,中央文献出版社,2016年。

14.《习近平谈治国理政》(第一—二卷),外文出版社,2018年、2017年。

15.《习近平关于网络强国论述摘编》,中央文献出版社,2021年。

16.《习近平新时代中国特色社会主义思想三十讲》,学习出版社,2018年。

17.《习近平总书记系列重要讲话读本》,学习出版社、人民出版社,2016年。

18.《十八大以来重要文献选编》(上),中央文献出版社,2014年。

19.《〈党的十九大报告〉辅导读本》,人民出版社,2017年。

20.[法]爱弥儿·涂尔干:《教育思想的演进》,李康译,上海人民出版社,2006年。

21.鲍宗豪:《网络文化概论》,上海人民出版社,2003年。

22.程海东、宫辉、钟玲:《现代高校书院制教育研究》,北京航空航天大学出版社,2015年。

23.费孝通:《乡土中国:生育制度》,北京大学出版社,1998年。

24.[德]弗里德里希·包尔生:《伦理学体系》,何怀宏、廖申白译,中国社会科学出版社1988年。

25.宫辉、苏玉波、周远主编:《高校书院发展报告》(2020),西安交通大学出版社,2020年。

26.韩愈:《韩昌黎文集校注》,马其昶校注本,上海古籍出版社,2018年。

27.鹤阑珊:《王阳明——人生即修行》,中国友谊出版社,2012年。

28.[法]亨利·列斐伏尔:《空间与政治》,李春译,上海人民出版社,2008年。

29.金耀基:《大学之理念》(增订版),生活·读书·新知三联书店,2008年。

30.黎靖德编:《朱子语类》,中华书局,1986年。

31.林其谈等:《刘子集校》,上海古籍出版社,1985年。

32.[美]马丁·C.利比基:《兰德报告:美国如何打赢网络战争》,薄建禄译,东方出版社,2013年。

33.孟轲:《孟子》,江西人民出版社,2017年。

34.[美]尼葛洛庞帝:《数字化生存》,范海燕译,海南出版社,1996年。

35.倪愫襄:《高校思想政治理论课程的国际视野》,中国社会科学出版社,2013年。

36.潘红霞、江志明:《青年学生网络道德失范行为及纠偏》,中国社会科学出版社,2020年。

37.钱穆:《新亚遗铎》,台湾联经出版事业股份有限公司,1998年。

38.荣新江主编:《唐研究》(第十卷),北京大学出版社,2004年。

39.《思想道德与法治》(2021年版),高等教育出版社,2021年。

40.《思想政治教育学原理》,高等教育出版社,2016年。

41.脱脱等:《宋史》,中华书局,1977年。

42.王夫之著,张子正蒙注:《思问录、俟解、黄书、噩梦、识小录、搔首问、龙源夜话》,岳麓书社,2011年。

43.王琪、刘鹏:《现代大学书院建设的理论与实践》,陕西人民教育出版社,2017年。

44.王守仁:《传习录》(卷上),广州出版社,2001年。

45.王育殊:《道德的哲学真义》,中国社会科学院出版社,2008年。

46.王云五主编,史次耘注译:《孟子今注今译》,中国友谊出版公司,2021年。

47.吴长庚:《朱熹与江西理学》,江西高校出版社,2007年。

48.夏征农等主编:《大辞海》(心理学卷),上海辞书出版社,2015年。

49.《新时代 新理论 新征程》,人民出版社,2018年。

50.赵所生、薛正兴主编:《中国历代书院志》(第二册),江苏教育出版社,1995年。

51.中国第一历史档案馆主编:《光绪宣统两朝上谕档》,广西师范大学出版社,1996年。

52.朱熹:《朱子全书》,上海古籍出版社、安徽教育出版社,2002年。

53.朱贻庭等主编:《伦理学大辞典》,上海辞书出版社,2002年。

54.朱银端:《网络道德教育》,社会科学文献出版社,2007年。

(二)期刊文章

1.鲍中义:《高校网络思想政治教育的发展历程、原则与进路》,《学校党建与思想教育》,2022年第3期。

2.陈飞:《高校道德教育的实践困惑与文化自省》,《现代教育论丛》,2018年第6期。

3.陈薇:《复旦学院:迂回七年》,《中国新闻周刊》,2012年第44期。

4.陈兴安:《孟子德育思想及其现代启示》,《湖南师范大学教育科学学报》2006年第1期。

5.陈宗章:《网络空间:概念、特征及其空间归属》,《重庆邮电大学学报》(社会科学版),2019年第3期。

6.崔聪:《论网络空间道德秩序构建的法治保障》,《思想理论教育》,2021年第1期。

7.董运生等:《空间认知的四个维度:以身体空间研究为例》,《福建师范大学学报》(哲学社会科学版),2020年第6期。

8.宫龙江、姜军、徐晓宇、那显婷:《大学生优良心智模式培养的有效途径》,《赤峰学院学报》(自然科学版),2013年第12期。

9.巩茹敏:《从文本透视习近平思想政治教育工作的原则方法》,《哈尔滨工业大学学报》(社会科学版),2017年第5期。

10.谷永鑫等:《论网络空间的道德治理》,《思想理论教育》,2021年第11期。

11.胡刚:《高校道德教育面临的困境及对策》,《湖北师范学院学报》(哲学社会科学版),2010年第4期。

12.胡适:《书院制史略》,《东方杂志》,1924年第3期。

13.江文英:《中美高校网络道德教育比较研究》,《九江职业技术学院学报》,2014年第1期。

14.焦成举:《浅析思想政治象征教育方法》,《思想教育研究》,2016年第8期。

15.李北伟等:《意识形态视角下网络舆情危机应对机制研究》,《情报理论与实践》,2018年第5期。

16.李江静:《建构互联网主流意识形态话语权的基本原则探析》,《思想理论教育导刊》,2017年第10期。

17.李敏:《自媒体环境下的高校思想政治教育创新探析》,《吉林省教育学院学报》,2012年第3期。

18.李婷婷、王琪:《高校自媒体发挥思想政治教育功能的对策探析》,《新闻知识》,2014年第6期。

19.李营辉等:《网络空间视域下高校意识形态建设辩证关系探赜》,《黑龙江高教研究》,2021年第5期。

20.蔺伟:《高校"三全育人"的逻辑诠释与实践》,《中国高等教育》,2021年第18期。

21.刘春玲:《大学生公民道德建设问题及对策》,《黑龙江高教研究》,2021年第4期。

22.栾锦红:《少数民族地区大学生网络道德的失范及应对》,《中国成人教育》,2008年第11期。

23.毛泽东:《湖南自修大学创立宣言》,《新时代》(第1卷第1号),1923年4月15日。

24.梅贻琦:《大学一解》,《清华学报》(自然科学版),1941年第1期。

25.梅英、张卫平:《国外计算机伦理教育及对我国的启示》,《云南电大学报》,2006年第3期。

26.米华全:《网络意识形态领导权的内涵特征及机制构建》,《理论导刊》,2022年第2期。

27.曲红梅:《〈新时代公民道德建设实施纲要〉在高等教育中的价值指引与落实机制》,《广西大学学报》(哲学社会科学版),2020年第3期。

28. 石艳:《区隔与脱域——学校空间管理的社会学分析》,《教育科学》,2006年第4期。

29.孙彩萍:《道德教育的空间思维——伦理空间视角下的道德教育》,《教育研究》,2018年第6期。

30.王成豪等:《社会治理评估的反思与重塑——基于场域结构转型的视角》,《河北学刊》,2022年第3期。

31.王靖:《现代大学书院制的多元认识与实践策略——"全国第一届现代大学书院制改革研讨会"综述》,《肇庆学院学报》,2015年第6期。

32.王琪:《传播学视域下高校思想政治教育的新趋势——基于自媒体的对策性分析》,《新闻知识》,2013年第3期。

33.王易等:《新时代网络空间道德建设的多维审视》,《思想理论教育》,2021年第3期。

34.韦冬雪:《对"道德教育"、"德育"与"思想政治教育"概念之辨析》,《探索》,2007年第1期。

35.温丽华等:《网络空间道德建设的逻辑理路探析》,《学术论坛》,2020年第3期。

36.奚冬梅等:《网络道德与现实道德的哲学关系辨析》,《学校党建与思想教育》,2013年第2期。

37.杨静逸:《习近平新时代意识形态工作观的三维阐释》,《学术交流》,2021年第8期。

38.杨立敏:《高校网络道德教育的开拓性思考》,《教育与职业》,2015年第13期。

39.杨明:《当前高校道德教育面临的挑战与创新》,《高等教育研究》,2000年第5期。

40.叶飞、檀传宝:《改革开放30年德育理论发展脉络探析》,《教育研究》,2009年第1期。

41.叶汝贤:《现实的人及其历史发展的科学——深入解读〈德意志意识形态〉所阐发的唯物史观》,《哲学研究》,2008年第2期。

42.余加宝:《大学生道德自觉的生成机制探析》,《大学教育科学》,2019年第5期。

43.余玉花、陈正桂、胡丁慧:《改革开放30年来道德教育发展特点概述》,《道德与文明》,2009年第4期。

44.俞亚萍等:《大学生网络道德教育协同创新微探》,《学校党建与思想教育》,2014年第16期。

45.张国刚:《论"唐宋变革"的时代特征》,《江汉论坛》,2006年第3期。

46.张彦等:《新时代网络空间道德建设的前提、特征与路径》,《思想理论教育》,2021年第8期。

47.张应强、方华梁:《从生活空间到文化空间:现代大学书院制如何可能》,《高等教育研究》,2016年第3期。

48.张瑜:《网络思想政治教育研究:发展历程、问题与方法》,《思想理论教育导刊》,2016年第10期。

49.赵志勇、张蕾:《高等学校道德教育评价研究》,《黑龙江高教研究》2012年第4期。

50.周中之:《道德治理与法律治理关系新论》,《上海师范大学学报》(哲学社会科学版),2014年第2期。

51.周中之:《新时代网络空间道德建设的守正创新》,《中州学刊》,2021年第3期。

(三)报纸文章

1.江泽民:《在庆祝中国共产党成立八十周年大会上的讲话》,《人民日报》,2001年7月1日。

2.习近平:《把思想政治工作贯穿教育教学全过程 开创我国高等教育事业发展新局面》,《人民日报》,2016年12月9日。

3.习近平:《用新时代中国特色社会主义思想铸魂育人贯彻党的教育方针落实立德树人根本任务》,《人民日报》,2019年3月19日。

4.习近平:《在2015年春节团拜会上的讲话》,人民日报,2015年2月18日。

5.习近平:《在北京大学师生座谈会上的讲话》,《人民日报》,2018年5月3日。

6.习近平:《在教育文化卫生体育领域专家代表座谈会上的讲话》,《人民日报》,2020年9月23日。

7.习近平:《在全国教育大会上强调:坚持中国特色社会主义教育发展道路培养德智体美劳全面发展的社会主义建设者和接班人》,《人民日报》,

2018年9月11日。

8.习近平:《在同各界优秀青年代表座谈时的讲话》,《人民日报》,2013年5月5日。

9.姜泓冰、杨彦、尹世昌:《书院制 改变了什么?》,《人民日报》,2011年9月16日。

10.孟祥夫:《既要慎独,也要慎众》,《人民日报》,2016年7月15日。

11.《新时代爱国主义教育实施纲要》,《人民日报》,2019年11月13日。

二、其他文献

1.习近平:《在第十九届中共中央政治局常委同中外记者见面会上讲话》,人民网,http://cpc.people.com.cn/19th/GB/414745/414893/。

2.《新时代公民道德建设实施纲要》,中华人民共和国中央人民政府官网,http://www.gov.cn/zhengce/2019-10/27/content_5445556.htm。

3.《中共中央国务院关于进一步加强人才工作的决定》(中发〔2003〕16号),中华人民共和国中央人民政府官网,http://www.gov.cn/test/2005-07/01/content_11547.htm。

4.《中国互联网络发展状况统计报告》,中国互联网络信息中心(CNNIC)官网,http://www.cnnic.net.cn/hlwfzyj/。

后 记

2019年仲夏,西京学院马克思主义学院几名科研方向趋同、研究志趣相投的教师计划联合起来撰写一本关于网络思想政治教育研究的著作。凑巧的是,由中共中央、国务院于当年10月印发《新时代公民道德建设实施纲要》,对网络空间道德建设进行宏观规划,也为广大科研工作者指明了研究方向。

此后,研究团队相继获批"新媒体视域下马克思主义意识形态传播机制研究"(2020年)、"形势与政策课'线上线下'混合教学模式研究"(2021年)、"基于新媒体视域的大学生价值观调查及教育对策研究"(2021年)等省部级、厅局级科研项目。在推进科研项目的同时,研究团队对网络空间道德及其教育的思考亦不断走向深入。

全书由王琪、常腾负责拟定撰写大纲、提出各章节重要理论和学术观点、统稿等工作。具体分工如下:王琪负责撰写绪论、第一章、结束语,常腾负责撰写第三章、第五章,张震负责撰写第二章、第四章。

在本书付梓之际,衷心感谢西京学院党委对本书出版的资助,感谢西京学院马克思主义学院院长杨洪教授在繁、难、冲、要关头屡屡给予的帮助。

另外，对天津人民出版社及为拙著付出辛勤工作的各位编辑老师致以崇高敬意。

作　者

2023 年 6 月 20 日